中國學術思想

研究輯刊

三七編

林慶彰 主編

第 5 冊

人文化成與儒家倫理

楊建強 著

花木蘭文化事業有限公司

國家圖書館出版品預行編目資料

人文化成與儒家倫理／楊建強 著 -- 初版 -- 新北市：花木蘭
文化事業有限公司，2023〔民 112〕
目 2+240 面；19×26 公分
（中國學術思想研究輯刊 三七編；第 5 冊）
ISBN 978-626-344-173-6（精裝）
1.CST：儒家 2.CST：儒學 3.CST：倫理學
030.8   111021696

ISBN-978-626-344-173-6

中國學術思想研究輯刊
三七編 第 五 冊   ISBN：978-626-344-173-6

人文化成與儒家倫理

作　　者　楊建強
主　　編　林慶彰
總 編 輯　杜潔祥
副總編輯　楊嘉樂
編輯主任　許郁翎
編　　輯　張雅淋、潘玟靜　美術編輯　陳逸婷
出　　版　花木蘭文化事業有限公司
發 行 人　高小娟
聯絡地址　235 新北市中和區中安街七二號十三樓
　　　　　電話：02-2923-1455 ／傳真：02-2923-1452
網　　址　http://www.huamulan.tw 信箱 service@huamulans.com
印　　刷　普羅文化出版廣告事業
封面設計　劉開工作室
初　　版　2023 年 3 月
定　　價　三七編 17 冊（精裝）新台幣 46,000 元

人文化成與儒家倫理

楊建強　著

作者簡介

楊建強，男，1989 年生，陝西扶風人。中國人民大學哲學博士。現為陝西師範大學馬克思主義學院講師。與人合作出版專著 1 部，在期刊發表文章 10 餘篇。研究方向為倫理學原理、中國倫理學、當代中國道德建設。

提　要

　　《易傳》中的「觀乎人文以化成天下」之語是中國古典「文化」觀的濫觴，「人文化成」的「文化」觀既表達了儒家倫理的核心理念和理論意旨，同時，由此也可能引申出一種關於儒家倫理道德類型的「文化」倫理觀。

　　儒家倫理是對西周之「文」的地方性道德知識傳統的繼承、轉化和發展，孔子所言的「郁郁乎文哉，吾從周」、「文王既沒，文不在茲乎」都是明證。「文」所指稱的是周人所確立和實踐的一套以「文德」「文教」「文章」「文質」「禮文」等觀念為核心的道德品格和精神風尚，這些品格風尚落實為具體可感的周代禮樂文飾。儒家「人文」就既包括「尚文」的內在道德品格和精神風尚，也包括外在的禮樂文飾。人禽之辨、文質之辨和禮法之辨奠定了儒家「人文」的理論前提，在此基礎上，儒家正是以此「人文」為內容，追求社會秩序和心靈秩序的「化成」。在社會秩序層面，儒家以「神道設教」來轉化原始習俗和民俗宗教，通過移風易俗的實踐和禮俗互動的機制將儒家倫理觀念和日常倫理生活統合為一體，化成社會的風俗美。在心靈秩序層面，儒家則以區別於「神文」的「人文」方式奠定了安樂的德福一致觀，為個體心靈秩序提供了由知善、好善再到樂善的安身立命之基，化成個體的人格美。作為「文化」之古典意義的「人文化成」，正能涵括儒家倫理的基本理論取向，也構成儒家倫理傳統對「文化」概念和觀念的主要理解方式。正是在此意義上我們稱儒家倫理為「文化」倫理學。

　　「文化」倫理學構成了闡釋儒家倫理的一種本土視域，揭示了儒家倫理的一些理論特質。首先，禮樂相濟的儒家文化倫理天然蘊含著審美和道德兩個層面，「美善相樂」的價值追求意味著美與善構成儒家「人文」價值的雙螺旋結構。其次，「人文化成」是儒家倫理的終極眷注和道德信仰，使儒家倫理呈現為「以道德代宗教」的倫理形態。最後，儒家的文化倫理觀更超越於化成個體和社會的道德視域，而指向一種獨特的「化成天下」的倫理思維，即試圖以「華夷之辨」的文明論設定將「華夏」族群維持在相當的道德文明水準，一方面剔抉防範自身墮為「夷狄」，另一方面，始終以「文」提挈彪炳，自任為「文化」的典範。以「人文化成」的視角來研判儒家倫理的類型，會發現現代西方倫理學的固有類型和範式無法完全涵蓋儒家倫理的意旨，其類型學特質已不同甚至超越於規範倫理學和美德倫理學的氣度，而自成一種道德類型。這些理解都要求我們尋繹「人文化成」的大本大源去闡釋和理解儒家倫理的當下意義。

目

次

緒　論

　　如何面對源遠流長的儒家倫理傳統，直接決定著當代中國倫理學繼續展開的可能品質和方向。那麼濫觴於西周末年的儒家倫理究竟具備何種特質？應該將其歸為何種道德類型？對這個問題的回答也直接關切到儒家倫理在當下的價值和命運。換言之，我們如何看待儒家倫理，從何種學術立場和角度切入其中，實際上決定著儒家倫理能否繼續為當下中國倫理學的開展提供精神給養和價值資源。本文認為「人文化成」之理念基礎上所形成中國古典「文化」觀，正是這樣一種切入儒家倫理的恰切立場和合理角度。從人文化成的角度來看，儒家倫理所關注的不僅是規範問題，甚至也不僅是德性的問題，而是「人」和「社會風俗」之有機整體的「化成」問題，其倫理理論核心旨趣是以禮樂之「文」來「成人」、「成俗」、最終達到「化成天下」的文化倫理觀。

0.1　研究緣起與研究意義

　　其一，闡釋「文化」的道德涵義。「文化」似乎是一個為數不多的愈發被使用而涵義愈發不明的詞彙。自近代以來，中外有關「文化」之概念和涵義的界說汗牛充棟、莫衷一是〔註1〕，在此過程中「文化」也先後成為文化人類學、

<hr />

〔註1〕 以西方的文化概念定義為例：現代意義上的西方「文化」概念主要肇端於 18
　　　　世紀末至 19 世紀，英國著名人類學家愛德華・泰勒在前人研究的基礎上，於
　　　　1871 年在其《文化的起源》（The Origins of Culture）一書中，對文化下了第一
　　　　個現代意義上的定義：「文化或者文明，從其廣泛的民族志意義上言，它是一
　　　　個錯綜複雜的總體，包括知識、信仰、藝術、道德、法律、習俗和人作為社會
　　　　成員所獲得的任何其他能力和習慣。」泰勒的這一定義，引燃了關於「文化」

文化社會心理學、文化哲學等等一系列新興學科的核心話題。直到今天，關於「文化」的定義仍然處於各是其所是而非其所非的「百家爭鳴」局面。與此相應，在社會現實層面，「文化」也業已成為日常語言中的高頻詞彙，其使用之廣泛已無法作嚴格細究，但其混雜之狀態並不亞於學術界說。

因而，頗有必要回歸「文化」概念的源頭和其觀念誕生背景加以辨析。現代意義上的「文化」概念應屬舶來詞（也稱為「和制漢語」），19世紀末的明治時代，在日本快速吸收西方近代文明成果的同時，日本學者將英語「culture」對譯為漢語中的「文化」一詞。此後，在近代中日交流中「文化」又被引進回國，該詞成為構成近代中國歷史進程中的核心語彙，並且被不斷賦予新的涵義。但實際上，「culture」所指與傳統中國語境中的「文化」仍有較大不同。足見，文化的概念不僅牽涉到古今中西在觀念上的糾纏錯節，而且關涉到日常與非日常（學術）的區別，以至於無論是從學術層面諸多有關「文化」的概念定義，還是從流俗的各種各樣的關於「文化」的一般理解中，似乎根本無法捕捉到「文化」一詞的真義。

在「文化」的諸多定義和理解中，在「文化」一詞的言說不斷被豐富、深化的同時，有關「文化」的中國古典意涵在某種程度上卻被有意無意地遮蔽了。因此，亟需我們重返「文化」概念生成的思想邏輯現場，化繁就簡，拂去覆蓋其上的駁雜紛擾，首先釐清關於「文化」的中國古典意涵。

其二，尋求一種有關儒家倫理道德類型的本土闡釋。本文借用〔註2〕學者所倡言的「道德類型」這一概念，是基於道德類型學本身在闡釋「地方性」倫理話語時所具有的天然優勢。一方面，道德類型學以承認道德文化的多樣性為前提，承認人類的道德有著不同的文化來源和價值譜系；另一方面，認為對道德倫理的理解和闡釋，首先必須是歷史主義和文化譜系學的〔註3〕。道德類型

定義爭鳴的導火索，直至20世紀中期，美國文化人類學家克魯伯（Kroeber）和克拉克洪（Kluckhohn）出版其名著《文化——概念與定義的批判研究》（Culture：A Critical Review of Concepts and Definitions，1952年初版），在該書中，他們對歐美已出版的書籍中所出現的各種文化定義進行總結、歸納並分類，至少找出了有關文化的160餘種定義。

〔註2〕必須說明的是，之所以為「借用」，是想表明筆者並非在嚴格意義上使用萬俊人教授所提的「道德類型」概念，在此筆者也無意展開道德類型學有關論述，而是認為「道德類型」或「道德類型學」為我們闡釋儒家倫理提供了特殊主義、歷史主義和文化譜系學的認知視角，從這種視角出發可以讓我們重新認識、理解和闡釋儒家倫理的理論特質。

〔註3〕有關道德類型及道德類型學的相關集中論述參看萬俊人：《比照與透析——中

學的這些理論前提建立在承認各文化傳統自身具有特殊道德類型的合法性，消除價值獨斷和理論專制，同時也指向不同道德類型間的理解和更深層次的理論對話的可能。以此來看，中國倫理本土化話語的缺席，不僅會缺乏完成有效對話的闡釋策略，而且勢必會使得倫理學理論本身難以貼近中國倫理的現實境遇。無論從倫理學的學科建制本身，還是從倫理學的理論話語與現實作用機制而言，倫理學似乎都處於為「西方式倫理言說」所統御的階段。這種統御最突出地表現在對儒家倫理的認識和闡釋上。一方面我們看似運用純熟的西方道德理論資源來展開對儒家倫理的闡釋，同時也在某些方面具備一些解釋力；但在另一方面，「以西解中」、「反向格義」的方式又不可避免地產生以現成的理論來框定、裁剪、窄化儒家倫理的後果，這樣一個不啻為「藥病相發」〔註4〕的過程，看似解決了問題，實則也潛藏了新的問題。無論是道德理論上的似是而非，還是道德實踐層面的隔膜感，都催促我們從新的層面介入到儒家倫理的闡釋中。

對此，有倫理學學者提議「我們必須珍惜每一個真正支撐了（或者支撐過）真實倫理生活的那些倫理概念，努力去理解它們的含義，理解它們與人類生活的關係，從而提升現代世界倫理生活的質量。」〔註5〕「真正支撐倫理生活」的倫理概念，也即意味著這些概念既具備理論解釋力又具備實踐效能，而這些倫理概念並非學者所主觀臆造，而是與人們倫理生活息息相關的「在地性」概念。筆者認為，中國倫理學的開展似乎殊有必要向近年來逐漸本土化且在實踐上較為成功的「社會心理學」、「文化人類學」等學科汲取經驗，積極尋找本土話語資源來重新認識和瞭解那些對儒家倫理傳統而言真正重要的概念和內容，就此方能真正提煉出與中國傳統倫理相接續同時又具有實踐解釋力的倫理理論。正如一位社會心理學學者所言：「從當地人所用的語言及所採用的概念，我們可以更清楚、貼切地瞭解當地人怎樣思想、怎麼看問題、怎麼看世界，及為什麼這樣思想、這樣看問題、這樣看世界？」〔註6〕某種程度上可將這句話移植為我們開展倫理學研究的基本視點。事實上，道德知識首先是一種「地

西倫理學的現代視野》，廣州：廣東人民出版社 1998 年版，第 382～397 頁。

〔註4〕魏源用語，（筆者按：意為開藥方治舊病，藥方卻引起了新病）。〔清〕魏源：《魏源全集》（卷三），長沙：嶽麓書社 2011 年版，第 177 頁。

〔註5〕張曦：《「做」倫理學：「做法」革命與美德復興》，《哲學動態》2018 年第 5 期。

〔註6〕楊中芳：《如何研究中國人：心理學本土化論文集》，臺北：桂冠圖書股份有限公司 1997 年版，第 53 頁。

方性知識」，其必然也內涵了「當地人」如何看待道德，如何理解道德，以及為何如此看待、理解道德等等這一系列倫理學命題，這些命題也關乎「道德知識」能否具備實踐指向的基本特性。

這也即是說，要使倫理學、倫理理論真正具備理論闡釋力和現實說服力，最為關鍵還在於深植本土的道德歷史經驗，以本土倫理話語為本源，開掘出傳統儒家倫理的源頭活水，將之盤活、接引為助推當代中國倫理進展的動力性道德文化資源。倫理學學者已認識到「現代中國甚至整個『文化中國』的社會倫理生活經驗表明，儒家倫理觀念乃至具體倫理規範仍然發揮著獨特持久的影響。若要取代或消除作為社會內在精神的道德倫理傳統，需要創造一種新的足以替代或消除舊傳統的新傳統。」〔註7〕但在所謂「新傳統」被創造之前，我們必須對以儒家倫理為主導的傳統倫理文化資源進行「本土性」、「貼合性」的瞭解。所以，如何依靠儒家倫理自身已有的概念來完成「自我闡釋」是本文的著力所在。本文認為「人文化成」基礎上所形成的「文化」概念及其觀念庶幾可構成為一種闡釋儒家倫理的本土話語資源，構成我們試圖尋求的一個「在地性」概念，其不僅體現了中國思想史中特殊的「文化」觀，並在實際的倫理進展中與儒家倫理形成了密不可分、甚至互融互釋的聯繫。本文以為，「文化」的中國古典理解恰恰是一種「當地人」的倫理語言，也是真正支撐了個體、社會甚至中華民族道德生活的核心倫理概念。

其三，一種「文化」倫理的道德類型是否可能？「觀乎人文以化成天下」（《周易·賁卦·彖傳》）是「文化」概念的濫觴，繼而在「聖人之治天下也，先文德而後武力。凡武之興為不服也。文化不改，然後加誅」（《說苑·指武》）中，西漢劉向正式將「文化」合成為一詞。事實上，在「文化」成為合成詞之前，「文」和「化」分別都是儒家倫理思想史，乃至中國思想史上重要的原發性、奠基性概念範疇，具備豐厚的道德意蘊。因而，重新理解什麼是中國本土的「文化」概念和文化觀，不僅是「文化學」的命題，對儒家倫理的闡釋也深具意義。

儒家倫理是在對周代禮樂之「文」的倫理傳統有所損益的基礎上，繼承性發展的結果。在倫理旨趣上具有連續性。在《論語》中孔子曾多次直接表達了對「周文」的嚮往。孔子曾用「周監於二代，郁郁乎文哉，吾從周」（《論語·

〔註7〕萬俊人：《現代性的倫理話語》，哈爾濱：黑龍江人民出版社2002年版，第254頁。

八佾》）來表達其對西周之「文」的承接和認可肯定。孔子更在其生命受到威脅時聲言：「文王既沒，文不在茲乎」（《論語・子罕》），既展現了他對於禮崩樂壞，「文」不得傳的喟歎，也同時體現了他對於西周元典時代所確立的「文」的倫理觀念的吸收、繼承和轉化的高度自信。而且孔子將自己「不復夢見周公」理解為自己志向衰朽的跡象（「甚矣吾衰矣也」《論語・述而》），不難看出，這一切皆因孔子念茲在茲的是承接周公奠基的禮樂之文傳統，故以此語鞭策、自責。這三則材料拼接出以孔子為代表的原始儒家倫理的基本取向：以承接、轉化「周文」為志業，禮樂之「文」也成為儒家倫理所要面對的周代倫理之內核。「周文」不僅是外在的禮樂制度，更表現為周人既美且仁的道德內涵，及其在尚「文」之風的薰陶下所呈現出的文雅的精神風貌，和華夏族由內而外的精神氣質和雍容裕如的禮儀氣度。自孔子開始，儒家所言禮樂之文已不再僅僅是春秋時期漸趨繁瑣，有名而無實之禮樂形式之文了，而是經由他納仁於禮，納「質」、「直」於文之後具備美善之質的「文」。孔子所做的主要工作是對周代之文進行了「求源返實」式的考察，以重新彰顯實質和內在之「文」的價值和意義。孔子在其時代之所以提出「質」的範疇，與「文」相對舉，其意似正在於搶救、挖掘、強調周代之「文」的價值，以對「質」的凸顯來補偏救弊，將質樸、篤實、率直等道德真義注入到文德之中，以維護文德的本真意義。不僅如此，從「文化」的核心範疇出發，儒家倫理的類型特質也得以顯現。儒家倫理通過「人禽之辨」、「文質之辨」和「禮法之辨」奠定了「人文」的內涵、方式。同時通過此「人文」形成了對社會秩序和心靈秩序的獨特看法。「以禮化俗」、禮俗互動機制的產生，使得儒家倫理與社會風俗緊密結合，落實為百姓日用而不知的人倫日用。在處理心靈秩序的德福一致問題時摒除神秘主義和彼岸意識的安樂德福觀。最後，儒家所倡導的「文之以禮樂」實則展現了儒家倫理試圖將美善價值相結合的倫理學特質，美學價值和道德價值在儒家那裡具有感通性和互動性。

足見，重新理解和闡釋「人文化成」的概念和觀念對理解儒家倫理具有重要意義，建立在「人文化成」基礎上的「文化」之中國古典含義是理解儒家倫理的樞機，也構成儒家倫理學實現「本土」化詮釋的一種可能路徑和新的學術視角。基於此，本文欲從人文化成的角度切入儒家倫理，以透視儒家倫理的特殊意趣和整體類型，並嘗試從道德類型學上將儒家倫理界定為一種「文化」倫理學。

0.2 研究現狀與文獻綜述

目前學界對於「人文化成」與儒家倫理關係的整體研究較少，尚未有專門著述對「人文化成」概念及其倫理意蘊作系統闡釋，現初步將與「人文化成」及與本文所論述的儒家道德類型相關的文獻梳理如下。

首先是關於「人文化成」之文化觀的總體研究。

中國的「文化」觀源於《周易・賁卦・彖傳》的「觀乎人文以化成天下」一語，而《易傳》一般被認為是孔子或孔子後學所作，其主要理論旨趣仍屬於儒家學派。「人文化成」對於中國哲學史和思想史而言具有重要意義，對此學者多有探察和研究，形成了較為豐厚的理論積累，自古及今，各代注家在對《周易》作注疏時多有詳細注解，詳見正文，茲不贅述，此處就當代學者有關「人文化成」思想的系統認識和綜合研究作一概述。

港臺「新儒家」學者對儒學「人文化成」極為重視。多將「文化」概念追溯到「人文化成」思想。如，錢穆先生在其著作中多次強調「人文化成」是「文化」一詞的中國古典理解，在其晚年著作《晚學盲言》一書中，錢先生更將「人文化成」作為中國文化研究的總結性話語。「人文化成，則為中國人之文化觀。」〔註 8〕強調人文化成對人性的化育，「人性乃長時期經驗成，中國人則稱之曰化。所謂人文化成是也。」〔註 9〕

唐君毅先生曾明確指出「人文化成」的學與教構成中國文化的核心價值所在，其一生念茲在茲的是「中國人文精神的發展」，並提出對「中國文化的精神價值」進行「人文精神的重建」〔註 10〕。其言「《易傳》之說『觀乎人文，以化成天下』，應當是指周代禮樂之盛所表現的人文中心的精神。」〔註 11〕唐先生還將人文化成與周代禮樂傳統相對接。牟宗三進而認為：「由人文以化成，故亦可縮稱曰『文化』，此縮稱之『文化』即表示以人之道德實踐以化成天下也。」他認為「人文化成」是對「儒家人文主義」的確切界定，是「以人性通神性所定之理性化成天下也。」在個體層面，是以理性化成氣質，「克己復禮」；在社會層面，「則由理性之客觀化而為歷史文化以化成天下也。」認為「化成

〔註 8〕 錢穆：《晚學盲言》，桂林：廣西師範大學出版社 2004 年版，第 20 頁。
〔註 9〕 錢穆：《晚學盲言》，桂林：廣西師範大學出版社 2004 年版，第 80 頁。
〔註 10〕 此三個主題，正是唐君毅先生三本書的書名，參看唐君毅：《唐君毅全集》（第 4 卷、第 5 卷、第 6 卷），臺北：臺灣學生書局 1991 年版。
〔註 11〕 唐君毅：《唐君毅集》，北京：群言出版社 1993 年版，第 404 頁。

之義大矣哉。試思若不經人文化成，則洪荒而已矣，自然而已矣，何有於歷史？」〔註12〕並提出以「文化意識宇宙」來稱謂中國固有之「觀乎人文以化成天下」之意識，「此一意識乃孔孟成德之教所開闢，而由《賁卦·彖傳》簡單辭語作代表。〔註13〕在中西文化比較意義上，牟先生認為此「文化意識宇宙」高於提供專門知識而無立人之價值的科學宇宙和尚思辨不尚實踐的哲學意識宇宙，甚至是高於指向「絕對」、且倒懸人道於神道的宗教意識宇宙。而且認為中國古典的「人文化成」之文化觀對二次大戰後所謂美國之世紀所代表的虛無主義文化具有補偏救弊的作用，應該加以發揚。

另一位重要的新儒家代表人物徐復觀先生則側重於對「人文」之意涵的闡發，「中國文化，為人文精神的文化，現時固已成為定論。」〔註14〕而且，中國的「人文」在以人為中心上固然與西方人文主義相同，但在具體內容和實質內蘊所指上卻不可輕易比附，中國的「人文」並非突然出現，而是經過了神權的精神解放而來且係長期孕育的結果。並且他在對《易傳》中的「人文」進行解釋時，超出「文飾」的一般空泛之論，認為周代諡文王為「文」與孔子「文不在茲」之文意義相合，已突破了文飾的限定，而有其更深的意義。文「最具體而切至的用法，則以禮樂為『文』的具體內容。」因而，他認為「人文」「乃指禮樂之教、禮樂之治而言」，認為只有從此文之初義逐步瞭解下去，才能得到「人文」的實際意蘊。〔註15〕韋政通先生在其所編哲學辭典中說：「所謂『人文化成』，就是要憑藉人自身的能力，所製作的一套文化設計（主要包括禮、樂，倫制），以教化世人，使其能達文化所要求的目標。這個觀念，頗能傳達儒家所理想的文化的基本精神，和它的功能。如果儒家也當作儒教來看的話，那麼『人文化成』就是儒教的最大特色。」〔註16〕由以上論述足見，「人文化成」思想對儒家倫理具有重要闡釋意義絕非妄言。

在《中國人文化成思想的本土心理學探究》一書中，學者奚彥輝從本土心

〔註12〕牟宗三：《道德的理想主義》，長春：吉林出版集團有限責任公司 2010 年版，第 8 頁。

〔註13〕牟宗三：《道德的理想主義》，長春：吉林出版集團有限責任公司 2010 年版，第 233 頁。

〔註14〕徐復觀：《中國人性論史·先秦篇》，北京：九州出版社 2014 年版，第 14 頁。

〔註15〕參看徐復觀：《原人文》，李維武編：《徐復觀文集》，武漢：湖北人民出版社，第 92～96 頁。

〔註16〕韋政通：《中國哲學辭典》，長春：吉林出版集團有限責任公司 2009 年版，第 24 頁。

理學的角度出發，對「人文化成」的傳統文化觀作了相對系統的探討，認為人文化成不但培育了文化大傳統，在王者教化和宗教教化之外，開闢了第三條進路——儒者教化之路，對於中國傳統社會的現實效果是形成了傳統中國兩千多年的尊道重德、尊禮入俗的禮俗社會。並認為「人文化成」理念的誕生與落成使得中國的人文精神傳統獲得明確的自我意識並得以正式開啟，而且使中國人文精神不再是以前未達到自覺的零散的意識，而使得儒者對於人文理念的追求更加自覺、積極，人文精神得以自主地確立起來。「『人文化成』與『文化』實則是一種源與流的關係。『人文化成』實代表了中國傳統儒士階層的理想情懷，同時也是中國人對『文化』的理解樣式。」〔註17〕該研究側重於對人文化成之於本土心理學「成人」思想的研究，而並未對人文化成思想與儒家倫理的總體關係作詳細說明，但其對人文化成思想的闡發仍具有重要的參考價值。

美學學者潘立勇從傳統美學入手，將「人文化成」看作傳統審美人文精神的核心，在《中華人文精神之元典內涵試探》一文中，認為「人文」既與天造地設的「天文」（自然）相對，又與無教化、缺分寸的「質樸」和「野蠻」反照，同時還與神秘莫測、威嚴隔世的「神文」不同。他將「人文化成」視為「軸心時代」形成的中華元典文化精神，認為人文化成」在中華傳統社會綿延相傳，成了中國傳統社會主導性、共通性的文化精神。〔註18〕這種人文精神區別於以人的自然本性為出發點的西方人本主義，「人文」和「人本」一字之差，透露了中西方對人的文化思考上的不同的文化背景和文化精神。中國的人文，對人的理解不停留在人自身，而著重在由社會人倫關係構成的「文」，「文」是人的合理生存方式。在此基礎上，他將「循天道，尚人文」的人文傾向、「致中和，得其分」的中和境界，以及「崇禮樂，贊化育」的美育工夫看作是中華審美人文精神的基本內涵和總體風貌。形成於「軸心時代」的「人文以化成天下」的命題奠定了這種文化精神的基礎。〔註19〕

就現有資料而言，文化學學者黃有東首次對「文化」的中國古典意義撰文加以概念生成考察，認為「人文化成」就是古典的「文化」觀。他認為「文化」是中國特色話語範式，能夠凸顯「文化」研究的中國主體性，所以必須明確理

〔註17〕 參看奚彥輝：《中國人文化成思想的本土心理學探究》，哈爾濱：黑龍江大學出版社 2012 年版：第 1 頁。

〔註18〕 參看潘立勇：《中華人文精神之元典內涵試探》，《孔子研究》2000 年第 2 期。

〔註19〕 參看潘立勇：《「人文化成」傳統與中華審美人文精神》，《南京師範大學文學院學報》2004 年第 3 期。

解「文化」概念的中國意義。更為重要的是，經過考察他認為在漢代劉向「文化」之合成詞形成前，無論是「文」，還是「化」，其單義最後都明確指向以道德教化、道德感化為中心的人文化成、文治教化、人文教化等「道德」內涵。而且，認為古典「文化」觀的核心含義在通過教化、教育、輿論等方式，既合乎道德性又合乎審美性地涵化和感化人自身的動物性、自然性，使其「人化」以體現人的尊嚴感。其認為，「文化」概念在中國的古典意義一方面，是與「武力」「武功」等概念相對，另一方面則是以道德為中心的文治教化、道德教化、人文化成。此種理解，第一次較為清晰地展現了「文化」與傳統中國倫理之間的密切關係，對本文有較大啟發。

除此之外，張穎欣認為《易傳》中「人文化成」的理念為我們打開了一個看待中國儒家傳統教化的新視角，認為「人文化成」是儒家的社會教化思想，強調以文化人，以人文的精髓與力量通過教化和移風易俗，形成良好社會氛圍。不僅對促進理想人格的實現、良好社會風尚的形成、社會秩序穩定發揮過極為重要的作用，而且為中國兩千多年以來的人文社會構建了一套社會教化模式，在中國歷史中取得了顯著效果。就此，其認為人文精神仍然有著強大的生命力，對解決社會的種種問題與危機仍然具有現實作用。〔註20〕此外，王新春、劉光本在《〈易傳〉「人文化成」的價值理想》一文中認為：《易傳》基於天、地、人「三才之道」的宏大學術視野，提出了「人文化成」的價值理想。「人文化成」的價值理想認為人之所以為人而區別於宇宙萬類的基本表徵是「人文」，因而提倡社會人生為人文精神所遍潤、所陶養、所轉化與完善提升。〔註21〕

以上文獻為本文「人文化成」及「文化」的研究提供了當下如何理解「文化」的理論資源，初步顯示出「人文化成」思想的基本內涵和對個體、社會的雙重教化意義。使筆者形成人文化成之古典文化觀的基本概念和其道德意涵。

第二是關於「文」與「化」的分別研究。

對於深入理解「人文化成」的古典「文化」觀而言，「文」與「化」各自的意蘊顯然更值得關注和挖掘，這也從實質層面推進著人文化成與儒家倫理

〔註20〕參看張穎欣：《〈易傳〉「人文化成」思想及其價值》，《東嶽論叢》2015 年第 8 期。

〔註21〕參看王新春，劉光本：《〈易傳〉「人文化成」的價值理想》，《山東大學學報》2000 年第 4 期。

之互融互攝關係。

關於「文」的研究大都集中於歷史和思想史領域。歷史學者羅新慧撰文認為，周代曾有尚「文」之風，「文」代表了周代社會的總體面貌。周代的「文」風大盛並非曇花一現，很大程度上是自夏代以來的華夏文明在歷史的長期積累中結成的文明碩果。周代的尚「文」之風，由文王開其肇端，至周公制禮作樂始奠定了「文」的制度基石。周人對「文」表現出了極大的精神自覺，而且對「文」的觀念有所繼承和發展。具體表現為，與夏商兩代的尊天事鬼不同，周人更為關注「人」本身的問題及其價值。就此，她對周代「文」風的產生、發展以及對華夏文明統一體的形成所發揮的歷史作用作出了闡發。該文所著重強調的是，周代尚文，不僅表現在可見的禮樂之「制度」層面，禮樂制度只是就其實際效果而言的，更應注意到周代社會崇文尚文的整體精神風貌和社會風尚，她認為不可見的時代的精神與習俗風尚往往比可見的社會制度有更深厚的影響力。周人正是在禮樂制度和精神氛圍的雙重薰染下，不斷從「自然人」的原始樸野狀態中逐漸擺脫出來，流露出君子之風，自覺成為「文」化之人。她認為「文」的覺醒對周人整體文明的提高，對華夏族的性格、氣質的形成都起到了至關重要的塑造作用。〔註22〕

陳贇認為「文」的思想及其觀念延伸在中國文化中具有特殊的位置。他認為如果把中國思想的核心看作是上下（包括天人、古今）之間的通達，那麼正是通過「與於斯文」的方式通達的。在個體那裡，這種通達上下意味著將其自然的物理、生物生命轉化為「文—化」的生命，對於世界而言，就是將自然的世界轉化為「文—化」的文明世界。由「文」衍伸出的「文德」、「文章」、「文教」、「文人」等觀念，共同揭示了中國文化中，特別是儒家文化中一個以「文」的思想為核心的觀念譜系。這一譜系聯結著文王和孔子。〔註23〕這一發現不僅說明「文」的思想對於瞭解儒家倫理之根源具有重要意義，而且直接表明在儒家的原發性思想資源中，「文」是理解儒家倫理繞不過的概念。學者夏靜同樣認為，中國古代「文」的觀念伴隨著三代禮樂文化的發展演變，「文」義不斷衍生，通過與早期思想文化中一些重要質素的結合，從具體到抽象，從道德層面到哲學層面，由內在文德到外在文飾，由各種具體德行到一切人文總名，引

〔註22〕參看羅新慧：《尚「文」之風與周代社會》，《中國社會科學》2004年第4期。
〔註23〕參看陳贇：《「文」的思想及其在中國文化中的位置》，《中國文化研究》2006年冬之卷。

申出文德、禮文、文教、文學、文章等頗具道德內涵的概念，構成了一個文義斑斕、含義廣闊的有關文的思想譜系，形成脈絡相通的意義系統，輻射到古代思想史發生期的諸多領域。〔註24〕

　　學者楊永利則著手於對《論語》中「文」的觀念作了詳盡考察，其認為從《論語》來看，孔子肯定了「文」的價值，並將「學文」作為終身的道德實踐。西周之文在孔子時代已經失去了人的心性根基，已經不能上達天命而被形式化了，失去了其提升人性、開發人的價值和意義，孔子有覺於此，以「文」自命，自覺秉承堯、舜、禹、周公及文武之德，試圖從人心性的根基，從個體的成人之路去重新構建宏大整體的「文」境域。〔註25〕

　　專以「化」為主題的哲學、倫理研究目前較少，且都集中「化」對個體和社會教化的層面。奚彥輝通過對化與道、化與易、化與神、化與教四對範疇的析解，將「化」區分為「作為過程的化」、「作為結果的化」以及「作為方式方法的化」，從心理學「成人」的視角重點強調了傳統「化」觀念秉持的「人作為化之存在」以及「人性可化」是「化」之觀念的核心哲學意蘊。〔註26〕王彬的《先秦儒家「化」觀念研究》一文同樣對「化」的觀念進行了多角度的研究，其認為，儒家「化」的觀念本於天道，是天道觀的核心，源於實際生活經驗中對世界的原始認知，同時，天道之變化、創生被儒家賦予倫理品格，因之，在人道層面「化」則展現為教化。對於儒家而言，化的核心問題是化人，教化是儒家的第一要務，其認為教化並非單向度而具有雙向回流性，自化與化人同時存在，認為天道和人道之「化」之根基都本於「誠」，「誠」使儒家「化」的觀念統攝宇宙人生，啟示人道之教化要以「誠」為根基。「化」的最終目的是要實現天人合一，將由宇宙自然創生的人回放到天地自然中，是中國人體認宇宙、建構世界、安頓人生的一種觀念，也開啟了中國幾千年以教化為核心的修、齊、治、平的天下秩序的建構，為中國哲學打上鮮明的道德倫理特徵。〔註27〕

　　最後，一些被筆者視為總體上關於儒家倫理道德類型及其特質的研究。

　　無論是儒家「人文化成」思想的總體研究還是「文」與「化」的分論，我

〔註24〕參看夏靜：《論先秦「文」觀念及其所衍生諸問題》，《漢語言文學研究》2012年第2期。
〔註25〕參見楊永利：《「學文」：「文」境遇的構建——基於《論語》「學文」的研究》，《道德與文明》2018年第2期。
〔註26〕參看奚彥輝：《傳統「化」之觀念的哲學意蘊探究》，《人文雜誌》2012年第1期。
〔註27〕參看王彬：《先秦儒家「化」觀念研究》，《孔子研究》2017年第5期。

們都意在表明「文化」這一概念在儒家倫理中的重要性，傾向於將「文化」看作儒家倫理的理論目標和隱性線索，並嘗試以此來研判儒家倫理的道德類型。此項研究較多，且多有延用固有範式，本文不擬作展開分析，僅選取與本文論述相關且具有代表性的觀點來加以探討。

一是整體上將儒家倫理判定為以「人文主義」或「人文精神」為特色的倫理學。海外著名哲學史家陳榮捷在《中國哲學文獻選編》一書開首即言：「中國哲學史的特色，一言以蔽之，可以說是人文主義，但此種人文主義並不否認或忽略超越力量，而是主張天人可以合一。在這意義之下，早在中國思想肇端之初，人文主義已是居主流地位的思潮。」〔註28〕新儒家學者杜維明認為應審慎地用「人文主義」來概括儒學，他擔心運用西方人文主義的概念亦可能會使儒家當中的超越性被遮蔽。他認為儒家傳統是「涵蓋性的人文主義」，而非反自然、反神學的「排斥性的人文主義」，認為儒家在個人人格發展的莊嚴性、超越性與無限性上具有宗教性，但其宗教性不表現為神秘主義。〔註29〕劉昕嵐同樣提出，在反思儒家思想究竟是「人文主義」還是「宗教」的問題時，應該首先破除將「人文主義」與「宗教」必然對立的偏見，認為總體而言儒家是「向著宗教開放的人文主義」，或者說是一種宗教人文主義。按照今天人文主義的定義，即以「人」本身為核心和出發點來解釋宇宙人生的思維模式，儒家「觀乎人文以化成天下」的思想取向，無疑是一種「人文主義」。但與一般的「人文主義」不同的是，「儒學」代表了一種倫理道德取向的「人文主義」，儒家人文主義的特色，在於它以倫理道德為中心。〔註30〕如學者所總結的，「至少在中文世界，將儒家傳統定性為一種『人文主義』，已經成為學界的共識」〔註31〕。

當我們用「中國人文主義」或「人道主義」（humanism）這一在近代被發明的概念來嫁接和概括中國的「人文化成」傳統時，會發現近代西方所產生的「人文主義」和儒家人文化成在立意和理論旨趣上都相去甚遠，只是分享了一些無關痛癢的有關「人」的普遍共識。所以思想史學者章可通過對人文主義在近代的使用指出，用「人文主義」來闡釋中國之「文化」「這種表述從根源上

〔註28〕 陳榮捷：《中國哲學文獻選編》，南京：江蘇教育出版社 2006 年版，第 1 頁。
〔註29〕 參看杜維明：《儒學第三期發展的前景問題：大陸講學、答疑和討論》，北京：生活·讀書·新知三聯書店 2013 年版。
〔註30〕 劉昕嵐：《「人文主義」與「宗教」——對西方人文主義傳統的回顧以及對儒家人文主義的反思》，《中國文化研究》2004 年冬之卷。
〔註31〕 彭國翔：《人文主義與宗教之間的儒家傳統》，《讀書》2007 年第 2 期。

仍是西方的」,「它本來不需要『人文主義』這樣寬泛的西方概念來表述自己。」
〔註32〕因「人文主義」常被作為西方「humanism」的中譯語使用,產生「反向
格義」所帶來的糾纏錯節。事實上,近代以來西方的人文主義與儒家意義上的
人文發生了「雙向的重構」,「這種雙向重構使得『儒學』和『人文主義』這兩
個概念原初的時間性和空間性差異被抹平,彼此以抽象的核心原則契入對方,
看似水乳交融,其實在很大程度上喪失了原有的豐富性和活力。」〔註33〕因
而,區別所謂中西人文主義具有比較哲學的意義,但這種比較是在意圖謀求將
二者融合的傾向上展開的,但實際上這種做法會使二者都失去其本意。所以,
只有正本清源,激活「文化」的古典理解自身的理論張力,回歸「文化」的古
典意蘊才能貼近儒家倫理的內在機理。對於儒家倫理作為一個特殊的料理對
象而言,對「文化」作考察不僅具有理論意義,更具有現實意義。

　　二是從固有的道德類型標準出發,特別是從現代規範倫理和美德倫理這
兩大類來研判儒家倫理類型。人類數千年的文明史和文化史產生和醞釀出了
不同類型的倫理學流派和道德學說類型,我們該如何看待儒家倫理的道德類
型?對此學界多有將儒家倫理劃歸為規範倫理或美德倫理中的一支,或將其
整體上看作規範倫理與美德倫理的合題。針對單純用「美德倫理學」來稱謂儒
家倫理,萬俊人教授曾指出,「雖然我們也可以把中國儒家,特別是先秦時期
的原始儒家倫理歸結到傳統美德倫理的範疇,但實際上,它所具有的文化氣質
和價值向度,甚至是道德語詞的語義(『所指』)、語用(『能指』),與古希臘中
期的美德倫理卻有著顯著的差別。」〔註34〕劉餘莉教授也認為儒家倫理與當代
西方美德倫理具有某些相似性,但總體而言,儒家倫理並不是嚴格意義上的美
德倫理學,對二者表面上的過分強調會掩蓋二者更重要的哲學差別。美德倫理
不能揭示儒家倫理的獨特性,她認為應該將儒家倫理視為一種美德與規則統
一的倫理學類型,這種理解「不僅更有助於我們保有理解儒家倫理對道德理解
的獨特角度,而且有助於我們理解儒家倫理對當代美德倫理與規則倫理之間

〔註32〕　章可:《中國「人文主義」的概念史》(1901～1932),上海:復旦大學出版社
　　　　　2015 年版,第 251 頁。
〔註33〕　章可:《中國「人文主義」的概念史》(1901～1932),上海:復旦大學出版社
　　　　　2015 年版,第 253 頁。
〔註34〕　萬俊人:《人為什麼要有道德》(上),《現代哲學》2003 年第 1 期。關於儒家
　　　　　倫理與亞里士多德的美德倫理學比較,在《道德類型學及其文化比較視鏡》一
　　　　　文中,萬教授有具體論述。參看萬俊人:《比照與透析——中西倫理學的現代
　　　　　視野》,廣州:廣東人民出版社 1998 年版,第 382～408 頁。

的爭論所作出的貢獻。」〔註35〕筆者認為這些認識為我們貢獻了寶貴的特殊主義類型學進路，而且筆者認為我們可以更進一步地將其脫離固有的類型學研究範式，即不再將其處置為「美德倫理」或「美德與規範的統一」這類類型學判別，而是重新貼合儒家倫理的固有概念，從儒家倫理的根本特質著手，來重新界定儒家倫理的類型學問題。

三是當代中國美學學者為儒家倫理的研究貢獻了重要的思想理論資源。中國美學界多有討論儒家倫理中美與善的關係，並嘗試從「倫理美學」或「審美倫理學」來理解儒學。劉成紀指出從儒家原典中詩、禮、樂的關係來看，我們似乎很難分清其到底是屬於美學還是倫理學的問題。禮雖涉及的是道德倫理問題，但同時其所涉及到的有關人的行為的雅化和群體活動的儀式化，則是審美問題；樂作為詩、樂、舞等藝術形式在中國社會早期的統稱，固然具有藝術性和審美性，但其所預示的個體心性、社會乃至天地人神的整體和諧，卻指向的是倫理性的至善理想。所以美與善或者美學與道德之間存在的分界在中國傳統文化的價值論述中，是混融的，二者的一體性遠遠大於其分離性。雖然按照現代學科劃分，其分屬於不同的價值領域。他進而指出，「美未必是善的」但「善必然是從美出發的善」，也即是說，儒家意義上的「善」囊括、涵容了「美」，展現了「以美儲善」、「美善相樂」的倫理特色。劉悅笛則嘗試以「情」來統合儒家的倫理美學觀與審美倫理觀。認為孔子的「盡善盡美」思想展現了原始儒家「禮樂相濟」、「美善合一」的思想，在儒學中，善與美由此被置於一種泛審美化的關聯之中，其中包孕著「情」的交流與協同。原始儒家的「美善觀」強調美善合一是內在的和諧關係，審美與倫理也在生活踐履之「禮」的層面上直接得到溝通與聯接。原始儒家強調一種禮、樂、射、御、書、數的「六藝」之教的全面教育並非只是技術實踐，而是「對道德特性加以人文化成」。〔註36〕余開亮同樣認為「儒家倫理美學」的「善」是作為自然價值存在於審美情感中的；在形而上學上，儒家倫理美學的「善」是作為本體價值存在於審美境界中的。因此，認定儒家倫理美學實質是一種審美與道德價值內在結合的倫理美學，其不但具有當代美學的合法性，而且是有著美好價值擔當的生活之

〔註35〕劉餘莉：《儒家倫理學：規則與美德的統一》，北京：中國社會科學出版社 2011年版，第 1 頁。

〔註36〕劉悅笛：《從倫理美學到審美倫理學——維特根斯坦、杜威與原始儒家的比較研究》，《哲學研究》2011 年第 8 期。

道。〔註37〕上述思考無疑為我們打開了儒家倫理所蘊含的廣闊視野，對儒家倫理的道德類型研究而言具有重要的跨學科借鑒意義。

此外，還有一些論述與本文具有極大的相關性，在此一併羅列。李景林教授在其《教化的哲學——儒學思想的一種新詮釋》中將儒學的文化意義看作是「教化」，從「教化」的角度對作為「哲學」的儒學思想做出了自己的詮釋，以凸顯儒家異於西方哲學的獨特內涵。他認為「西方的哲學是一種單純理論形態的東西，它與生活沒有直接的關係，因而不具有直接的教化作用。」儒學雖是一種「哲學」，「但它與社會生活有著密切的關聯性，這使它能夠成為中國文化的價值基礎和教化之本。」〔註38〕他認為儒家的「教化」思想與宗教教化大異其趣的地方在於，儒家教化之所依據的禮樂系統是歷史傳統之延續所形成而來的，具有因革連續的歷史變動性以及對其他宗教生活樣式的開放包容性，另一方面與民眾的人倫日用水乳交融，形成普泛的生活樣式。據此，李景林教授將儒學界定為「教化」的哲學，具有說服力，對本文具有啟發性，但「教化」一詞似乎有意無意地忽視了「學」的意義。明代劉宗周言：「『學』字是孔門第一義」〔註39〕，錢穆先生更認為「學」可以稱為儒家的終極信仰，其言「孔子非一宗教主，然孔子實有一極高無上之終極信仰，此種信仰，似已高出世界各大宗教主之上。孔子教學生信，非先有信而後學。故孔子教人，亦重在學。」〔註40〕孔子尤為重視「學」的意義，學即「學文」、「學德」、「學道」（「君子學以致其道」《論語‧子張》）。而「文化」之別於「教化」的區別在於對道德主體主體性的發覺，「儒家對於『人文化成』之學與教，亦實際上是中國文化之核心之所在」〔註41〕學者也認為「『文』是學和好學的標誌性內涵」〔註42〕因而，除過具體論述外，本文認為「文化」比「教化」更為貼切。

針對將儒家「宗教化」的學術取向，姜義華教授認為新知識和新價值觀念

〔註37〕余開亮：《儒家倫理美學如何可能》，《孔子研究》2016 年第 5 期。
〔註38〕李景林：《教化的哲學——儒家思想的一種新詮釋》，哈爾濱：黑龍江人民出版社，緒言，第 1 頁。
〔註39〕〔明〕劉宗周：《論語學案》卷一，吳光主編：《劉宗周全集》第一冊，杭州：浙江古籍出版社 2012 年版，第 255 頁。
〔註40〕錢穆：《論語新解》，北京：生活‧讀書‧新知三聯書店 2002 年版，第 27～28 頁。
〔註41〕唐君毅：《中華人文與當今世界補編（二）》，桂林：廣西師範大學出版社 2005 年版，第 743 頁。
〔註42〕陳來：《從思想世界到歷史世界》，北京：北京大學出版社 2015 年版，第 7 頁。

的建立，充分尊重歷史實際，須與不離中國社會的實踐。據此應該認識到儒家「人文化成」的傳統。儒學的「人文化成」維護中華文明的根柢，也是中國之沒有形成以彼岸世界為終極目標的信仰共同體，而作為一種涵蓋全體社會成員的普遍化的責任倫理的倫理共同體和人文共同體的根本原因。其中，儒學的最大功效是通過制禮作樂推動社會的自我治理，包括社會全體成員的自我治理和社會各個不同族群自我治理。提出應該讓儒學回歸人文化成的傳統。〔註43〕倫理學學者肖群忠也指出，應該注重從文化角度詮釋中國倫理。他提出「文化—道德觀」，將中國文化看作是中國倫理的根基和母體，中國倫理則是中國文化的核心與靈魂。認為應該用中國話語研究並解釋中國文化與倫理，突破固有的西方哲學反思型、馬克思主義的意識形態論的二維取向。文化—道德觀的解釋路徑與方法的優勢在於：使倫理與中國倫理更加接近生活，更加接近實踐，更加強調人民群眾作為文化主體的積極性與創造性。〔註44〕這些都啟發筆者以更符合儒家倫理氣質和理論趨向的概念去闡釋儒家倫理。

此外本文從石元康教授的《從中國文化到現代性：典範轉移》〔註45〕、王慶節教授的《道德感動與儒家示範倫理學》〔註46〕，以及萬俊人教授的《現代性的倫理話語》〔註47〕等書中也獲益良多。以上文獻雖不完全反應對儒家倫理類型闡釋的現狀，但無疑都促使我們以更具理論闡釋力和實踐解釋力的方式貼合地理解闡發儒家倫理的類型學特質，本文的回答是：回歸「人文化成」之儒家「文化」觀念的大本大源。

0.3　研究思路與主要內容

在研究範圍上，本文以「原始儒家」──孔、孟、荀的思想為主要思想資源。眾所周知，「儒家倫理」的開展貫穿著中國倫理思想史，分為不同的發展階段，主要包括先秦時期的原始儒學，兩漢儒學、以及宋明的新儒學，牟宗三

〔註43〕姜義華：《讓儒學回歸人文化成》，《中原文化研究》2017 年第 4 期。

〔註44〕肖群忠：《論中國倫理的文化根基與詮釋路徑》，《新疆師範大學學報》（哲學社會科學版）2016 年第 5 期。

〔註45〕其中收錄《二種道德觀──試論儒家倫理的形態》一文對本文啟發較大。《從中國文化到現代性：典範轉移》，北京：生活‧讀書‧新知三聯書店 2000 年版。

〔註46〕王慶節：《道德感動與儒家示範倫理學》，北京：北京大學出版社 2016 年版。

〔註47〕萬俊人：《現代性的倫理話語》，哈爾濱：黑龍江人民出版社 2002 年版。

先生、李澤厚先生亦將現代新儒家以來的學術進展算在儒學分期之中〔註48〕。本文將主要考察範圍集中在先秦時期涉及到孔、孟、荀的儒家原典，主要集中在《論語》、《孟子》、《荀子》、《易傳》《禮記》，試圖運用倫理學理論抽離出這些儒家原典中所蘊含的「人文化成」思想的若干核心要點，必要時候亦會涉及其他階段儒家代表人物的闡釋，以盡可能全面、完整地探究人文化成觀念與儒家倫理的關係，將人文化成看作是理解儒家倫理的突破口，以期通過對「人文化成」的詮釋來揭櫫儒家倫理的「文化」倫理的理論基礎、理論思維、理論開展及理論特質。

　　在研究方法上，徐復觀先生曾針對中國思想史的研究指出，中國的先哲並沒有刻意去組織一個理論系統，只是將他們所體認到的「應機」、「隨緣」地說了出來，「立體的完整生命體的內在關連，常被散在各處」，表面上被以獨立姿態出現的語句形式所遮掩，故而，我們需要「把這些散在的語句集合在一起，用比較、分析、『追體驗』的方法，以發現其內在關連，並順此內在關連加以構造」，而不能僅「以西方的推理格套來作準衡」，不能僅截取一個橫斷面來肢解這「立體的完整生命體」，並認為這種做法「其為鹵莽、滅裂，更待何論。」〔註49〕在處理「人文化成」與儒家倫理的關係時，筆者同樣要面對的是儒家經典文獻中看似「支離破碎」、表面上不甚相干的概念和觀念，而這些儒家倫理的隻言片語能否拼湊、抽離出一個完整的有關人文化成與儒家倫理之關係的理論仍只能依靠筆者的「大膽假設」，並且以「文獻研讀」為主要方法，盡力融歸納與演繹為一體，貼近原典中語句本身的情境，以對其中片段的合理引申和擴展去「小心求證」文獻背後所隱含的理論內涵，努力將文獻研讀所得到的相關概念和理論思路，儘量連綴為融貫一體的理論邏輯，以此來凸顯人文化成思想的「完整生命體」，理解其與儒家倫理的內在關聯性。

　　分析性建構也是本文主要依賴的研究方法。在準確詮解原始文獻的基礎之上，合理發揮自己的理論想像力來對人文化成向度上的儒家倫理進行分析性建構，用道德類型學的方式，將「人文化成」這一內涵深廣的儒家原典命題

〔註48〕牟宗三的「三期說」，參見牟宗三：《道德的理想主義》，長春：吉林出版集團有限責任公司 2010 年版，第 3～14 頁）；李澤厚的「四期說」，參見李澤厚：「說儒學四期」，載《己卯五說》，北京：中國電影出版社 1999 年版，第 2～31 頁）。此外還有別的儒學分期看法，茲不贅述。

〔註49〕徐復觀：《中國人性論史——先秦篇》「再版序」，上海：上海三聯書店 2001 年版，第 3 頁。

還原、微縮為一個倫理學問題，理論預設基礎、理論指向實踐的方式，以及文化倫理觀與其他現代道德類型不同的特質及自身的價值和形態特質。要之，以倫理學學科特定的問題意識來面對和處理人文化成與儒學、儒家倫理的關係。

同樣，麥金太爾在其《追尋美德》一書中所申言的「歷史主義」倫理學方法也構成本文的主要研究策略。麥金太爾曾指出針對道德作合理性論證的現代西方倫理學已經失敗，這種失敗源於對歷史主義論證方式的忽視。原因在於，「道德哲學的主題事物——道德哲學家所探究的評價性與規範性的概念、準則、論證與判斷——無處可尋，除了體現在特定社會群體的歷史生活之中從而具有歷史性存在的獨特品格」，也即是說道德觀念、道德判斷、道德規範、道德話語等道德範疇都與特定社群的特定歷史社會生活和道德實踐背景互關互契，因而倫理道德歸根到底首先是一種地方性道德知識，道德研究都必須根植於特定的倫理文化傳統，因而不能單方面用普遍性倫理去否定特殊的地方性倫理文化傳統。「不屬於任何特定社會道德的道德是不存在的。有『公元前4世紀雅典的道德』，有『13世紀西歐的道德』，還有很多諸如此類的道德，但有過道德本身嗎？」〔註50〕抽象的普遍道德即便存在，其普遍性也必須深植於地方性、特殊性之上，是基於對地方性、特殊性的充分瞭解。

最後，以反思平衡的方法為補充。約翰·羅爾斯在論證兩個正義原則的普遍性和客觀性時曾提出一種「反思平衡」（reflective equilibrium）的哲學方法，「它是一種平衡，因為我們的原則和判斷最後達到了和諧；它又是反思的，因為我們知道我們的判斷符合什麼樣的原則和是在什麼前提下符合的。」〔註51〕本文試圖將其擴展為判定儒家倫理類型的方法，即我們對儒家倫理的判定既在理論上自洽，同時又符合人們一般觀念的認可，則這種判定才是合理的。即，一方面打破人們關於儒家倫理類型的固有觀念，一方面試圖超越此固有觀念，重建有關儒家倫理類型的共識，以達到儒家文化倫理觀的一致性和融貫性。反思平衡的方法不僅重視理論的建構而且重視直覺、直觀，並試圖在二者之間達成平衡。正如威廉·詹姆士所言：「抽象規則確是有用的，但是道德生活更要

〔註50〕〔美〕阿拉斯戴爾·麥金太爾：《追尋美德》，宋繼傑譯，上海：譯林出版社2003年版，第338頁。
〔註51〕〔美〕約翰·羅爾斯：《正義論》，何懷宏等譯，北京：中國社會科學出版社1988年版，第18頁。

靠我們直覺的敏感與稟性的堅強，相應之下規則的作用就比較小了。」〔註52〕
直覺不僅對於道德實踐而言具有重要作用，對道德理論的建立同樣如此，它取
決於是否會得到人們的反思性認可。

本文的主要內容如下：

緒論部分主要闡發本書的問題意識、研究意義，回顧和分析以往研究的貢
獻及啟發，還有不足之處。認為「人文化成」之「文化」觀能夠詮釋儒家倫理，
它可以突顯儒家倫理的若干特質，增強儒家倫理研究的本土話語與理論範式。

第一章主要考察先秦儒家的「文化」概念及其倫理意蘊。分別闡釋了「文」
與「化」的內涵，「人文化成」的概念構成儒家倫理的起點，而人文化成的概
念成立之後，已超出了《易傳》文本本身所闡釋的概念範疇，而逐漸生成了儒
家倫理的古典「文化」觀。初步認為儒家倫理是「文化」倫理，其以「禮樂」
之人文為內容，以人和社會的「化成」為目標的目的論倫理學。

第二章試圖為儒家文化倫理奠定理論基礎，認為儒家的「人文」是通過「人
禽之辨」完成了其關於「人」的預設，通過「文質之辨」將「文質彬彬」確立
為成人的目標，在此基礎上通過「禮法之辨」將「德」與「禮」作為「化成」
人的主要方式。儒家倫理通過人禽之辨、文質之辨以及禮法之辨對人的倫理存
在進行了三重定性和文化預設，是在這三重視域下定義人、看待人、化成人三
個層面生成了儒家意義上的「人文」境域，集中展現了儒家「人文」的獨特內
蘊。

第三章考察了儒家文化倫理是如何以人文化成的思路切入到社會秩序之
中的。作為一種與社會現實緊密相關的倫理類型，儒家倫理之能與數千年的日
常生活保持相對平穩的互動交融關係實賴於儒家倫理所展現出的獨特的神道
設教對習俗採取了轉化的態度、通過移風易俗的實踐形成風化倫理的思路，通
過禮俗互動、因俗治禮的雙向過程實現機制楔入社會秩序，禮俗結合形成了社
會的秩序善治。

第四章認為文化倫理同時重視安身立命的個體心靈秩序。儒家倫理如何
在不依靠宗教的情況下建立起與「神文」相對應的自洽的「人文」德福觀。儒
家倫理通過對安和樂的強調，突破了對「福」的物質性理解，為個體的德福一
致提供了意義闡釋。

〔註52〕〔美〕威廉‧詹姆士：《道德哲學家與道德生活》，孟慶時譯，《世界哲學》1981
　　　　年第 5 期。

　　第五章認為儒家倫理既是一種「倫理美學」，也是一種「審美倫理」，在其理論結構中並不決然區分美學與倫理學，而是將美和善相結合，在於形成「美善相樂」的相輔相成結構互補關係。儒家倫理之所以能代替宗教，其倚賴禮樂之文所建立的社會秩序和心靈秩序，美善價值本身也構成道德信仰。在「人文化成」的文化古典意義視域下，重新來研判儒家倫理的類型，無論是規範倫理還是美德倫理都無法完全涵蓋其意義，我們不妨將其稱為一種「文化」倫理。在價值上展現為美善合一的「文化」價值特質，在倫理形態上表現為「以道德代宗教」。

第1章 「人文化成」的「文化」觀 及其倫理內涵

　　「文化」是當代哲學研究中的核心語彙，以至產生「文化哲學」、「文化學」等專以「文化」為研究主旨的學科門類。現代意義上的「文化」是舶來詞，約150年前，日本學者將英語「culture」對譯為「文化」，此後，在近代中日交流中「文化」又被出口轉內銷為中國的學術語彙，並在日常語言中逐漸成為高頻詞彙。關於文化的研究汗牛充棟，而中國古典的「文化」概念及觀念卻湮沒不聞不得其解。

　　實際上，「文化」一語在中國語言系統中古已有之，且有其特殊的起源及演變歷程。中國古典的「文化」概念及其內涵始終與儒家倫理具有深厚的關聯性。在漢語語境中，「文化」一詞從誕生開始，就具有強烈的道德意蘊，直到近代西方意義上的文化概念傳入中國之前，這一深具道德意蘊的古典理解一直是古代對「文化」概念的主流看法。儒家倫理也正是在此古典「文化」觀念的視域下展現了其打通習俗、直達信仰的「文化」倫理觀。在此殊有必要從古典文化觀的濫觴之處著手，將「文」與「化」分而論之，對「文化」作追根溯源、正本清源式的考察，理解「文化」一詞在中國倫理學語境中的基本釋義，開掘「文化」對儒家倫理思維和學術意旨所獨具的意蘊。

1.1 「文」的意蘊及其觀念確立

　　「文」是中國哲學和倫理學的奠基性和發端性概念之一，尤其對理解儒

家倫理而言具有重要價值。孔子對「鬱鬱從周」的強調，深刻展現了「文」之概念的重要性。在此，首先要對儒家倫理之前有關「文」的觀念和具體內容做一清點和梳理。

1.1.1 「文」的基源意義

從文字起源而論，甲骨文中的「文」字是一個象形字，象徵一個站立（也有稱行走）的人，其胸前刺有花紋並被特意突出，意為在人的胸前畫上有寓意的圖案，象徵人用紋身來美化、裝飾自己，且在有意突出胸前圖案的同時，似乎隱含了「文」（紋）對於人的標誌性意義。〔註1〕《說文解字》說：「文，錯畫也。象交文。凡文之屬皆從文。」〔註2〕意為只有「交錯」產生的「畫」（線條、花紋）才能被稱為「文」。「文」字的產生與「文」的概念、觀念的產生還並不相同，因而，文字學內涵僅能被作為參考，「文」的字形產生，還不能被看作是「文」之概念和觀念的合理起源。

「文」首先應該是對自然事物形態的描述，是事物表面的紋理、紋路、花紋之意。事物表面上縱橫交錯、色彩斑斕的花紋、紋理、紋路，包括草木上的紋理，龜甲上的裂紋、甚至是人的紋身等。「文」還可以從事物表面的紋理引申為事物所蘊含的規律，例如「天文」、「水文」正是指自然界中的規律或運行法則，這就從對事物的外在特徵引申到事物的內在規律。《周易·繫辭下》載：「仰則觀象於天，俯則觀法於地，觀鳥獸之文，與地之宜。近取諸身，遠取諸物。於是始作八卦，以通神明之德，以類萬物之情。」這裡的「文」是鳥獸皮膚表面的紋理花紋。「物相雜，故曰文。」（《周易·繫辭下》）這意味著「文」其原始之意當是線條、顏色、物象等縱橫交錯、雜而不亂從而形成的人能認識和再現的具有一定規律和意義的圖案、圖像、裝飾等。單一的物象夠不成「文」，只有多種顏色、線條、圖案的配合統一才能構成紋路。可見，「文」不僅是事物的錯雜狀態，並且這種狀態並非雜亂，而是有秩序的統一，是從審美上達到的具有規律的和諧一致狀態。《禮記·樂記》中的「五色成文

〔註1〕臺灣學者許進雄認為在胸膛上刺紋是古代葬儀的形式，用刀在屍體胸上刺畫以讓血液流出，代表放血出魂，以便前往投生的觀念。此儀式被用於讚美施行過釋放靈魂儀式的高貴死者。可備一說。參見許進雄：《文字小講》，天津：天津人民出版社 2016 年版，第 4 頁。

〔註2〕〔漢〕許慎著，臧克和、王平校訂：《說文解字新訂》，北京：中華書局，2002年版，第 592 頁。

而不亂」，《荀子‧賦》中的「五采備而成文」，所描述的正是多種顏色所構成的具有一定美感的裝飾。

當然，「文」更重要的意義是人對此自然紋理、規律的文字、圖像化認識以及基於此認識的表達和呈現。因而，「文」還可以指語言、文字、圖像等文化象徵符號，《說文解字敘》說：「倉頡之初作書，蓋依類象形，故謂之文。其後形聲相益，即謂之字。文者，物象之本，字者，言孳乳而浸多也。」〔註3〕倉頡正是按照「依類象形」的原則，將自然之物本身的紋理、聲音、形象反映在文字中。文字的誕生將文從單純的自然事物紋理、規律的再現過渡並運用到人事上，形成為人對自然和世界的認識的中介。

「文」自身從對事物、物象的自然描摹轉而成為人把握世界、理解對象的途徑和工具。人借助「文」來加工和認識事物，以使其以人能夠理解的圖像化、形象化、符號化方式呈現。就此而言，不僅是線條和圖畫，聲音也有「文」，「節奏以成文」（《禮記‧樂記》），孔穎達疏：「以成文，五聲八音克諧相應和。」「聲一無聽，物一無文」（《國語‧鄭語》），《毛詩序》也說：「聲成文謂之音。」〔註4〕「單聲不足，故變雜五聲，使交錯成文，乃謂為音也」。〔註5〕音樂的清濁變化、高低交錯，成「文」之聲所產生的有規則、有節奏的律動才是音樂，無「文」之聲只是聲音（甚至噪音）而已。

「文」既有自然層面的意義，更包含了人為創造的意義，且後一種意義越來越占為上風，逐漸成為能夠代表人主體性力量和創造力量的後天符號系統。「文」是人對世界和事物的認識和理解的方式，是以人自身的方式對世界萬物進行了分門別類的抽象把握，甚至使其圖像化、文字化，從而使其以人能理解的方式呈現給人。

因而，無論是聲音、顏色等事物表面的紋路、紋理、花紋，還是事物的內在規律、秩序，「文」具有符號表徵的功能，代表人對世界的一種認識所產生的符號結構，顯然，這種符號結構已不是對事物自身簡單地現場還原，也不是結繩記事的粗疏創造，而是通過人經由與世界（主要是天、地）的互動認識，並加進人對事物的理解所產生的後天性、建構性的符號認知成果系統。「文」

〔註3〕 鄭承銓著、王雲五主編：《說文解字敘講疏》，北京：商務印書館1935年版，第4頁。

〔註4〕 李學勤主編：《十三經注疏‧毛詩正義》上冊，北京：北京大學出版社1999年版，第7頁。

〔註5〕 〔漢〕司馬遷：《史記‧樂書》，北京：中華書局1959年版，第1181頁。

作為溝通中介，表現出人與世界（天文）、人與人（人文）的結構性互動互通關係。因而，「文」的第一重意義就是作為認識和表達客觀事物的符號，是人類運用抽象思維的結果，通過創造和使用符號來認知和把握世界，也借助於符號接受、傳遞、創造信息，從而使自己生活在由符號信息構築的「虛擬世界」的「文化」世界之中。符號使人超越了低級動物的感覺性思維，而朝向抽象的概念化思維，世界因「文」的創造，而得以秩序化、意義化。相比動物而言，有了「文」之後，「人不再生活在一個單純的物理宇宙中，而是生活在一個符號宇宙之中。」〔註6〕不是生活在一個「自然」的世界，而是生活在一個「人文」的世界。

以此，「文」就起到客觀記錄後天人類社會的文明積累和文化創造的作用。歸根到底「文」是人的創造，通過這種創造間接地面對自然。《詩經·周頌》中對「文」的這種「溝通天人」的作用有所描述，如「思文后稷，克配彼天」、「秉文之德，對越在天」，學者對此闡釋道：「人是通過『文』來回應天命，從而展開上下通達的事業的。」〔註7〕「文」作為關係符號或圖像結構，也不是現成的東西，而是在人與天地、萬物不斷互動而構建生成的。如《尚書·序》所表達的：「古者伏羲氏之王天下也，始畫八卦，造書契，以代結繩之政，由是文藉生焉」，被視為「人文始祖」的伏羲氏，最偉大的貢獻正在於為通過象天法地，將無序的自然歸納整理成圖式性的存在（八卦），結束了「結繩記事」的歷史，從而實現為自然立法，完成天文向人文的轉渡。

文字、文章典籍正因此互動而產生。「文」便成為人文、人道的代表。《周易·易傳》說，「立天之道曰陰與陽，立地之道曰柔與剛，立人之道曰仁與義」。在人與天、地自然的摩蕩互動中，產生了分屬天、地、人的陰陽、柔剛、仁義的「文」。

以此，「文」就超越出了自然和一般意義上的線條、色彩、聲音等原始直觀義，而昇華成為自然、客觀事物內部因素所錯雜、裝飾組合而成的相對於人的感受、感官的秩序感和和諧感，而且人通過特定的符號創造去把握和捕捉自然事物和客觀物象所帶給人的規律感、和諧感、秩序感、美感，把這種規律感、和諧感、秩序感、美感固定化成為符號（語言、文字、繪畫、音樂等）系統，

〔註6〕〔德〕恩斯特·卡西爾：《人論》，甘陽譯，上海：譯林出版社2013年版，第43頁。

〔註7〕陳贇：《「文」的思想及其在中國文化中的位置》，《中國文化研究》2006年冬之卷。

進而再用這種系統去創造能夠給人以「文化」滋養和和諧、美善、雅致感受的禮儀規範和藝術創造。「文」字由外在的「錯畫」「文飾」等涵義，引申出聲容、章采、藻飾，以及《詩》、《書》、《禮》、《樂》等古代文獻乃至中國傳統文化中各種具體可感形式；同時又由內在的「文德」涵義，演繹出禮文、德行、人文、文章、文教、文質、文學、文物等抽象範疇乃至文化傳統之內在精神品格〔註8〕，這些範疇和精神價值創造具有使人從「前文明狀態」中不斷擺脫、超拔出來，從而進入到更高層次的文明狀態的價值導向作用。在此意義上，「文」就具有符號認知和價值規範的雙重意義。無論是五色相雜的花紋之「文」，還是五聲相和所構成的音樂之「文」，亦或是事物內在規律、秩序之「文」，「文」始終都代表的都是人所能認識和理解的和諧、精雅的美好事物，和諧、秩序和美是「文」的主要內涵。

1.1.2　西周之「文」的倫理意蘊

　　「文」被認為是周代及周人的總體氣質特徵。「文」字雖早在商代業已出現，但只有到周才出現崇「文」、尚「文」，「郁郁乎文哉」的社會精神風貌，「文」的風潮蔚為大觀，「文」開始對於周人而言具有獨特的標識性價值。司馬遷在其《史記·高祖本紀》中更以「夏之政忠……殷人承之以敬……周人承之以文」來梳理總結三代之歷史特徵，認為夏商周雖則一脈相承、有所損益，但「文」卻是周人所獨有的標誌性特徵。「文」在西周時期大體有三層互相關聯的意蘊，都與周代社會和周人所形成的崇「文」、尚「文」的道德風氣相關。

　　其一是作為一種讚譽和美稱，在西周銘文中常常被用來讚頌祖先。歷史學者認為周人崇「文」，且對「文」字本身情有獨鍾，這與周文王有直接關係〔註9〕。由於周文王的為政以德和嘉言懿行在周人中的典範地位，「文王之德」也歷來被視為有德者的最高境界，這就使得「文」就具有了道德淳厚的象徵意義。如此一來，周人以崇「文」為風尚，且喜好以「文」為稱，就變得理所應當。「文」逐漸成為一種在周人中盛行的美諡，如有「文考」、「文人」、「文祖」等用法，銘文中亦有「唯用綏福乎前文人，秉德恭純」〔註10〕、「其格前文人，

〔註8〕參見夏靜：《禮樂文化與中國文論早期形態研究》，北京：中華書局 2007 年版，第 202 頁。

〔註9〕見羅新慧：《尚「文」之風與周代社會》，《中國社會科學》2004 年第 4 期。

〔註10〕《善鼎銘》，見方濬益：《綴遺齋彝器款識考釋》卷一，北京：商務印書館 1935 年石印本。

其頻在帝延陟降」〔註11〕等記載，可知，其常常被用以讚揚稱頌祖先的豐功偉績和高尚德操。《逸周書‧諡法解》載：「經天緯地曰文；道德博厚曰文；勤學好問曰文；慈惠愛民曰文；愍民惠禮曰文；錫民爵位曰文。」「文」的諡號直接與君王、諸侯、卿大夫的一系列政治才能和美好德性相掛鉤。春秋時期，從貴族到諸侯，均盛行以「文」為諡，僅諸侯一級的就有晉文侯、晉文公、楚文王、衛文公、宋文公、鄭文公、許文侯等。「文」是道德修養、品質高潔、素質文雅的氣度、風範的體現，具有形容人的德行美好的象徵意義。足見，周代之「文」已經與「德」形成了深契關係，成為道德意味濃厚的倫理學的概念。饒宗頤認為「『文』字可說是一個典型的道德綜合體，實在具有道德文化的全體意義。」〔註12〕

其二是文德政治和禮樂制度。學者楊向奎指出，中國原始的「禮」經由西周時期周公的改造減輕了禮物交易的性質，增加了德與刑的內容，也添加了樂的成分，此即周公「制禮作樂」。〔註13〕面對彼時打敗商紂之後，社會無序，民風澆漓的現實境況，「周公召公以文德治之，以文止武」，制禮作樂〔註14〕。「是故先王之制禮樂，人為之節，衰麻哭泣，所以節喪紀也；鍾鼓干戚，所以和安樂也；昏姻冠笄，所以別男女也；射鄉食饗，所以正交接也。禮節民心，樂和民聲，政以行之，刑以防之。禮樂刑政，四達而不悖，則王道備矣。」（《禮記‧樂記》）在此，文是有形的典章制度的代稱，通過制禮作樂，制定了國家制度和社會的行為規範，在「吉凶軍賓嘉」五類公共事務中依據一定的規範禮儀而行為，尤其是確立了禮作為國家的統治秩序，如「巡守禮」、「朝覲禮」等，並依據「人法天」的原則確立了一套理想官制，最終形成親親尊尊的倫理等級秩序，使得社會秩序煥然一新，回到文明的軌道。作為「禮」的文是國家不可須臾離也的大經大法，有「經國家、定社稷、序民人、利後嗣者也」（《左傳‧隱公十一年》）的作用。

〔註11〕郭沫若：《金文叢考‧周彝中之傳統思想考》，北京：人民出版社1954年版，第6頁。

〔註12〕饒宗頤：《文轍：文學史論集》上冊，臺北：臺灣學生書局1991年版，第81頁。

〔註13〕參看楊向奎：《宗周社會與禮樂文明》，北京：人民出版社1997年版，第249～250頁。

〔註14〕有關制禮作樂的史實記錄在《左傳‧文公十八年》、《尚書大傳》、《禮記‧明堂位》等文獻中，一般認為是可信的。

文德政治則表現為「文覿武匿」、「明德慎罰」的政治治理思路。文德政治與武力征服相對，其核心在以禮樂制度來治理天下，懷柔遠人，以明德慎罰的德治，文略來協調社會人倫關係。周代之「文」集中體現在「矢其文德，洽此四國」（《詩經·江漢》）的「文德教化」治國思路上。「能文則得天地」（《國語·周語下》）表明周統治者對「文」的統治方式的信仰。《國語·周語上》載周卿祭公謀父曰：「先王耀德不觀兵。……先王之於民也，懋正其德而厚其性，阜其財求，而利其器用，明利害之鄉，以文修之，使務利而避害，懷德而畏威。」在政治運作中以懷柔遠人推行文教的方式為主，不以武力征服威壓，而是「遠人不服，則修文德以來之」（《論語·季氏》）。此處，「文」與「武」對舉，表明周人意識到「偃武修文」更有利於國家穩定和組織邦國，政治治理的根本在「載戢干戈」，宣揚文教。

周以蕞爾小邦之能安撫人心，懷柔遠人，化解矛盾衝突，國風丕變，長治久安，形成「親親尚賢，民明教，通於四海，海之外肅慎、北發、渠搜、氐、羌來服」（《大戴禮記·少閒》）的政治局面，正在於繼承了「文王以文治」（《禮記·祭法》）的導德勸善的傳統，在其立國之初，就將禮樂制度和「文德」政治納為內政外交的政治主導方式，與殷商濃厚的鬼神信仰和窮兵黷武形成鮮明對比。文德政治和禮樂制度確立了周代以降華夏族共同的道德意識和價值信念，足以矜式古今，為後世的政治統治建制提供了可資借鑒的統體典範。

其三是「文」的道德品質與社會風氣。文德政治和禮樂制度構成周代之「文」的顯性特徵，是「有形之文」。西周之「文」固然定當包含著禮樂典章制度，但同時不應忽視的是「文」所代表的更是周人昂揚向上、雍容裕如的道德品質和精神狀態，這體現在崇文的風俗風尚的形成。外在的有形之「文」不能獨存，其一定有賴於人內在心理、精神上的認可，是價值觀念和生活信念的凝聚和反映。禮樂制度即便如何完善，如果不能形成有效的文化認同和價值共識，禮樂制度也不能很好的落實，且不說成為具有實際約束力且為時人和後人所欣羨的社會治道。有理由相信，正是基於周人對於「文」的心理期許和深厚的心理共振，「禮樂制度」才得以最終確立和落實於人們的行為之中，無論是祀、戎等政事中，還是在言行舉止的日常生活層面，「文」都成為周人的「核心價值觀」。文德政治和禮樂制度等「有形之文」與無形的德操風度之「文」相互塑造，共同鑄就了周人以「文」為其主要特徵的社會風貌的形成。「周人在建國之初，即通過禮樂的形式，廣泛地接受了精神方面的教育。在禮樂制度

規範薰染下，周人從『自然人』的狀態中擺脫出來，自覺地追求文明，成為『文』化之人，流露出君子之風。」〔註15〕因而周代之文就不僅是外在的文德政治、禮樂制度，而是表現為周人「以德行及知識修養為內涵，外現文雅、雍容、裕如的氣度與風範」〔註16〕是在尚「文」之風的薰陶下鑄就的精神氣質和國風民俗。在「文」風的導引和化育下，周代社會的風俗為之丕變，鄙陋粗俗之風經由「文」風而滌蕩殆盡，周人的精神氣質為之變化。「文」是對日常生活的美化和精緻化的追求，表現在動容舉止、衣食住行上都追求風度有節、禮儀優雅，舉止雍容。而且這種外在儀表文飾，是基於內在的德性修養。《國語‧周語下》載周卿單襄公說：「夫敬，文之恭也；忠，文之實也；信，文之孚也；仁，文之愛也；義，文之制也；智，文之輿也；勇，文之帥也；教，文之施也；孝，文之本也；惠；文之慈也；讓，文之材也。」足見，在時人看來，「文」是德行的總名，同樣，「文」須以內在德行為依據，是敬、忠、信、仁等美好品德修養的外顯，而非表面上的裝飾，正如《國語‧魯語》所說：「夫服，心之文也。如龜也，灼其中，必文其外。」內在的德性也會展現為外在的舉止端莊、行為優雅。同時，外在之文又能反過來成為涵養德性，鑄就品質的保證，進而成為德性的代名詞。荀子有言：「誠美其德也，故為之雕琢、刻鏤、黼黻、文章以藩飾之，以養其德」（《荀子‧富國》）。外在的文飾、美化能「養」德，使德性內外貫通一致，表裏如一。以此，「文」就不僅是內在的德性之「善」，也包括通過外在文飾所顯示的「美」，是集多種修養、素質為一身的人格美、人文美。通過崇尚和嚮往「文」的風采，周人在人格完善和精神修養方面逐漸擺脫了殷人還尚未完全脫離的原始粗野狀態，將自身和社會都納入到了文明化的軌道，在內部形成了風紀統一、具有價值凝聚力的新的文化統一體，對外部則作為一個統一體呈現出了高度的文明狀態，遠者來，近者悅，顯示出了高度的吸引力和整合力，在周代文風的薰陶和澆築下，不斷敦風化俗，以周為政治實體的華夏族也從整體上風俗淳厚，明於教化，展現出了新的精神面貌。

1.1.3 孔子對西周之「文」的認同和繼承

西周之「文」直接啟發了儒家倫理。也可以說，正是西周之「文」的歷史文化遺產和周人對「文」的長久實踐，直接影響和催生了孔子的儒家倫理及其

〔註15〕羅新慧：《尚「文」之風與周代社會》，《中國社會科學》2004 年第 4 期。
〔註16〕羅新慧：《尚「文」之風與周代社會》，《中國社會科學》2004 年第 4 期。

思想主張。歷史學者楊向奎對儒家與西周之歷史文化的連續性總結道：「宗周社會思潮凝聚到周公而有制禮作樂；凝聚到孔子而有新儒家的產生。」[註17]「文」在孔子那裡具有特別的價值，王夫之言：「夫子於患難之際，所信於天者，文而已。文，即道也；道，即天也。乾坤不毀，生人不盡，詩、書、禮、樂必不絕於天下，存乎其人而已矣。」[註18]孔子不僅稱頌堯：「唯天為大，唯堯則之。……煥乎，其有文章！」（《論語·泰伯》）將「文章」作為堯的歷史貢獻，而且在《論語·子罕》中表露心跡：「文王既沒，文不在茲乎」？認為文王繼承了「文」的歷史創造，而文王之後，「文」的傳統只能為他所承繼闡揚。這既展現了孔子對於春秋以降「文」風不振，禮崩樂壞的歎息，也包含著他自信於對自堯以至西周「元典時代」所確立的「文」的歷史傳統和文化觀念的繼承。其「述而不作，信而好古」（《論語·述而》）的學術態度，更直接表明他承接周文的決心和意志。孔子認為周代之「文」並非憑空創造，而是在「監於二代」，承繼夏、商的文明進步和歷史積累的基礎上而創造出了「文」的歷史現實「境域」，孔子更以「郁郁乎文哉！吾從周」（《論語·八佾》）的志業宣示，將其理想訴諸於對西周之「文」的肯認和追隨。

但「郁郁乎」的西周之文在孔子時代已因其過分追求外在之「文」失其實質而被質疑，《論語·公冶長》中就對此類現象有所佐證。子貢問於孔子，「孔文子何以謂之『文』也？」孔子回以「敏而好學，不恥下問，是以謂之『文』也。」因「文」本是美諡，但歷史上的衛國大夫孔文子（孔圉）德行不佳卻最終仍以「文」為諡，所以才引起了子貢的疑惑和質詢。孔子對此雖作出了肯定的回答，但學者認為此處應理解為孔子是在為尊者諱[註19]，並不能反映實際情況。這則事例也從側面證實，對「名不正」的歪風邪氣，對過於追求形式文采而忽略文之本質的時代風潮，當時的人們已經普遍感到深惡痛絕。由於對「華而不實」[註20]的趨之若鶩和自我標榜，名實之間產生

[註17] 楊向奎：《宗周社會與禮樂文明》（修訂本），人民出版社 1997 年版，第 222 頁。

[註18] 王夫之《四書訓義》上，《船山全書》第 7 冊，嶽麓書社 1996 年版，第 566 頁。

[註19] 羅新慧：《尚「文」之風與周代社會》，《中國社會科學》2004 年第 4 期。

[註20] 對春秋時期「華而不實」的批評見於「華而不實，怨之所聚也。」（《左傳》文公五年）「華而不實，恥也。」（《國語·晉語四》）「華而不實者，將焉用之？」（《國語·楚語下》）

了巨大的割裂〔註21〕，內在之「文德」不彰，社會風氣逐漸流於虛偽、浮誇，陷於「巧言令色」、詐偽四起之境地，無疑，這種偽善空疏之風對道德的傷害是巨大的，勢必導致名不副實、虛實顛倒，德不配位的社會狀況，進而造成人們價值錯位，追求虛文偽善，致使人心墮落，世風不振。《禮記‧表記》也對周人虛偽矯飾之時弊批評道：「其民之敝利而巧，文而不慚，賊而不蔽。」孔子及其儒家倫理所面對的正是「文」風過勝，不得其真的價值混亂局面。以孔子為代表的儒家倫理正是有察於此乖戾的道德現實，發問道：「人而不仁，如禮何？人而不仁，如樂何？」（《論語‧八佾》），「禮云禮云，玉帛云乎哉！樂云樂云，鍾鼓云乎哉！」（《論語‧陽貨》）可見，與依然繁盛，但已標準混亂，且徒具形式化的禮樂相比，孔子更看重的是對西周之「文」內在意涵的承接和延續。孔子認識到「文」的本原意蘊不僅僅是外在的禮樂形式，而且更是與內在的德或仁聯繫在一起的，沒有內在的德性，而僅僅徒有其表，就會造成名不副實、德位分離這樣社會價值標準混亂的道德局面。因而孔子一方面著手於整理闡述周「文」，另一方面也展開了對周「文」進行了再詮釋和意義轉化處理。

依據楊伯峻統計，《論語》中共出現「文」字31次，分別為人名、文獻、文采、文飾、文辭、諡號、學術、文德等義。〔註22〕學者依據有效的文獻，概括了四種關於「文」的含義：文飾文采之文、文德諡號之文、文章文獻之文、禮樂典章之文。〔註23〕這些涵義幾乎與周代對「文」的理解重合。可見《論語》中的「文」的確是對周人之「文」的繼承。在面對周「文」之歷史傳統時，孔子所作的主要工作是，一方面，對禮樂之文進行了「求源返實」式考察，以重新彰顯實質和內在之「文」的價值和意義，是對禮樂的內在精神進行創造性地詮釋和闡發，是從禮樂的文化精神出發，維護和傳承禮樂之文；另一方面，開始淡化禮樂的社會性質和制度意義，而將禮樂之「文」看作是人之為人的重要尺度和標準，強化其道德內涵。如此，禮樂之文的意義就發生了一定的轉變，即不再首先呈現為以往的社會等級性、身份性特質，主要成為儒家倫理所倡導的個體人格修養的德行科目。

茲列舉《論語》中比較重要的關於「文」的文獻來對孔子關於「文」的重

〔註21〕對此，我們也可以合理推論到孔子之所以提出「正名」說的時代背景。

〔註22〕楊伯峻：《論語譯注》，北京：中華書局1980年版，第224～225頁。

〔註23〕楊永利對《論語》中「文」的觀念作了詳盡考察，參見楊永利：《「學文」：「文」境遇的構建——基於〈論語〉「學文」的研究》，《道德與文明》2018年第2期。

要論述作一邏輯考察和闡釋：

首先，孔子將「文」列為「成人」的標識，強調應是先德後「文」，德內文外。

雖然，「文」本為內在德性與外在文飾的合一，但由於在孔子時代，「文」已被濫用無度，「文」的本來意蘊流為外在形式。春秋時期的禮崩樂壞主要表現為禮樂制度喪失其內在之實，蛻變成外在的儀式節文。「文」雖然依舊是一個美好的稱譽，但已失去其原有的意蘊指稱。「公叔文子之臣大夫僎，與文子同升諸公。子聞之曰：『可以為文矣。』」（《憲問》）孔子認為公叔文子能做到將自己的家臣推薦到朝堂與自己為同僚，才堪得上「文」的美諡。

孔子一方面為「文」尋求實質性內容，一方面則將「文」作為個體成德成人的外在標誌來看待。「子路問成人。子曰：『若臧武仲之知，公綽之不欲，卞莊子之勇，冉求之藝，文之以禮樂，亦可以為成人矣。』」（《憲問》）此句解釋了孔子所認為的文的內容，就是「禮樂」。朱熹注釋道：「使德成於內，而文見乎外。」（《四書章句集注》）孔子特意強調了「成人」（也即完美的人格）所應具的道德質素。「知」、「不欲」、「勇」、「藝」這些內在德性構成完美人格的首要因素，隨後方能「文之以禮樂」，以審美活動陶冶人的情操。在此，禮樂之「文」是具有審美意味的道德修養，是一種美善合一的綜合性人格修養範疇，在孔子那裡也被看作是「成人」的外在標誌。與內在的德性相比，禮樂之「文」對於「成人」同等重要。《學而》篇的另一文獻也說明了這一「先德後文」、「德內文外」的修養順序問題，「子曰：『弟子入則孝，出則弟，謹而信，泛愛眾，而親仁。行有餘力，則以學文。』」朱熹引尹氏曰：「德行，本也。文藝，末也。窮其本末，知所先後，可以入德矣。」（《四書章句集注》）顯然，「文」應該在具備孝悌謹信仁愛等德性之後才是可能和必要的。

這說明，孔子看到，周代之文在發展過程中出現虛浮矯飾的變異，但這並非「文」本身的必然邏輯後果。換言之，對名副其實之「文」的重視和追求，並不必然會出現浮於形式的「華而不實」之禮節儀式，只是因為部分人，特別是上層諸侯大夫為追求虛名，附庸風雅而導致「文」產生了變異的結果，敗壞了社會的「文」風。所以，儘管面對的是虛矯過盛，文飾泛濫的時況，孔子從總體上還是對「文」本身持贊成態度的。他仍然認為，以禮樂為「文」是好的，對人而言至關重要，應該成為「成人」的標準。只是在先後上，內在的德性和真情實感要先於「學文」，「文」是內在的德性與外在文飾的統一。

其次，解決周代之文過度發展的弊病，孔子認為「文」需要追根溯源，由「文」返「質」，引「直」入「文」。「質勝文則野，文勝質則史，文質彬彬，然後君子。」（《雍也》）

孔子敏銳地覺察出空疏浮誇的社會潮流，並斷言：「文勝質則史」。對外在之義的過度強調使得原木的文德流於空疏浮泛，不夠真誠質樸，偏離其本真的德性意味。「文」在此處與質相對，質指質樸、本來、質地之意。在《論語》中同時提到了另一個道德範疇——直。將「直」作為道德德目，其意趣正在於對「文」的補充，也是對「質」之義的擴展。孔子曾讚揚：「三代之所以直道而行也」（《衛靈公》），三代之「直」在文風過盛的東周之際被孔子看作是稀缺的美德。也是在此篇中，孔子甚至用「直」誇讚了史魚的風操：「直哉史魚，邦有道如矢，邦無道如矢」。孔子對「直」的讚揚和提倡，與虛偽、善惡是非不分相對，針對的正是對曲意阿諛、文過飾非的時風。

為此，孔子還區別了「達」和「聞」。針對子張將「聞」（為人所知）作為絕對價值，孔子提出了「達」，「夫達也者，質直而好義，察言而觀色，慮以下人。在邦必達，在家必達。夫聞也者，色取仁而行違，居之不疑。在邦必聞，在家必聞。」顯然，「聞」在孔子看來只是虛名，「達」則是君子內在之質的必然結果。「質直而好義」正是對「色取仁而行違」的「反動」。人本始內在的道德感雖未經修飾，但仍不失真誠質樸，但孔子又注意到任何道德德性都需要「文」（禮），「恭而無禮則勞，慎而無禮則葸，勇而無禮則亂，直而無禮則絞」（《泰伯》）。

「文」是通過外在的語言、行為、禮儀、文飾、遮掩使人脫離自然質樸的層面，從而文雅、體面、裝飾起來。「文」是一種使人「文明化」「文雅化」的方式。文可抽象地理解為人為的努力，與「質」相對。質是本質、自然、樸素的意思，代表著事物的原始狀態或初始狀態，文則代表著對這種原始狀態或初始狀態的改變或改造，有通過人為的努力使事物脫離其原始的粗野狀態，而變得美好、豐富起來之意。

但外在之「文」本身並不構成絕對正向的道德價值，其必須與「質」、「直」相協調匹配，「文質彬彬」，「彬彬」為「物相雜而適均之貌」（《四書章句集注》），文與質達到均衡和諧融會相通的狀態，才能成為人所追求的道德境界。真正的君子是內在精神道德氣質與外在的言行舉止、禮節修飾、進退揖讓等文飾相協調、相契合，表裏如一的形象。「文」是內在道德氣質的外在顯現。儒家認為

「禮」是對人之內在德性的外在修飾，這種修飾應該遵從「文質彬彬」的原則，從而呈現出文雅而質樸、淳厚而典雅的表裏和諧、內外一致的人的理想形象。朱熹對該段注釋時引楊氏說，謂：「文質不可以相勝。……文勝而至於滅質，則其本亡矣。雖有文，將安施乎？然則與其史也，寧野。」可見在關於「文質」關係的見解上，宋儒認為文質不可偏廢，質先於文，質是文之本。但同時，沒有文，質也不能獨存。《顏淵》記載了時人棘子成的疑問：「君子質而已矣，何以文為？」子貢對這種看法表示惋惜，應也代表了孔子的態度，其回答道：「文猶質也，質猶文也。虎豹之鞹，猶犬羊之鞹。」朱熹對此注釋曰：「若必盡去其文而獨存其質，則君子小人無以辨矣。」（《四書章句集注》）文質之別，正在於君子和一般人之間的差異，表現在禮義教化、舉止講究、言辭修飾的「文」上，去掉「文」，則質也不能獨存，君子和小人也無從得以區分。事實上由於「質」是無形的，只有通過具體可感的「文」才能被感知，且唯有通過「文」「質」才能加以貞定、確立為固定的行為模式和德行，才能使「質」成為可見可感的道德形象，成為遵循、學習的依據和準則。而且，「質」在儒家倫理中已不是自然、純樸、原始之「質」了，而是經過後天道德教化、「文」化之後的包含忠信、仁義等內在道德內容的「質」。孔子在文與質之間並非採取厚此薄彼的態度，文與質在很大程度上合為一體了。不應強調徒具形式的「文」，更不能以「質」廢「文」。而是認為二者應該相得益彰並行不悖。其言「君子義以為質，禮以行之，孫以出之，信以成之。君子哉！」（《衛靈公》）此「質」已是為「文」所化之質，孔子之更強調「質」的核心目的在於使名和實相配。而且值得深究的是，孔子在其時代之所以提出「質」，與「文」相對舉，其意似正在於搶救、挖掘、強調周代之「文」的價值，以對「質」的凸顯來補偏救弊，將質樸、篤實、率直等道德真義注入到文德之中，以維護文德的本真意義。因而，復有學者指出認為孔子的文質觀，可以說是一種帶有尚文色彩的文質兼備論，「從本然（質）與修飾（文）這層含義來看，孔子及其儒家信徒大多強調後天的修養和修飾，而認為本然、原始狀態是鄙陋、粗野不文的。」[註24] 孔子亦以繪畫活動中「繪事後素」（《八佾》）順序來形容文質之間的關係。繪畫只有在白底（素）的基礎上，但僅僅有白底而無五彩勾勒點綴又無法成畫。人固然需要內在的「質」（道德品質或道德潛能）作為前提，同時也離不開「文」，作為後天使人「文」化的活動，「文」往往對人的道德品質起著更為重

〔註24〕劉紹瑾：《周代禮制的「文」化與儒家美學的文質觀》，《文藝研究》2010 年 6 期。

要的型塑作用。孔子關於人性的扼要概括也與文質觀緊密相關，所謂「性相近也，習相遠也」（《陽貨》），性可被理解為「質」，「習」亦可被置換為「文」，人的品質的實現，「質」在「文」先，人在「質」上相近，卻會因「學文」的廣博深淺而相去甚遠。《國語·晉語四》言：「文益其質，故人生而學，非學不入。」足見，由學「文」益「質」、化「質」是時人共同的理想追求。

　　最後，以仁釋禮，將「文」內在化處理，仁禮合而為文，並視為一種至高的德性──文德。面對周代尚「文」之弊的後患，孔子不得不重新對「文」作合理性論證。孔子對文的探討最終擴展為文與質、禮與直的關係問題。儘管強調質、直，但堅持「時中」精神的孔子，仍然將文質彬彬作為道德人格的可靠依據。「好直不好學，其蔽也絞」（《論語·陽貨》），內在之質仍要配以學「文」。孔子儒家倫理將仁與禮並舉，使仁和禮共同成為「文」的指稱。孔子強調「克己復禮」，其實質仍是將繼承轉化周「文」作為他的主要目的。禮是將仁、義的親親、尊尊的精神展現為一套具有象徵意義的行為規範及程序設計，調整、規範個人與他人、宗族、群體之間的關係，「由此使得交往關係『文』化，和社會生活高度儀式化」[註25]。同樣，孔子主張「立於禮」也意在強調禮既有內在之質的意義，又具有外在之文的意義。表現為，以禮為具體表現形式的「文」，一方面具有正人「心」和正人「行」的道德規範意義，另一方面，同時也是對人脫離粗鄙化、動物化身心原始狀態的雙重「文」化，具有使之內在高尚化、外在文雅化的美學意蘊。「文」意在使人經過後天禮樂的人文化育而弸中彪外、秀外慧中，在使人「文」化，從本質上來說是對人的雕琢和美化。

　　孔子之所以「納仁於禮」，以仁釋禮，是要通過「文」作內在轉向的處理，以通過「克己復禮為仁」來強調「文」作為仁禮合一的綜合意義。甚至包括其所倡導的「正名論」[註26]也正在扭轉虛浮之文，而使內在的直、質得以名副其實地彰顯。可見，孔子總體仍對「文」持肯定和頌揚的態度。《述而》篇中，孔子將「文」[註27]列為「四教」（文、行、忠、信）之首，雖然忠信為本，

〔註25〕陳來：《古代宗教與倫理：儒家思想的根源》，北京：生活·讀書·新知三聯書店 1996 年版，第 248 頁。

〔註26〕《論語·子路》載：「必也正名乎！……名不正，則言不順；言不順，則事不成；事不成，則禮樂不興……」

〔註27〕孔門「四教」中的「文」一般被當作「文獻」解，但這種解法，忽略了「文」的道德意義。本文認為孔子所傳授的四教之「文」應是孔子念茲在茲的西周禮樂之「文」，具有內在文德、外在文飾的雙重意義。關於「四教」的較為全面

但只有通過「學文修行」才能保存忠、信之質〔註28〕。孔子認為「君子博學於文，約之以禮，亦可以弗畔矣夫！」（《論語‧雍也》）顏淵亦謂孔子對其「循循然善誘人，博我以文，約我以禮。」（《論語‧子罕》）學文與修行，一方面要使其領會文德的廣博和真義，另一方面則要通過禮的踐履來內化文德，即一個在內在德性，一個在外在的行為。對如何用禮約束自己，孔子則強調了「非禮勿視，非禮勿聽，非禮勿言，非禮勿動」（《顏淵》），從視、聽、言、動的行為上守禮，以落實文德的要求。足見，孔子對於「學文」的重視。可見，守禮、「復禮」是孔子對於西周之「文」的傳統的悉心維護和自覺的表現，孔子尚「文」、重「文」很大程度上體現在孔子對禮的態度。禮的目的正在於實現文德之教，「文之以禮樂」作為君子人格的重要表徵，正體現在君子對於言辭修飾、進退揖讓的遵循和踐行。

1.2　「化」：自然造化與道德教化

　　與「文」相同，「化」對中國哲學和倫理學的展開而言亦具有原發性和奠基性意義。「化」的意識和觀念始於古人對自然宇宙的「觀」，也即「觀化」〔註29〕，是對自然宇宙之造化運行和變遷規律的觀察和概括。「化」既有自然造化之意，也從自然造化之意中生發出了教化、「文化」之意，由天道貫通為人道。「化」的觀念和思想為先秦各家尤其為儒道所共同分享和重視，有關「化」的論述充斥於中國哲學、倫理學的話語體系中，成為重要的語言現象。錢穆先生說：「中國人言教，每曰教化。言治，每曰治化。言天地每曰造化。」〔註30〕這大體上對「化」進行了較為全面的把握，治化與教化本質而言都與道德教化相關，因而，我們將「化」析解為自然造化和道德教化這兩個互有關聯的層面。

　　　　的解說也可參見王寶峰：《孔子「四教」考論》，《孔子研究》2013 年第 1 期。
〔註28〕朱熹引程子的釋曰：「教人以學文修行而存忠信也。忠信，本也。」見《四書章句集注》。
〔註29〕《莊子‧至樂》就已出現「觀化」一詞，其言「吾與子觀化而化及我」，此處「觀化」即是觀察自然的運行規律之意。「觀化」亦可以指觀察道德教化，如《呂氏春秋‧具備》和《淮南子‧道應訓》都記載了孔子的弟子巫馬期觀化於亶父（地名），因此地在宓子賤（同是孔子弟子）教化下實現了「使民暗行，若有嚴刑在側」的德治。
〔註30〕錢穆：《晚學盲言》，桂林：廣西師範大學出版社 2004 年版，第 526 頁。

1.2.1　自然造化

何謂「化」？「化」在甲骨文和金文中是一個會意字，《甲骨文字典》解析「化」為「象人一正一倒之形」〔註31〕，即由左邊正立，右邊倒立，一正一反兩個顛倒的人組成。「化象人一正一倒之形，即今俗所謂翻跟頭。」〔註32〕「化」字無論怎麼看都是顛倒的兩個人，但這樣一來這個字怎麼看都是正著，永遠倒不了。因此，「這個『化』反和正都可以，也就是說可以化和、化解，想辦法在各種情況下都能成立。」〔註33〕這種顛倒、正反的人的形象從其表意就象徵並預示著人（或事物）的變化和轉化。《說文解字》亦謂：「人而倒，變。」可見，「化」最基本最原始的意味就是改變、變化、轉變之意。

「化」的觀念的產生與中國古人對時空形態的感受和對生活流變的體驗息息相關，「化」往往被理解為是宇（四方上下）宙（往古來今）的存在方式，無論是四時的更替變化亦或是空間的流轉位移，都與「化」這一動態性展開方式和過程具有千絲萬縷的聯繫。因而，「化」的哲學觀念就是將萬事萬物置於動態之中進行考察而非將其靜態化、固著化處理的觀點。〔註34〕

一方面，自然之化首先意味著自然界的變化、大化的流變過程。「化」是天道流行，萬物化生的變化過程。其意味著宇宙萬物世間萬象的流轉不息、動態生成，《易傳》中有較多關於「化」的論述。《史記・太史公自序》言：「《易》以道化」，點出了天地陰陽變化的特質。「易之為書也不可遠，為道也屢遷，變動不居，周流六虛；上下無常，剛柔相易；不可為典要，唯變所適」（《繫辭下》）。「天地氤氳，萬物化醇，男女構精，萬物化生」（《繫辭下》），這些「化」就是指相反相成的天地自然事物摩蕩交感而生生不已的「化醇」、「化生」過程。對於天道而言，指天地萬物的造化運行，對於人道而言則意味著世

〔註31〕徐中舒：《甲骨文字典》，成都：四川辭書出版社 2006 年版，第 912 頁。
〔註32〕《漢語大詞典》，上海：上海辭書出版社 1986 年版，第 1106～1107 頁。
〔註33〕歐陽中石：《中華文化的核心內容和主要特徵》，《新華文摘》2010 年第 13 期。
〔註34〕化在當代主要有兩種用法，一是作為動詞，化～，如化育、化生、化解等；二是作為一種狀態或過程，～化，如現代化、本土化等。鑒於當代對「化」的頻繁使用所造成的意蘊遮蔽，學者奚彥輝曾對古典意義上的「化」作了充分梳理，並根據化在元典文本中的運用，提出了「化」的三種區分：作為過程的「化」，作為結果的「化」，以及作為方式、方法的「化」。參見奚彥輝：《中國人文化成思想的本土心理學探究》，哈爾濱：黑龍江大學出版社 2012 年版，第 38～40 頁。本文對其區分從之，但認為化的過程和化的結果看作是一個層面，具體見正文論述。

道更替，世殊事異。這裡的「化」更像是宇宙自然和人生人事的規律性總結，即——一切都在「化」中，無不處在流變之中，「化」是萬事萬物恒常不變的客觀狀態。「四時代御，陰陽大化」《荀子・天論》，萬物皆在人化流行中，「萬物化作，萌區有狀，盛衰之殺，變化之流也。」（《莊子・天道》）皆在時空之流中不斷生成、流變、改易、轉化，概莫能外。

而且自然大化流行的過程通常是漸進的、習焉不察的、不可見甚至是不可知的，但經久不息，不捨晝夜。《管子・七法》言：「漸也，順也，靡也，久也，服也，習也，謂之化。」大化流行的這種「化」的方式深為中國古代各派思想家所注意，成為中國哲學的重要邏輯起點。「化」正是這樣一個連續性、持久性的習成過程，自然大化的過程與自然之化的結果也構成一種連續性。化歸根到底是變，是變所產生的結果狀態，孔穎達疏《中庸》中「動則變，變則化。為天下之至誠為能化」之語時就指出「初漸謂之變，變時新舊兩體俱有，變盡舊體而有新體謂之為化。」〔註35〕變被理解為漸變、量變，化則被理解為質變，即變積累到一定程度已經與以往狀態呈現質的不同，而成為一種全新的結果。筆者認為這種理解可以被歸類為過程之化之中，因為化的無窮性和延續性，並沒有確定的化的結果，所以，所謂化的結果，也仍然是化的無限過程中的一環，這一結果本身也是在不斷流變的化的過程中。所以實質上，所謂「化」的「結果」仍是「化」的「過程」。因而，荀子亦言：「狀變而實無別而為異者，謂之化。」（《荀子・正名》）正是強調了「化」的這種看似不變實則永遠在變的不住、不居性。狀態發生變化，但其實質依然是同一個事物。過程與結果都是一個不斷流變和生成的「化」。所謂「臻於化境」雖是結果，但所強調的也是「化」之作為不可見、不可輕易捕捉的過程之神秘性境界，是人或事物已有存在狀態的突破和提升。

另一方面，自然之化所強調的是自然、天道生生不息、流轉不已的運轉方式，是宇宙的「化生」、「創生」方式。「日新之謂盛德，生生之謂易」（《繫辭上》）變化的過程也即是日新、生生的過程。作為方式之「化」所指稱的正是大化流行陰陽交替的動態方式，這種方式是潛移默化，不易覺察的隨順而化，「有如時雨化之者」（《孟子・盡心上》），《繫辭下》盛讚「天地之大德曰生」，將「日新」、「生生」的德性賦予天，藉以勸導人也應該以德配天，進德修業。

〔註35〕轉引自《漢語大詞典》，上海：上海辭書出版社 1986 年版，第 1107 頁。

　　對於天地自然的造化、變化，無論是儒家還是道家都給予了足夠的敬意，並都試圖將天道的生化之德導向人的德性化育。《論語》中雖未言及「化」字，但有些論述仍與天道之生化之德相關。如，「子曰：『天何言哉？四時行焉，百物生焉，天何言哉？』」（《論語·陽貨》）有理由相信，孔子「天何言哉」的感歎正是源於對大道之生生不息的創生、化育德性力量的理解和敬畏，以及隨之而來的學習、效法意識。同樣，孔子讚頌堯曰：「唯天為大，唯堯則之」（《論語·泰伯》）將「則天」視為堯之為聖王的歷史功績，能否「則天」是儒家衡量聖王的標準。「則天」意識是儒家將其敬仰的天道推向人事、倫理思考的重要理論推進。因之，無論「天文」、「地文」還是「人文」都指向德性之「文」的倫理學境域。〔註36〕這在素來被認為是儒家文本的《易傳》中多有反映。「知變化之道者，其知神之所為乎。」（《繫辭上》）、「窮神知化，德之聖也」（《繫辭上》）「德博而化」（《乾卦·文言傳》）等。既要「知化」更要「能化」，在此，「化」在儒家那裡顯然已被上升為一種至高的聖人之德。

　　天地自然的造化神奇所造成的哲學驚異和道德啟示，直接催生了儒家的「則天」觀念，更推動了道家「道法自然」〔註37〕意識的產生。以老莊為代表的道家，尤為強調「化」。「人法地，地法天，天法道，道法自然。」雖未有「化」字，其實所指的正是對大道流行、自然之化的推崇。莊子認為「化」不可知但同時又是不可違逆的客觀自然，是「道」的顯現。錢穆認為在老莊那裡「化即是道，萬化而不出此一道」〔註38〕，化是道的發用，「道之作用，則以兩字可以包括，曰『化』，曰『育』。無生言化，有生言育。化育二字，實亦相通。此總體乃是一有機的，亦可謂之即是一生命總體」〔註39〕。

　　道家也將此「化」、「育」的「道」運用到人事上。如莊子認為：「審乎無假而不與物遷，命物之化而守其宗也」（《莊子·德充符》），又言：「天不產而萬物化，地不長而萬物育，帝王無為而天下功。」（《莊子·天道》）與莊子相比，老子則更直接地表明化作為生化、自化意義。「道恆無名。侯王若能守之，萬物將自化。」更講到「我無為而民自化」（《道德經》）。此中，「化」都含有

〔註36〕如《易傳》中著名的「天行健，君子以自強不息」，「地勢坤，君子以厚德載物。」作為天文的「行健」和地文的「勢坤」均擴展為人文意義上的君子之德（自強不息和厚德載物）。

〔註37〕《道德經·第二十五章》云：人法地，地法天，天法道，道法自然。

〔註38〕錢穆：《晚學盲言》，桂林：廣西師範大學出版社 2004 年版，第 526 頁。

〔註39〕錢穆：《晚學盲言》，桂林：廣西師範大學出版社 2004 年版，第 9 頁。

德性意蘊。儘管如此，老莊在對化的闡發上仍有所區別，錢穆先生對此總結道：「《老子》書中言化字，乃近化民成俗義，非如莊周，乃至天地間一種不可知之大化言也。」〔註40〕總體而言，道家更強調自化而非教化，此文將主要論述儒家的教化觀。

1.2.2 道德教化

天道的大化流行、創生化育被儒家賦予倫理意義。「化」字本就由一正一倒的人組成，因而化在其本義中就指涉的是人的變化，或使人的狀態發生改變。「教」與「化」在古漢語中可以互訓，《說文解字》說：「化，教行也。」段玉裁注：「教行於上，則化成於下。」由天道落實為人道，化則主要是指「教化」，意為教行遷善，使人心風俗得到改善。「天地變化，聖人傚之」（《繫辭上傳》），因而，「教化」的產生從一開始就是對萬物化生這一自然過程的一種哲學抽象和理論提煉。「化之流行本身就表現出自然而然的品性。對於人的教化的方式、方法而言，同樣注重自然流成的性質，不刻意，不強加，注重客體內在的自我成長、自我化育的能力。」〔註41〕

儒道雖然同樣強調天道自然、自然造化，希望能效法天地大化流行，並都意識到「化」的倫理人事意義，但在對「化」的理解和運用思路上，儒道卻頗有差異。道家更強調天道「無為而為」、「自然而然」的一面，即完全依賴自身力量而不借由其他力量，儒家看到「化」的自然意蘊使禮樂教化成為可能，更強調「以禮樂合天地之化」（《周禮‧大宗伯》），意欲通過對天地自然之化的契合和模仿，以禮樂展開教化，強調人「可以贊天地之化育，則可以與天地參矣」（《禮記‧中庸》）。儒家所強調的是「文」化、「人」化，而道家則聚焦於「質」化、「自」化。前者是要通過效法自然之「化」的方式而以禮樂之文化育人心，「人文化成」；後者則強調要摒棄禮儀文飾、繁文縟節，使人回歸於自然質樸的「嬰兒」狀態，而且不強調有外在的干預和強制，使人如自然天道運行般「自化」。

以此，「教化」在儒家倫理中與道家的「自化」自然有所不同，教化意味著「教」先於「化」，有「教」方有「化」，其目的在使人通過教化範導來實現道德狀況的提升和改善。儒家認識到「化」不僅指事物在客觀意義上形態或性

〔註40〕錢穆：《莊老通辨》，北京：讀書‧生活‧新知三聯書店 2002 年版，第 152 頁。
〔註41〕奚彥輝：《中國人文化成思想的本土心理學探究》，哈爾濱：黑龍江大學出版社 2012 年版，第 38～40 頁。

質的動態生成和漸變過程，而且更強調人能通過主觀的積極介入，也即通過參與「化」的過程，使事物和自身的狀態臻於美好、朝著更合乎人的主觀目的的方向「化育」。《說文解字》釋「教」為「上所施，下所效」，即「教」本身是「施化」以引起「效法」，是先知覺後知，先覺覺後覺的過程。所以章學誠認為「教」與「學」同義，其核心在使人獲得道德上的自我覺悟，「教也者，教人自知適當其可之準，非教之捨己而從我也。」〔註42〕「教」更多的側重地是「教人自覺」，引導其效法。基於此，通過教化、感化以使其自我覺悟很早就成為「化」的人文向度，相反，如果「冥頑不化」、「頑固不化」就意味著缺乏「自覺」，同時也就意味著封閉了人文教化的大門，教化無由開啟和施展，是在德性狀態上停滯不前。

教化的重要性很早為古人所重視，但主要是作為王者的政治教化之意。《尚書·畢命》言：「惟周公左右先王，綏定厥家。毖殷頑民，遷於洛邑，密邇王室，式化厥訓。」《尚書·君陳》說：「有弗若於汝政，弗化於汝訓，辟以止辟，乃辟。」〔註43〕此兩處「化」和「訓」，皆是教化之意。此外，在《戰國策·衛策》中已有「教化」一詞的產生，「治無小，亂無大，教化喻於民，三百里之城，足以為治」。「教化」在此更多是政治教化的內涵。儒家的「教化」在政治教化之外，將政治教化拓寬為道德教化，教化具備了倫理學意蘊。

（一）教化之「化」的倫理意義在於，認識到人是「可化」的，因為人所身處的自然也是在不斷地「化」的過程之中的

「化」比「變」更能顯示出人的生命存在狀態，「生老病死，亦是人體一生之化。由生到老，仍還是此生。嬰孩之與耄耋，仍是同一生命。由老到死，依然是此同一生命。……變字終嫌其拘於一曲，流於物質觀，其義淺。化字始躋於大方，達於精神界，其義深。所過者化，只是此一現象過去了。所存者神，乃是此一現象之背後之本體仍存在。」〔註44〕人生就處於化生的過程之中，是萬物化生的一個環節，人的自然生命的生老病死，相繼迭代就是「化」的過程。這個事實存在，使得人自然而然被納入到「化」的進程中，因循自然大化的規律。儘管在此過程中，人依然是同一個生命本體，「狀變而實未變」，但同時，在「化」的過程中，人的存在狀態又不可謂始終如一，而是在逐步的「化」中，

〔註42〕章學誠：《文史通義》，北京：中華書局 2012 年版，第 201 頁。
〔註43〕王世舜、王翠葉譯注：《尚書》，北京：中華書局 2012 年版，第 477 頁。
〔註44〕錢穆：《晚學盲言》，桂林：廣西師範大學出版社 2004 年版，第 49 頁。

經由「化」而不斷走向新的生命狀態和生活境遇。從而,人參與到「化」的自然過程中,展開「開化」、「感化」、「教化」、「點化」等主觀能動行為則成為可能。而且,人也必須經過「化」才能成就落實其善性、德行,這在孟子的人性論主張中表現得更為明顯。孟子以其「性善論」為人所知,但孟了的性善論並非通常意義上所理解的「性本善」,更多地是持有人有「善端」故而可以向善的人性觀點。前者往往意味著,人不需要做後天的努力就能表現為善,後者則意味著,即便人具有先天的「善端」和善的可能性,但也須將此善端和可能經過後天「求其放心」(《孟子‧告子上》)的過程持而守之、擴而充之,「教以人倫」(《孟子‧滕文公上》)才能逐漸為善、向善,這一過程也是「教化」的過程。人文教化,同樣是有自然之基的。孟子所概括的「五倫」關係,包括有君臣、父子、夫婦、長幼、朋友這五種人際關係,其中父子、夫婦、長幼都可看作是血緣、自然人倫關係,朋友、君臣關係雖是自然血緣關係的延伸,但也可以在某種意義上轉化成內在的自然人倫關係。中國人的理念是建立在人與人、人與自然關係的基礎之上的,這些關係是不能顛倒的。〔註45〕這意味著孟子所言的「性善」是一種「生成性」的「性善論」,如楊澤波所言,並非一種「完成時」,而是一個「進行時」〔註46〕。這種性善論的看法正反映了「教化」之結果即是過程的特點,上一個狀態的結果同樣是下一個過程狀態的原因,並不存在過程和結果之間的明顯斷裂,這也顯示了教化所具有的持久性和長期性。由此,在中國倫理文化中,人是「可化」的,同時也必須經過不斷的教化過程,道德才是可能的。

(二) 教化之「化」是潛移默化的「化人」過程,以「反求諸己」和「化性起偽」的方式成就德性

化雖常常被釋為變,但與變相比,化似乎更為幾微難測。化是精微細小之變,是習焉不察難於覺察之變,具有隱秘性、連續性、難以捉摸性。對此,學者均區別了變與化。張岱年先生點明了化的「漸」、「精」、「微」的特點:「化是變之漸,變是化之成。化是今所謂漸變,變是今所謂突變。故變粗而化精,變著而化微。」〔註47〕錢穆先生也將「不易知」、「蘊蓄」、「孕育」作為

〔註45〕 參看樓宇烈:《中國文化的根本精神就是「人文化成」》,《中國民族報》2016 年 7 月 8 日第 10 版。
〔註46〕 楊澤波:《孟子性善論研究》,北京:中國人民大學出版社 2010 年版,第 43 頁。
〔註47〕 張岱年:《中國哲學大綱》,南京:江蘇教育出版社 2005 年版,第 111 頁。

化的特徵：「化與變不同，變易見易知，化不易見不易知，須長時間之蘊蓄孕育。」〔註48〕

「教化」的方式在孔、孟、荀那裡各有側重。孔子強調「德之不修，學之不講，聞義不能徙，不善不能改，是吾憂也。」（《論語·述而》）「學」是修德、講學、徙義、改過遷善的過程，湯一介認為「孔子這段話可以說是對我國古代『人文教化』的很好的總結」〔註49〕。孔子實則將主體內在對道德改善的「憂患」作為「化」之必要和可能的前提，只有具備道德之「憂患」，道德教化才是可能的。

孟子強調以「反求諸己」的方式完成「自治」、「自化」，「行有不得者，皆反求諸己，其身正而天下歸之。」（《孟子離婁上》）向主體自身開掘本有之善，「言非禮義」，「吾身不能居仁由義」他將此二者稱為「自暴自棄」的行為。居仁由義，以禮義自化，才可能「化人」。「舜盡事親之道而瞽瞍厎豫，瞽瞍厎豫而天下化，瞽瞍厎豫而天下之為父子者定，此之謂大孝。」（《孟子·離婁上》）朱熹注：「瞽瞍至頑，嘗欲殺舜，至是而厎豫焉。……是以天下之為子者，知天下無不可事之親，顧吾所以事之者未若舜耳。於是莫不勉而為孝，至於其親亦厎豫焉，則天下之為父者，亦莫不慈，所謂化也。」瞽瞍本為頑劣難事之親，但舜依然盡事親之道，就此對天下之為子者都產生了教化、示範的作用。「教化」是經由主體自覺自律的道德行為而產生的示範效應，是一種經過非強制性「感化」力量而引起的道德規勸力、順服力。

與孟子相比，荀子將「性」一分為二，即「性」具有動物性的一面，同時亦具有「人為」的一面，前者可稱為先天不可改不可事之「性」，後者則稱為「偽」，可改可事。倡導通過後天的人為教化來化性，即「化性起偽」，消解人的動物性，用禮儀法度來約束人的「性」，與孟子的「自化」、「反求諸己」相較，荀子更強調的是後天的禮義教化。「教化」及「化」的思想在荀子中亦較為多見，「政令教化，形下如影」《荀子·臣道》，「注錯習俗，所以化性也」（《荀子·儒效》），荀子還特別指出禮樂的教化作用：「夫聲樂之入人也深，其化人也速」（《荀子·樂論》）教與化的結合，化與俗的配合，成為儒家教化思想的核心。教化之化是一種漸進、隱微、潛藏的運行狀態，有「教行遷善」，潛移

〔註48〕錢穆：《晚學盲言》，桂林：廣西師範大學出版社 2004 年版，第 80 頁。
〔註49〕湯一介：《「觀乎人文，以化成天下」》，《首都師範大學學報》（社會科學版）2004 年第 1 期。

默化，轉移人心風俗之義。

（三）教化以「誠」為品質，以「神」為終極目標

正是在「教化」的層面，儒家提出了「誠」和「神」的範疇。對於「化」而言，最重要的品格就是「誠」。宇宙的化生、創生過程展現了天道之「誠」，儒家為天道大化賦予了「誠」的倫理品格，天道大化流行是誠的顯現。「誠者，天之道也。思誠者，人之道也。」（《孟子‧離婁上》）「誠」是儒家倫理對天道的體悟和總結，具有價值指引性。落實在人道上，人應該效法、體證天道之誠，反身而誠，回歸自己的誠心，「誠身有道，不明乎善，不誠其身矣」。人道之「誠」的關鍵在是將自身的善從遮蔽中重新彰顯、開顯出來。「至誠而不動者，未之有也。不誠，未有能動者也」（《孟子‧離婁上》）。只有「至誠」，才能感「動」，使人朝向善的方向轉化。誠，在此是教化的道德形上學依據，《中庸》言，「誠者自成也，而道自道也。誠者，物之終始，不誠無物」。同時，「誠身」的過程也是「明善」的過程，「自誠明，謂之性；自明誠，謂之教。誠則明矣，明則誠矣」。只有回到人的本源的誠，才能完成明善，同時也只有明善也才能實現「誠」。荀子同樣很重視「誠」，認為「誠」歸根到底也來源於天地自然之道的啟示，「天地為大矣，不誠則不能化萬物；聖人為知矣，不誠則不能化萬民。」（《荀子‧不苟》）同樣，落實為人道，認為「君子養心莫善於誠」，「誠心守仁則形，形則神，神則能化矣。」（《荀子‧不苟》）

可見，誠是「化」的品質要求和前提條件。《中庸》云：「誠者，不勉而中，不思而得，從容中道」，「誠則形，形則著，著則明，明則動，動則變，變則化。唯天下之至誠為能化」。只有「誠」才能形成積極健康的價值觀，完成善的自修，在人倫日用中為他人的言行所化，內外交融，不勉不思，符合美善的成人標準。誠，即是真誠無妄，「所謂誠其意者，毋自欺也。如惡惡臭，如好好色，此之謂自慊。」在反求諸己，反身而誠中培固善心善性，形成自足自快善惡分明的道德感。（《大學》）所謂「誠」、「毋自欺」、「自慊」都是強調發乎心的一種真實質樸不造作，毫無勉強、渾然天成的自然流露、充實自足的狀態。「誠者，天之道也」這正如天道自然的大化流行，因而，人的教化之道也應該就是對天道的回溯和傚仿，所謂「思誠者，人之道也。」（《禮記‧中庸》）王夫之曾解釋誠：「誠也者實也，實有之固有之也，無有弗然，而非他有耀也。若夫水之固潤固下，火之固炎固上也，無待然而然，無不然者以相雜，盡其所可致，

而莫之能禦也。」〔註50〕「誠」是本性質樸的自然流露，是主體內在之物，如水之潤下，火之炎上。人能通過「思」而回歸到本體之「誠」上，也只有通過「誠」才能成己成物。

與天道的大化流行一樣，教化也在「無言之教」，不重聲色，而在感化、感動。《詩》言：「予懷明德，不大聲以色。」「聲色之於以化民，末也。」（《中庸》）化民不在於外在的疾聲厲色，不在於外在的規約脅迫，這種方式只是「化」的末流，甚至不能稱之為「化」。《荀子‧正論》說：「堯、舜，至天下之善教化者也，南面而聽天下，生民之屬莫不振動從服以化順之。」因堯舜的感化進而順服，因其內在的道德而產生向善的動力，這是教化之道。劉向《說苑‧政理》中記載了一條關於「教化」的案例：

> 魯國之法，魯人有贖臣妾於諸侯者，取金於府；子貢贖人於諸
> 侯而還其金，孔子聞之曰：「賜失之矣，聖人之舉事也，可以移風易
> 俗，而教導可施於百姓，非獨適其身之行也。今魯國富者寡而貧者
> 眾，贖而受金則為不廉；不受則後莫復贖，自今以來，魯人不復贖
> 矣。」孔子可謂通於化矣。故老子曰：「見小曰明。」

教化常常是以激勵善行，敦化風俗的積極方式進行的。教化的最高境界即「化境」，教化的最高境界可名之曰「神」。先秦儒家將「化」與「神」相聯繫，「知變化之道者，其知神之所為乎」（《易傳‧繫辭上》）。人們關於大自然造化神秀的理解也延續到人事之化中，以用來形容那些無法言說但又極其神秘隱微的漸變。《孟子‧盡心上》對「聖人」的這種教化之境進行了描述：「夫君子所過者化，所存者神，上下與天地同流。」朱熹注曰：「所過者化，身所經歷之處，即人無不化，如舜之耕歷山而田者遜畔，陶河濱而器不苦窳也。」（《孟子集注》）「化」成為君子所產生使人自行向善的道德感化力量，「眉睫之征，接而形於色；聲音之風，感而動乎心。」（《說苑‧尊賢》）是具體而微的神色態度，更是和風細雨的聲調音色。朱熹謂：「涵育薰陶，俟其自化」（《孟子集注》），任啟運在《禮記章句》中也說：「蓋其為教，優游和順，使人默化而不知」，都是對這種經由感動而產生教化效果的描述。孟子言，「大而化之之謂聖，聖而不可知之之謂神」（《孟子‧盡心下》）就是化之境界的體現，內在的善性經由反求諸己而充實、光輝，最終可以達到「神」的境界，這一境界並不是神

〔註50〕〔清〕王夫之：《尚書引義》，北京：中華書局1976年版，第116頁。

秘不可知，而是會產生聖賢教化的力量，這種教化力量具有雙向性，修己與安人，自化與化人同時存在，且互動互成，這便是教化所能達到的不可知之的神境，荀子言「列星隨旋，日月遞炤，四時代御，陰陽大化，風雨博施，萬物各得其和以生，各得其養以成，不見其事而見其功，夫是之謂神」（《荀子‧天論》），更稱「神莫大於化道」（《荀子‧勸學》），「神」所指稱的正是「化」那種微妙的不可見、不可言說的莫測狀態。「此所謂神，決非鬼神之神，亦非帝天之神，神根本不是一個實體，而是指變化之內在的動力」〔註51〕。用「神」來描繪「化」為儒家哲學所繼承。張載的氣論更將「神」與「化」相連，將宇宙這種「化」的能力贊為神，「惟神為能變化，以其一天下之動也。人能知變化之道，其必知神之為也」（《正蒙‧神化》）。在日常語言中，人們也用「出神入化」來形容無法企及的境界。教化的這種「神」實則是人道向天道的效法和回流，如學者所分析的，「儒學的文化意義是『教化』，其在哲學思想上亦特別注重一個『化』字。這個『化』的哲學意義，就是要在人的實存之內在轉變、變化的前提下實現存在的『真實』，由此達到德化天下，以致參贊天地之『化』育的天人合一。」〔註52〕化之神秘之境表明，道德教化的最高境界是達到天道大化流行的「不言」而能使「四時行焉，百物生焉」的境界，以道德教化貫通天道，「可以贊天地之化育」，進而「與天地參」（《中庸》）。

1.3　儒家「文化」觀的形成及其倫理意涵

1.3.1　「文化」的概念生成

　　「文」與「化」各自都具有深厚的哲學意蘊，對「文」與「化」的分論，初步揭示了文與化作為獨特性概念在中國哲學中具有重要地位，同時也為理解中國倫理與「文化」的密切關係奠定了基礎。而「文」與「化」的疊加「相遇」，更使得「人文化成」的古典文化觀念成為理解儒家倫理理念的樞機。

　　文與化的同時出現，最早可以上溯至《周易‧賁卦‧象傳》〔註53〕，其中

〔註51〕張岱年：《中國哲學大綱》，北京：中國社會科學出版社1982年版，第131頁。
〔註52〕李景林：《教化的哲學——儒學思想的一種新詮釋》，哈爾濱：黑龍江人民出版社2006年版，緒言，第5頁。
〔註53〕《周易》分為經傳，二者雖有聯繫，但內容並不相同，《易經》為占筮之書，《易傳》則將其轉化為富有哲學內容的著作。據學者考證，二者的寫作年代首

有「剛柔交錯，天文也；文明以止，人文也。觀乎天文以察時變，觀乎人文以
化成天下」之語。訓詁學對此段文字作了幾近相同的注疏。王弼最早對其進行
了注解：「剛柔交錯而成文焉，天之文也；止物不以威武，而以文明，人文也。
觀天之文，則時變可知也；觀人之文，則化成可為也。」（《周易正義》）如同
天文可知時變，人文則可以教化天下。在此，王弼將人文與「威武」對舉，認
為人文即是柔和而非暴虐的武力方式。唐代孔穎達疏曰：「觀乎人文，以化成
天下者，言聖人觀察人文，則《詩》《書》《禮》《樂》之謂，當法此教而化成
天下也。」又言，「用此文明之道裁止於人，是人之文德之教。」（《周易正義》）
「人文」則被解釋為「詩書禮樂」和文德之教，這些構成人文教化的主要內容。
宋代程頤解釋說：「天文，天之理也；人文，人之道也。天文，謂日月星辰之
錯列，寒暑陰陽之代變，觀其運行，以察四時之速改也。人文，人理之倫序，
觀人文以教化天下，天下成其禮俗，乃聖人用賁之道也。」（《伊川易傳》卷二）
人文即是人道、人倫，與「天文」代表的自然規律相當，「人文」則是指人倫
社會的規律、道理，具體而言，是指社會生活中縱橫交織的人倫關係，具體而
言就君臣、父子、夫婦、兄弟、朋友的五倫關係所構成倫理網絡及其道德秩序，
以此「人文」才能教化天下，形成禮俗秩序。

相較而言，今人亦作了幾近相同的解釋。「離下艮上，離為文明，艮為止，
文明而止，是人文。觀察天文來考察四時變化，觀察人文用來感化天下人。」
〔註54〕「天象是陽陰並陳，陽陰迭運，剛柔交錯以成文。故曰：『剛柔交錯，
天文也。』人文指社會之制度文化教育等。……社會之制度文化教育皆在使人
有所止。」〔註55〕張岱年先生則將這句話解釋為「治國者須觀察天文，以明瞭
時序之變化，又須觀察人文，使天下之人均能遵從文明禮儀，行為止其所當
止。」他進而認為「在這裡，『人文』與『化成天下』緊密聯繫，『以文教化』

尾相差至少五、六百年（見陳鼓應、趙建偉：《周易今注今譯》，北京：商務印
書館 2005 年版，重排版版）。除非特別注明，本文所言《周易》均為《易傳》。
《易傳》十篇舊說為孔子所作，今一般認為《易傳》其學說本於孔子，但為孔
子後學所作。非出一人之手，也非成於一時，其大致形成於孟荀以降的戰國中
後期。雖與老莊合稱為「三玄」，但在天人關係上，《易傳》並未脫離儒學傳統
（見楊國榮：《善的歷程》，上海：華東師範大學出版社 2009 年版，第 132 頁），
本文亦將其鑒定為儒學的著作，並以此展開相關論述。本書對《周易》的引用
皆出自陳鼓應、趙建偉：《周易今注今譯》，北京：商務印書館 2005 年版。

〔註54〕周振甫：《周易譯注》，北京：中華書局 1991 年版，第 81 頁。

〔註55〕高亨：《周易大傳今注》，濟南：齊魯書社 1998 年版，第 172 頁。

的思想已十分明確」。〔註56〕

除此之外，《周易》還有兩處「化成天下」的表述，有助於我們對「人文化成」之理解。

「離，麗也。日月麗乎天，百穀草木麗乎土。重明以麗乎正，乃化成天下……」（《周易·離卦·彖傳》）

「日月得天而能久照，四時變化而能久成。聖人久於其道而天下化成。觀其所恒，而天地萬物之情可見矣。」（《周易·恒卦·彖傳》）

前一句意為人文要附麗於中正之道才能得以實現，做到光明中正即可「化成天下」，陳鼓應解釋：「既然自然之明無有乖違，人事取法自然，亦當使其光明重疊不斷、附麗於正道。」〔註57〕後一句，則被解釋為「日月常懸，四季常變；日月常懸而有升沉起落、盈虧滿損之變化，四季常變而有不改恒定規律。聖人法此，將二方面整合，以化成天下。」〔註58〕二句都強調聖人應該持久地效法恒久不息的天地之道和四時變化，來培育成就天下之人。引申而言之，即「化成天下」用恒久的道來成就天下人，教化之道久才能得其成。只有用感化、教化的手段效法天地四時之化，日積月累才能使天下人不斷提升，完成文明的教化。

要之，「人文」被解釋為人倫範式、禮儀規範、典章制度等後天的文化設計，人文是對天道運行之「文」的效法和模仿。「考察自然氣象，可洞察預知時序的變化。考察社會典章制度的得失，可以化育成就天下之人。『義』生於『卦』，『人文』源於『天文』，故『觀乎人文以化成天下』是從『觀乎天文以察時變』中得到的啟示。」〔註59〕自然天道有剛柔交錯，人文則有文質彬彬。「人文」的目的在「文明以止」。意為「文采著明」但又有所「止」，「止」本為停止、止步、節制之意，在此處，「止」更包含了兩層互有關聯的意蘊：「止」一方面是停止、節制，「文」的目的在於使人有所節制，以使人的言行舉止身姿動容得乎中道，情理相宜，文質得當。古人常常以禮來概括代指

〔註56〕張岱年、方克立主編：《中國文化概論》，北京：北京師範大學出版社1994年版，第2頁。

〔註57〕陳鼓應、趙建偉：《周易今注今譯》，北京：商務印書館2015年版，第280～281頁。

〔註58〕陳鼓應、趙建偉：《周易今注今譯》，北京：商務印書館2015年版，第298頁。

〔註59〕陳鼓應、趙建偉：《周易今注今譯》，北京：商務印書館2015年版，第213～214頁。

樂，「而樂的意義，常須通過禮的意義以顯」，「則所謂『文明以止』者，正指禮而言。」〔註60〕「文明以止」即是用良好的人文約束調整人的行為，以禮樂教化文飾、美化自然人使其成為知止守禮的文明人和君子。「關乎人文以化成天下」，就是用此禮樂教化之人文來轉化、改造天下之人，使之禮儀齊備，舉止得當，內外融通，不勉不強。另一方面，「止」還意味著如果不宜停止，就應該停止當前的停滯狀態。如，《周易・艮卦・彖傳》中解釋，「時止則止，時行則行，動靜不失其時，其道光明。」「止」或是「行」都要審時度勢，在恰當的時間地點作出恰當得體的行為。所以，「止」不僅是知所當止，更要知其所當行，動靜皆宜。所強調的是掌握不偏不倚，「允執厥中」的人文尺度，以使人獲得恰如其分的道德境界，以中正、中和的禮樂為度，來調控自身，對人的行為按照中正言行的標準進行教化，進入到啟蒙開化的狀態。與「人文」相反的概念是「蒙昧」，人文意在使人去除蒙昧走向文明，去除蒙昧的過程即是「人文化成」的過程。體現出強烈的價值規範色彩，意在通過主觀的努力依據人倫之道，使人類社會有秩序起來，使「文」彰明起來。

「人文」需要借助於「化成」。「化」如前已闡明意為感化、教化，「成」則是理想的人格狀態和理想的社會文明狀態的總體實現。「化成」在此處，不僅是個體意義上的成人或理想人格的養成，更是良好的社會風氣和價值觀念氛圍的整體鑄成，更與整個社會的文明狀態和文化水準相關，這些看不見摸不著的精神進步，並非一個突變的過程，而是需要「潤物細無聲」的潛移默化，需要「化成」。

「化成」更會使「人文」積澱為深厚的歷史精神遺產。「人文化成」不僅意味著以「人文」來「化成」天下，同時被「人文」化成的人格和社會風氣同樣可以反過來影響和培植「人文」本身，積澱為豐厚的「人文」內涵，以此歷史積澱而成的「人文」遺產為內容會推動更高層次的「化成」，不斷將文明水準和社會風氣進一步提升、推進到新的層面。所以，「人文」與「化成」之間是一種互為條件互相成就的互動關係。這種基於「人文」與「化成」互動互成的動態「文化」觀，是中國古典文化觀中獨有的思想魅力，「儒家對於『人文化成』之學與教，亦實際上是中國文化之核心之所在」〔註61〕。

〔註60〕徐復觀：《中國思想史論集》，北京：九州出版社2014年版，第286頁。
〔註61〕唐君毅：《中華人文與當今世界補編（二）》，桂林：廣西師範大學出版社2005年版，第743頁。

最早將「人文化成」轉化為「文化」一詞的是漢代的劉向。《說苑·指武》中有言：「聖人之治天下也，先文德而後武力。凡武之興為不服也。文化不改，然後加誅。夫下愚不移，純德之所不能化而後武力加焉。」這裡的「文化」與「武力」對舉，是指以「懷柔遠人」的文治教化方式來治理天下之意，是「以文化之」的簡稱，也是對《易傳》中「人文化成」思想的直接繼承。

1.3.2 天文貫通人文：儒家倫理的比德論

在「人文化成」的古典「文化」觀中，天文與人文並非對立。「觀乎天文以察時變，觀乎人文以化成天下」，天文與人文並列，從「天文」引申、比附、轉喻到「人文」，從「天道」下降到「人道」，通過對宇宙萬物及其規律的把握來體悟人事社會的規律，倫理的秩序，是儒家倫理思維的特點。

張光直曾用「連續性」〔註62〕來概括中華文明從天文到人文的這種貫通思路，以區別於西方「破裂式」的文明起源。本文認為「連續性」思維庶幾可以藉以解釋儒家倫理的構造思路，即文明的創設、倫理觀念、德性等人文的構造保持與自然天文的連續與和諧。《易傳》中用「觀物取象」闡釋了儒家倫理的這種連續性思維方式。「聖人有以見天下之賾，而擬諸其形容，象其物宜，是故謂之象。」（《周易·繫辭上》）「觀物取象」思維也被表達為仰觀俯察、取諸身物，「古者包犧氏之王天下也，仰則觀象於天，俯則觀法於地，觀鳥獸之文，與地之宜。近取諸身，遠取諸物。於是始作八卦，以通神明之德，以類萬物之情。」（《周易·繫辭下》）「觀物取象」即用觀察到的自然事象來比類人文、人事，旨在在天人之間建立穩固、交錯的精神關聯，以將其作為人文的源頭。在此，「象」即是象徵，「是人們以象徵的形式來模擬、掌握宇宙與社會的方式」〔註63〕，是思維過程的中介，是天文向人文之連續性思維的通道，也是從自然現象到精神現象的關鍵環節，久而久之，「象徵」取代了事實世界，人們通過象徵世界來說明和解釋事實世界。「『象』之於人，多為『取譬』，『象』之於物，多為『比德』，由此形成了『感悟言志』、『以象比德』的政教推衍模式。」〔註64〕

值得指出的是，「觀物取象」並非儒家的發明，在儒家倫理誕生之前的《詩

〔註62〕張光直：《連續與破裂：一個文明起源新說的草稿》，見《中國青銅時代》，北京：生活·讀書·新知三聯書店1999年版，第487～496頁。

〔註63〕葛兆光：《中國思想史》（第一卷），上海：復旦大學出版社2013年版，第56頁。

〔註64〕夏靜：《「象喻」思維論》，《江海學刊》2012年第3期。

經》時代，遠古先民就已形成了這種以天文喻人文，用「比興」思維描述天人關係，將自然事物納入人文視野的思維方式。「比」是以彼物比此物，「興」是先言它物以引起所詠之辭。前者是天人類比之顯者，後者則是無意識層面的天人類比習慣。在這種觀物取象的比興思維下，不僅有以物比德的「比德」，有以動植物狀人之美的「狀美」，以及以自然事象引發人內在情感的「興情」，更有以自然事象表達對天地法則的「悟道」。「以自然事物指喻人類社會事象，是先民早期自我描述的普遍方式。」〔註65〕

質言之，無論是「觀物取象」，還是「比興」，天文、自然事物的規律及其特性成為描摹、指涉人文的來源，人文是天文的延伸和擴充。「道德」一詞正很好地說明了天文與人文的貫通一致。在古代的典籍中，「道」與「德」通常是緊密相連的。「道」是自然的運行法則，是自然的原理規律。能對自然的法則有所得，「得道於心」，進而落實為人倫理則，就是「德」的意思。「天行健」的天文中，蘊涵著「君子自強不息」的人文，「地勢坤」的地文，則象徵著君子的「厚德載物」的人文。是以，「以禮義等形式表現出來的人文，總是有其自然的前提；天與人並不僅僅展開為一種斷裂、間隔的關係，相反，二者首先內含著歷史的連續性。」〔註66〕

這種思維對儒家倫理產生了以下兩方面互有關聯的影響：

一方面，從形上的「天道」貫通為形下的「人道」，天道是人文教化之源。《周易‧觀卦‧彖傳》云：「觀天之神道，而四時不忒，聖人以神道設教，而天下服矣。」天道不差毫釐地神秘運轉，人文教化也應以此為矜式，神道、天道的神聖神秘含義在下貫人道過程中，逐漸化為一種非宗教化的人文、德性尺度。禮樂教化本於天地，「禮，上下之紀，天地之經緯也，民之所以生也」（《左傳‧昭公二十五年》）。這種連續性思維並不認為在天文與人文之間存在著創世神，「天之神道」的內容表現在人文上，就是禮樂教化的人文體系，體現了儒家從「神文教化」到「人文教化」的倫理思維轉變。與此同時，將對天道之神秘、「不忒」的驚異和敬畏，也被順承轉化到人文、人道之中。因對自然的「畏」而產生「敬」，天道運轉、大自然的偉岸奇絕、神秘難測都被賦予了道德內涵。對自然的敬畏轉化成對道德的敬畏，對天道的神聖性敬畏觀念被接引為對人

〔註65〕薛富興：《先秦「比德」觀的審美意義》，《陝西師範大學學報》（哲學社會科學版）2009 年第 4 期。

〔註66〕楊國榮：《善的歷程——儒家價值體系研究》，上海：華東師範大學出版社 2009 年版，第 132 頁。

道的神聖性的敬畏觀念。以此，人文教化的合法性和權威性被安置在天道的神聖性上。

將天文的化生方式嫁接承轉為人文化成的方式。天道之神秘不啻只是教化的源頭，其終極目的還在以人文化成天下。如前已述及，「化」的方式的體悟則同樣源於天道、天文。天地自然有四時不忒萬物萌動的「化生」之道，禮樂人文則繼之以德禮教化的「化成」之道。《論語》中，子貢謂「夫子之文章，可得而聞也；夫子之言性與天道，不可得而聞也。」（《公冶長》）即孔子很少說到「天道」，但並不意味著孔子對天道沒有自覺，如「天何言哉？四時行焉，百物生焉，天何言哉？」（《陽貨》）一語就顯示了孔子之所以說「予欲無言」，正是要效法天道的「不言」而使萬物自生自化的「不言之教」。自然化生的方式對人文教化產生了示範性、導引性作用，「風行地上，觀。先王以省方觀民設教。」（《周易·觀卦·象傳》）和煦之風無孔不入，萬物無不受其感化、影響，王者教化亦要廣泛省察民風民情，因情設教，善於觀風施化。如王夫之所言，「人之風氣習尚，粲然殊致，而各據其所安；聖人觀風施化，因其所長，濟其所短，不違其剛柔之則，而反之於淳。」〔註67〕

另一方面，觀物取象的比興思維下，產生了儒家「比德」論思想，「比德」是人文效法天文之連續性思維的反映。比德論肇端於用自然事物指稱主體德性，賦予自然事物以某些德性特徵，並以之作為人的德性鏡鑒和價值關照。因而，看似在描摹關照自然之德，而實意在提升人的道德狀態。比德論是初民出於對天命無常的恐懼，以建構其德性的努力來回應天命。「皇天無親，惟德是輔」（《左傳·僖公五年》），意在以自己的德性來匹配天命，對靡常的天命作出回應。即，以優化、錘鍊自身的美德克服對天命偶然性的恐懼。德性意識的覺醒，也正要與天文、天道相「比德」，因而「大人者」要與天道、天文的「德性」相稱，「與天地合其德，與日月合其明，與四時合其序，與鬼神合其吉凶。」（《周易·乾卦·文言》）從而，比德意識的萌發，是在究天人之際的同時，使人與天建立起深刻、廣泛的精神聯繫，接引天的德性為人的德性。在接引天德為人德的過程之中──「文」誕生了。

由此，儒家倫理擴充發展出了「比德論」，孔子對於山、水等自然事物的讚歎都無不顯示出儒家倫理的人文對天文、天道的效法。「仁者樂山，智者樂

〔註67〕王夫之：《周易內傳》卷 2 下《賁》，《船山全書》第 1 冊，長沙：嶽麓書社 1996 年版，第 214 頁。

水」(《論語‧雍也》)，山與水分別顯示出了仁和樂的德性，或者說山與仁者相配，水與智者相和，仁者與智者分別在山水中能與其自身所具備的德性產生共鳴，進而強化和增益其德性之純之備。山和水作為天文的自然事物，為何會與作為人文的德性產生關聯？這正因儒家倫理思維的獨特性，以外在、可觀的自然之物及特徵比擬人內在的、不可知的品格德性，通過主體對自然或人文現象的價值投射，引發出感情經驗、意志趨向、觀念思維等精神、心理活動，「借助於物象與心象在生成模式上的相同、思維路徑上的相通」〔註68〕，賦予了主觀德行以具體可感的外在形式，闡明了自然事物與人之品格在精神實質上的互通共感和內在契合性。以此，山水就成為道德人格的象徵，進入到道德的視界之中。

《荀子‧宥坐》中就解釋了孔子何以「見大水必觀焉」〔註69〕：「夫水遍與諸生而無為也，似德。其流也埤下，裾拘必循其理，似義，其洸洸乎不淈盡，似道。若有決行之，其應佚若聲響，其赴百仞之谷不懼，似勇。主量必平，似法。盈不求概，似正。淖約微達，似察。以出以入以就鮮潔，似善化。其萬折也必東，似志。是故見大水必觀焉。」水在其多樣化的存在形態中被投射了人的諸種德性，被看作是「義」、「道」、「勇」、「法」、「正」、「察」、「善化」、「志」等諸種德性的化身，所以通過「觀水」可以「悟德」，這就是「智」。所以，「夫水者，君子比德焉。」(《大戴禮記‧勸學》)

與水相同，儒家的君子人格也常被比德於玉。《詩經‧國風》中已有「言念君子，溫其如玉」，將君子比作溫潤的玉。「君子無故，玉不去身，君子於玉比德焉。」(《禮記‧玉藻》)「夫玉者，君子比德焉。溫潤而澤，仁也；栗而理，知也；堅剛而不屈，義也；廉而不劌，行也；折而不撓，勇也；瑕適並見，情也；扣之，其聲清揚而遠聞，其止輟然，辭也。」(《荀子‧法行》)玉之為君子比德，在荀子看來玉涵括了諸種德性。而且「玉不琢，不成器」《禮記‧學記》)，璞玉只有通過人工循其理路的打磨方能成為禮器，「人之於文學也，猶

〔註68〕 夏靜：《「象喻」思維論》，《江海學刊》2012 年第 3 期。
〔註69〕 董仲舒也曾對孔子何以觀水作了解釋：「水則源泉混混沄沄，晝夜不竭，既似力者；盈科後行，既似持平者；循微赴下，小遺不閒，既似察者；循溪谷不迷，或奏萬里而必至，既似知者；郭防山而能清淨，既似知命者；不清而入，潔清而出，既似善化者；赴千仞之壑，入而不疑，既似勇者；物皆困於火，而水獨勝之，既似武者；咸得之而生，失之而死，既似有德者。孔子在川上曰：『逝者如斯夫，不捨晝夜。』此之謂也。」參見〔漢〕董仲舒：《春秋繁露》，上海：上海古籍出版社 1989 年版，第 88 頁。

玉之於琢磨也。……子贛季路故鄙人也，被文學，服禮義，為天下列士。」（《荀子·大略》）如玉須經打磨而後方能成器一樣，君子德性修養經過「如切如磋，如琢如磨」〔註 70〕的過程才能成其為君子。

　　比德於玉、比德於水，或比德於其所甄選的具備德性的自然事物（如松、竹、梅、石等）是儒家倫理的致思方式。在儒家那裡「萬物本乎天，人本乎祖，此所以配上帝也」（《禮記·郊特牲》），本乎天的萬物在質性上具有相類性，人因此可以參照比對，取法傚仿，產生價值投射。「觀物取象」，從「天文到人文」的思維正是對天的參照和取法，是「利用宇宙萬物的自然性質或物理特點，以隱喻的手法，表達對生命價值與各種生活原則的認取。」〔註 71〕

　　這些從自然事物中「認取」的品格和德性兼具審美與倫理的雙重意蘊。將自然事物所具有的審美性德性化，雖不無任意比附之嫌，但一方面也就此將自然的「德性」延展為人文的德性，從自然美中引發了人格美、道德美和風俗美。另一方面，也將抽象、內在的道德品質和道德人格形象化、審美化，外在化，使其具有了審美意義。將自然之美擴展到了人文之美，德性之美，因而對自然的欣賞、讚頌，投射為對人格美的欣賞、讚頌。自然美的結構、形式也被賦予了人文美，如李澤厚所言，幾千年來，漢民族傾向於將自然之美和人的精神道德情操相聯繫，「著重於把握自然美所具有的人的、精神的意義。」〔註 72〕從而使人文美可知、可感，由抽象到具象，由虛無縹緲到具體生動。君子的人格德性之美通過美好的自然事物來彰顯，因而作為內在、抽象的人格經由比德於自然事物的過程，而成為具體可感的形貌之美，從而為德性之善找到可以被賦形的美感形式。自然事物也不再僅僅是審美的對象，而是兼具德性的象徵意義，承載著審美與道德的雙重價值。因而，從比德論所展現出的儒家倫理構造而言，儒家倫理的展開從一開始就未將善與美分割來看，道德與審美在此是一體兩面，互為資用的。自然事物之美映照著德性之善，德性之善也自然展現為精神之魅、人格之美，因而君子的人格既是內在的善，也同時表現為外在的人格之美，自然產生精神感召力和感化力。從整體上而言，理想人格、理想社會

〔註 70〕《詩經》中此句，被《論語·學而》、《大學》、《荀子·大略》、《說苑·建本》先後用來形容君子的德性修養。

〔註 71〕陳少明：《經典世界中的人、事、物——對中國哲學書寫方式的一種思考》，《中國社會科學》2005 年第 5 期。

〔註 72〕李澤厚，劉綱紀：《中國美學史》（先秦兩漢編），合肥：安徽文藝出版社 1999 年版，第 141 頁。

也就展現出個體的人格美和社會的風俗美。

1.3.3　儒家倫理的「文化」觀

　　「人文化成」的概念構成儒家倫理的起點，而人文化成的概念成立之後，已超出了《易傳》〔註73〕文本本身所闡釋的概念範疇，而逐漸生成了儒家倫理的古典「文化」觀。「人文化成」也由概念擴展成觀念、思想體系，並成為我們今天理解並詮釋儒家倫理譜系的重要理論向度。以下分別從古典「文化」觀之人文、化、成分別對應的內容、方法和目標加以闡釋。「『人文化成』與『文化』實則是一種源與流的關係。『人文化成』實代表了中國傳統儒士階層的理想情懷，同時也是中國人對『文化』的理解樣式。」〔註74〕

（一）古典文化觀之「文」以「禮樂」為內容

　　此處需要再次強調孔子所言之「文」。理解「人文」還是要回到周代之文，以及孔子所言之文。前已言及，孔子對周代之文進行了轉化處理，納入質和直。「義以為質，禮以行之」（《論語・衛靈公》）而且我們可以合理地推論，具體而言，孔子所言之禮樂，即是「文」，也即「人文」。徐復觀先生在其《原人文》一文中，亦持此看法。他認為根據「文」在周代的用法，「說明在西周初年，『文』已突破了文飾的限定，而賦予以更深的意義。但這種意義，在人生境界上太高，在觀念把握上太抽象，仍不適於一般立教之用」，實則，是由於「文」風過盛，導致「文」的異變。而在經由孔子以「禮樂」為「人文」的具體內容後，方才實現了由「文」至「禮（樂）」的演變，「至孔子而奠定了新的基礎，並賦予以新的意義與新的作用」〔註75〕。

　　「子曰：『先進於禮樂，野人也；後進於禮樂，君子也。如用之，則吾從先進』」（《論語・先進》）。這反映出，孔子對逐漸流於形式化的周代之文所持的態度，即在節文儀式變得繁瑣、冗雜流於空疏的情況下，質樸、真情的變異和蛻化。在此情況下，寧可偏向於「先進」（質）而不選擇「後進」（文）。錢穆的注解則更為明確：「先進之於禮樂，文質得宜，猶存淳素之風。較之後輩，轉若樸野。君子多文，後進講明禮樂愈細密，文勝質，然非孔子心中所謂文質

〔註73〕關於《易傳》的成書年代及作者以及所屬學派多有爭論，本文存而不論，只從「人文化成」這一概念出發，以及其概念與儒家倫理的相關性展開論述。
〔註74〕奚彥輝：《中國人文化成思想的本土心理學探究》，哈爾濱：黑龍江大學出版社2012年版：第1頁。
〔註75〕徐復觀：《中國思想史論集》，北京：九州出版社2014年版，第285、287頁。

彬彬之君子。」〔註76〕先進於禮樂，雖則偏於「質」的一面，但仍展現出禮的源頭活水和清新質樸，展現出人自然、真實情感的德性流露，此時的禮樂才真正可以作為提升人的力量而成為人完成生命過程和實現生命價值不可缺少的向度。

　　沒有美善之質而徒有美善之名，沒有內在的德義、「禮意」，而徒有外在的文飾，這種文飾是沒有意義的。《左傳‧昭公四年》裏記載魯昭公到了晉國，事事處處都做得恰到好處，晉侯便問女叔齊：「魯侯不亦善於禮乎？」女叔齊反問：「魯侯焉知禮！」「是儀也，不可謂禮。」

　　可見，即便在細節上講究、進退上有容，如果沒有真正「祭神如神在」的德性真義，也不過是做做樣子的花架子，與道德無關，如果過了頭，反倒就是孔子所言的「巧言令色，鮮矣仁」（《論語‧學而》）。『「文」是成全人的生命真實的禮樂文化全體，而不是掩蓋人的真實的文飾。」〔註77〕孔子言：「興於詩，立於禮，成於樂」（《論語‧泰伯》），又言：「文之以禮樂」（《論語‧憲問》），足見，禮樂已不再僅僅是春秋時期漸趨繁瑣，有名而無實之文了，而是經由他納仁於禮，納質、直於文之後的禮樂。在「文之以禮樂」的用法中，「文」已經由動詞變而為名詞。根據朱熹對《論語》中「文」的闡釋，「道之顯者謂之文，蓋禮樂制度之謂」〔註78〕，「文章，禮樂法度也」〔註79〕。朱熹已經以「禮樂」來解釋「文」了。無獨有偶，司馬光亦將「文」看作是禮樂：「古之所謂文者，乃所謂禮樂之文，升降進退之容，絃歌雅頌之聲。」〔註80〕

　　實際上，禮在孔子那裏有廣義和狹義兩種用法。孔子以禮來轉化「文」應從廣義之禮來理解。狹義之禮僅僅指節文儀式，是外在的形式，是車服藻色、進退升降等，是不包含「質」在內的「文」，這也是孔子所言「繪事後素」一樣，這樣的「文」是後於德性的「文飾」。但經孔子所轉化和重新賦義之後，「禮」就不僅是外在的文飾，而是包含實質道德內容和德性內涵的「文」，「克

〔註76〕錢穆：《論語新解》，北京：生活‧讀書‧新知三聯書店 2012 年版，第 275 頁。

〔註77〕楊永利：《「學文」：「文」境遇的構建——基於《論語》「學文」的研究》，《道德與文明》2018 年第 2 期。

〔註78〕對「文不在茲乎」（《論語‧子罕》）的注釋。見朱熹：《四書章句集注‧論語集注》。

〔註79〕對「煥乎其有文章」（《論語‧泰伯》）的注釋。見朱熹：《四書章句集注‧論語集注》。

〔註80〕司馬光：《答孔文仲司戶書》，蔣述卓、劉紹瑾等編《宋代文藝理論集成》，中國社會科學出版社 2000 年版，第 181 頁。

己復禮為仁」(《論語‧顏淵》),故孔子言「立於禮」,只有以「仁」為禮,包含實質道德內容的禮才能「立人」,「禮云禮云,玉帛云乎哉?樂云樂云,鍾鼓云乎哉」。(《論語‧陽貨》),孔子用廣義之「禮」來給「文」正名,故孔子反對的正是無質之文,才以「禮」來代替、轉化「文」。徐復觀認為:「可以這樣地說,《論語》上已經有把禮樂的發展作為「文」的具體內容的用法。」〔註81〕「因此,中國之所謂「人文」,乃指禮樂之教、禮樂之治而言。應從此一初義,逐步瞭解下去,乃為能得其實。」〔註82〕

《禮記‧表記》假孔子之口,總結了夏商周三代的文化進程:

> 夏道尊命,事鬼敬神而遠之,近人而忠焉。先祿而後威,先賞而後罰,親而不尊。其民之敝,蠢而愚,喬而野,樸而不文。
>
> 殷人尊神,率民以事神,先鬼而後禮,先罰而後賞,尊而不親。其民之敝,蕩而不靜,勝而無恥。
>
> 周人尊禮尚施,事鬼敬神而遠之,近人而忠焉。其賞罰用爵列,親而不尊。其民之敝,利而巧,文而不慚,賊而蔽。

夏朝鄙野樸陋,完全處於文化無意識狀態,殷人又因蔽於鬼神而不知文,周人尊禮尚「文」,但卻因「文」風過盛,而致使儀節繁雜,勞民傷財,名蓋過實,文勝過質,導致文風凋敝。孔子之言「人而不仁,如禮何;人而不仁,如樂何?」(《論語‧八佾》)意正在批評周末浮誇之文風。足見,西周之「文」被孔子繼承後,轉為禮樂本身。而且「禮」作為有實質道德觀念的統攝,在《左傳》中多有表現。

> 「禮,國之幹也。敬,禮之輿也;不敬則禮不行。」(《左傳‧僖公十一年》)
>
> 「忠信,禮之器也;卑讓,禮之宗也」(《左傳‧昭公二年》)
>
> 「君令,臣共,父慈,子孝,兄愛,弟敬,夫和,妻柔,姑慈,婦聽,禮也」(《左傳‧昭公二六年》)

禮是敬、讓、忠信、恭、孝、愛等實質道德品性的依歸,同時也成了道德本身。在孔子時代,禮是包含著實質道德內容的「文」。徐復觀甚至認為可以將禮之代「文」,推至《詩經》時代,《詩經》中關於禮的用法大部分已與祭祀活動無關。「禮的觀念,是萌芽於周初,顯著於西周之末,而大流行於春秋時

〔註81〕徐復觀:《中國思想史論集》,北京:九州出版社 2014 年版,第 286 頁。
〔註82〕徐復觀:《中國思想史論集》,北京:九州出版社 2014 年版,第 286 頁。

代。」〔註83〕

　　禮樂是周代之文的核心內容，孔子之以禮來轉化「文」正是對文的繼承和補充。孔子提出質、直的範疇，將「文」外在化，這種理解得到了後世的繼承。特別是在《禮記》中，「文」已經成為外在的表現形式。「禮有以文為貴者：天子龍袞，諸侯黼，大夫黻，士玄衣纁裳。」（《禮記・禮器》）「文」逐漸成為外在之「飾」。而禮已直接與理、義相關，是理、義的直接呈現。《管子・心術上》：「禮者，因人之情，緣義之理，而為之節文者也。故禮者，謂有理也。理也者，明分以諭義之意也。故禮出乎義，義出乎禮，理因乎宜者也。」《禮記・樂記》：「禮也者，理之不可易者也」，「樂者，通倫理者也。」在這些表達中，禮和樂都已不再是外在的文飾，而成為不易之「理」。

　　陳來也從禮的起源來說，認為「禮」就是「文化」。「《禮記》所理解的『禮』是一個無所不包的文明體系，……只要是從動物性的自然飲食方式擺脫出來，而開始以工具利用自然力，它所利用的方式和結果就是文化，也就是『禮』的起源。……『禮』就是『文化』、『文明』，把原始的人造的器物文明作為禮的起源。』」〔註84〕

　　「禮」自春秋以降，已經不是偏限於外在的器物用具和節文儀式，甚至也不是祭祀活動本身，那些只能被看作是禮的起源或表現，禮在春秋之際的轉化之下，已經超出具體的形式節文，而成為深具德性內容的道德規範系統，是教化之源和德治之本。所謂「禮，經國家，定社稷，序民人，利後嗣者也。」（《左傳・隱公十一年》）也成為民眾應該遵循的「經義」：「夫禮，天之經也，地之義也，民之行也。天地之經，而民實則之。」（《左傳・昭公二十五年》）

　　所謂「人文」，並非完全超出人的自然狀態的絕對之理，相反之所以強調「文明以止」乃在於「超出自然界限的『文』的過度擴張，會使人的存在一無所是」〔註85〕，因而所謂「人文」並非與人的自然本性相對立，而是在人的自然本性的基礎上從「野」的狀態提升、覺解和發揚之後的「文」的狀態。人文化成必然伴隨著化天性為德性，同時化德性為「自然」（習慣）這兩個過程。人

〔註83〕徐復觀：《中國人性史論・先秦篇》，北京：九州出版社2014年版，第42～43頁。
〔註84〕陳來：《古代宗教與倫理》，北京：生活・讀書・新知三聯出版社1996年版，第243頁。
〔註85〕李景林：《教養的本原──哲學突破期的儒家心性論》，瀋陽：遼寧人民出版社1998年版，序第3頁。

化、文化的德性本身又不能與自然隔絕或形成對峙，「德性一旦與自然對峙或隔絕，便往往容易以『超我』的形式強制自我，從而成為異己的規定。」〔註86〕德性只有取得「自然」的形式，即成為人的「第二天性」的習慣，才能真正「化成」，使「人文」、「德性」與人的存在融合為一。

（二）古典文化觀之「化」以「教化」為方法

古典文化觀以內在的方式，將「教化」作為主要的成德、成人方式。「子貢言『夫子之文章可得而聞』，顏淵亦謂『夫子博我以文』。孔門此一『文』字，以今語釋之，當稱花樣……人生一切事，合成花樣，則謂之人文。人文化成，則為中國人之文化觀。」〔註87〕以禮樂為主要內容的「人文」構成教化的內容和資用，教化則是將禮樂精神通過「化」的方式，轉化為提升人、造就人的德性力量和精神之維，使人更加美善。

中國古典的文化概念幾乎與教化、德化是同義語。「人性乃長時期經驗成，中國人則稱之曰化。所謂人文化成是也。」〔註88〕「教化」或「德化」的文化觀，正是古典文化特別是儒家倫理區別於其他倫理的重要特質。「古之治民者，勸賞而畏刑，恤民不倦。」（《左傳・襄公二六年》）「文化」的邏輯以勸民、導民、恤民為主要方式，文、德、禮與法、刑、禁的方式相對。

無論是自我的內在省思反求諸己，還是外在禮樂教化的影響，最終都是為了感化人心，改善人性，都屬於廣義的教化。因而，教化作為人文化成的方法，從內在和外在兩方面發揮作用，「教化」的過程也是一個自內而內（反求諸己）和由外而內（禮樂教化）的道德感化、涵化過程。在這一過程中，禮樂教化由外及裏，受動者則以裏迎外，「裏應外合」從而完成個體德性的完善和教化功能的實現。

其一是通過「學」。與「教」相比，儒家倫理更重視「學」。這點從《論語》文本中的使用頻率即可看出，教在覺人，學則在自覺。「為仁由己，而由人乎哉？」（《論語・顏淵》）「學」是自化的方式。是個體精神的自我成長。儒家「為己之學」〔註89〕所強調的也是學者的自覺，「學」是一種反身的過程，君子之學是以「美其身」為目的。「教化」看似是外在的干預，而實則其所發揮的作

〔註86〕楊國榮：《倫理與存在》，北京：北京大學出版社2011年版，第180頁。
〔註87〕錢穆：《晚學盲言》，桂林：廣西師範大學出版社2004年版，第20頁。
〔註88〕錢穆：《晚學盲言》，桂林：廣西師範大學出版社2004年版，第80頁。
〔註89〕「古之學者為己，今之學者為人。」（《論語・憲問》）

用，是以「示範」的方式說明什麼樣的是高尚的人格，何為道德典範〔註90〕，從而調動起成德上的「仰慕心」、「向上心」，使人走上自覺地自修自成之路。《禮記‧學記》說：「就賢體遠，足以動眾，未足以化民。君子如欲化民成俗，其必由學乎！」「化民易俗，近者悅服，而遠者懷之，此大學之道也。」「學」是教化的第一步，也是最重要的環節。劉宗周言：「『學』字是孔門第一義」〔註91〕，錢穆先生更認為其可以稱為儒家的終極信仰，其言「孔子非一宗教主，然孔子實有一極高無上之終極信仰，此種信仰，似已高出世界各大宗教主之上。孔子教學生信，非先有信而後學。故孔子教人，亦重在學。」〔註92〕因而孔子尤為重視「學」的意義，學即「學文」、「學德」、「學道」（「君子學以致其道」《論語‧子張》），《禮記‧燕義》中言「修德學道」。學者認為「『文』是學和好學的標誌性內涵」〔註93〕學主要是對道德品質和精神完滿等人格方面的獲得和提升。

其二是通過「習」。費孝通認為「『學而時習之』的習字，是養成禮的過程。」〔註94〕「化」於人而言重要的就是「習」。此「習」，一方面是踐履，這個層面的習是學的延伸，以適當的習來消化學，對新學有所吸收、身體力行，從而更化自身；另一方面，則是「習與性成」（《尚書‧太甲上》）「性相近、習相遠」之「習」。強調的是「習染」，是在不動聲色、潛移默化中使人產生改變，習焉不察，習以為常。後一種「習」是自我和他人共同夠成的教化的場域，個體的習慣、群體的習俗都包含在內。「都國之民，安習其服，居楚而楚，居夏而夏，是非天性也，積靡使然也。故人知謹注錯，慎習俗，大積靡，則為君子矣。」（《荀子‧儒效篇》）積靡成性，習慣成俗，從而不得不重視「習」的力量，習慣、習俗就成為儒家倫理學不可或缺的考察對象。

〔註90〕《論語》中頻繁見到對君子德行的讚揚。陳來先生認為：「對於儒家，從理論、形象上，肯定和樹立人格的理想是『教』的一個重要的方面，所以論士君子的德性的內容在《論語》中所佔的數量最多，以此通過讚揚和貶評，培養人的道德正義感和公共服務精神。」陳來：《從思想世界到歷史世界》，北京：北京大學出版社 2015 年版，第 17 頁。

〔註91〕〔明〕劉宗周：《論語學案》卷一，吳光主編：《劉宗周全集》第一冊，杭州：浙江古籍出版社 2012 年版，第 255 頁。

〔註92〕錢穆：《論語新解》，北京：生活‧讀書‧新知三聯書店 2002 年版，第 27～28 頁。

〔註93〕陳來：《從思想世界到歷史世界》，北京：北京大學出版社 2015 年版，第 7 頁。

〔註94〕費孝通：《鄉土重建》，長沙：嶽麓書社 2012 年版，第 6 頁。

因而在「習」中注入禮樂之文則是儒家倫理「化成」的主要方式。唐代呂溫著有《人文化成論》一文，其言：「樂勝則流，遏之以禮；禮勝則離，和之以樂，與時消息，因俗變通，此教化之文也。文者蓋言錯綜庶績，藻繪人情，如成文焉，以致其理。然則人文化成之義，其在茲乎！」〔註95〕將禮和樂看作是「教化之文」，二者皆具「化」的功能，而且只能是禮和樂相互配合協調所產生的共同作用。「窮神知化，由通於禮樂」〔註96〕儒家倫理注重禮樂教化的意義，古典文化觀是一種倫理思維方式，以「化」為典型特徵。「為了實現『齊之以禮』，孔子便發展了『教』的觀念。教即是教育；它的方法是啟發、薰陶，就人的各種個性以成就各種個性之德。」「極其究，乃是要以教育代替政治，以教育解消政治的思想。」〔註97〕歸根到底是以「懷諸侯」、「柔遠人」的方式所展開的內在性、漸進性、過程性主客體之間的「切磋琢磨」。陸九淵曾形容教化就像「江海之浸，膏澤之潤」，是一種漸進的不斷向「道」趨近的過程，教化的方法就是薰陶、感染、浸漬、影響，以完成心靈上的轉變。

禮和樂都具有教化的功用，「禮之教化也微，其止邪也於未形，使人日徙善遠罪而不自知也」。（《禮記‧經解》）「樂者，聖人之所樂也，而可以善民心，其感人深，其移風易俗，故先王著其教焉。」（《禮記‧樂記》）禮樂教化通過漸民以仁，摩民以義，節民以禮，善民以樂，教化行而習俗美，有「化成天下」之用。

「『化』實則是一種『影響』。」〔註98〕「影」則側重於外在的教化和引導，是主體通過自身行為來使客體的產生渴慕、效法之心，進而「影而從之」，側重於對禮的踐行和操練；「響」則是「聽覺意向」，即通過「樂」的方式產生感化、順情之意，通過和平中正之音進而使客體從自身內部升起成德向善的衝動，情感和理性都得到安頓。二者都是在不知不覺中使人遷善改過，遂其聖，養其性。荀子在《樂論》中將禮樂不同的功能闡發為「樂合同，禮別異」。「樂」以調和情感的方式，使得群體興發共同的情感，以集群體之力，發揮群體之愛，「禮」則以「理」的方式，發揮分、別、序的功能，各得其分，從而形成和諧

〔註95〕 轉引自韋政通：《中國哲學辭典》，長春：吉林出版集團有限責任公司2009年版，第25頁。

〔註96〕 〔宋〕程顥，程頤：《河南程氏遺書》，《二程集》，北京：中華書局1981年版，第638頁。

〔註97〕 徐復觀：《中國思想史論集》，北京：九州出版社2014年版，第266頁。

〔註98〕 參看奚彥輝：《中國人文化成思想的本土心理學探究》，哈爾濱：黑龍江大學出版社2012年版，第41頁。

的社會秩序。禮樂同而不流，異而不離。禮樂之「人文」所要追求的目標是「文明以止」，用文來使人昌明、光明，而達到中和有度的倫理化境界。「止」意味著人的作為文化存在的合理生存方式，是生活的中和境界。朱熹將「止」解為「止，謂各得其分」。是「無過無不及」、「樂而不淫」的境界，恰如其分的道德分寸感。

　　人文是內容，化是方法、過程。人文化成的文化觀，是對人的「文化」存在的化育，是對人作為道德理性之存在的成全和引導。在中國歷史語境中，「文化」或「人文化成」是一個動態的過程，是通過華夏文明的禮儀之備、章服之美對「化外之民」進行更化和教化。儒家很重視文化的這個作用，這從孔子對管仲的高度評價：「微管仲，吾其被髮左衽矣」（《論語‧憲問》），就可以看出來。這也從反面證明漢語語境中文化作用首先是對「披髮左衽」的原始人類社會狀態的脫離。同時，從內容上而言，文化又是德行教化的代名詞。以「文化」之中的「文」主要是對社會人倫關係之中的道理、規律的體察和認知，並將其制定為禮義典章，約定為人倫秩序，然後又將此加諸個體和社會，使之成為人們的內在道德品質。人文化成的觀念誕生於「軸心時代」的元典，這種主導的「文化」精神為儒家所繼承和發展，構成了中國倫理學和道德學說的主流。「化」的方式所強調的正是通過禮樂的力量引導民眾以自身的力量走上自我完善的道路，以更加自覺、自為的主體性態度看待德性生成。正如韋政通言：「所謂『人文化成』，就是要憑藉人自身的能力，所製作的一套文化設計（主要包括禮、樂，倫制），以教化世人，使其能達文化所要求的目標。這個觀念，頗能傳達儒家所理想的文化的基本精神，和它的功能。如果儒家也當作儒教來看的話，那麼『人文化成』就是儒教的最大特色。」[註99]「文化」圍繞著「人」進行，對文化的理解離不開人本身，「人文」是人得以成人的規定性，沒有「人文」，人只是難以脫離自然的禽獸。人是可化的，既有自化的潛能，又能通過外在的化育。「人」是經由「人文」而「化」而「成人」的。在此，「人文化成」之「文化」已超越了《易傳》中的原始意蘊，而成為理解儒家倫理特質的樞機。

（三）古典文化觀之「成」以「化成」為目標

　　「人文化成」思想根植於儒家倫理的「憂患」意識，基於「人心惟危，道心惟微」（《尚書‧大禹謨》）的認識。即便是「文」化的人，也極有可能重新

[註99] 韋政通：《中國哲學辭典》，長春：吉林出版集團有限責任公司 2009 年版，第24 頁。

滑落到原始蒙昧的狀態中去，因而出於捍衛和持存既有的文明成果和精神文化積累，儒家倫理對人心危殆和道心的幾微難測懷有深刻的警戒和敬畏，唯有在「天道難測」、「人心惟危」中尋找確定性，只有通過「人文」化成天下才有可能避患怨禍。因而，古典文化觀的核心意趣在「人」，或者將人「化成」，這構成儒家倫理學的目的論核心。

「成人」的思想在《左傳》時代已成為中國文化的重要議題，「在普及禮教，塑造中華民族傳統禮法精神的歷史進程中，沒有哪一部著作堪與《左傳》相提並論」。〔註100〕在《左傳》中多有直接將「成人」與「禮」相關聯的文獻，如：

> 禮，身之幹也。（《左傳·成公十三年》）
>
> 君子之行，度於禮。（《左傳·哀公十二年》）
>
> 禮，其人之急乎！（《左傳·昭公三年》）
>
> 禮，人之幹也。無禮，無以立。」（《左傳·昭公七年》）
>
> 故人之能自曲直以赴禮者，謂之成人。（《左傳·昭公二十五年》）

《左傳》中關於禮和成人的描述多是結合歷史實事，通過「禮」與「不禮」、「非禮」的具體範例來影響人們的價值觀念，以此感官和直觀上的衝擊來直接表明禮對人的重要意義。儒家倫理的「成人」思想與之若合符節。縱觀《論語》，由於春秋時代禮崩樂壞的現實後果，孔子將禮樂之「文」重新收縮、退守到人生的層面，而不甚談論其對政治、社會的價值，著重尋求「文」的基源性的價值真義。這個基源性價值正在於禮（樂）對人之為人的意義。因而，孔子在談到禮樂時，已較少上升到社會、國家層面，而多數指稱的是其對於個體的意義。如「不學禮，無以立」（《論語·季氏》）「立於禮，成於樂」（《論語·泰伯》），將禮樂看作「成人」的保證。正如徐復觀先生所推測的：「把人自己的生命作為對象，以發揮禮樂的意義，可能也是始於孔子，或至孔子而這一方面的意義特顯。」〔註101〕「禮樂」最基礎、最重要的功能和目標就是「成人」，如學者所強調的，「在《論語》中，『成為什麼樣人格的人』變成了教育最重要的核心意識，這在孔子以前的春秋時代是沒有過的。」〔註102〕

儒家所言的「成人」，既可作為名詞，指稱一種理想的人格狀態，又可以

〔註100〕勾承益：《先秦禮學》，成都：巴蜀書社2002年版，第144頁。

〔註101〕徐復觀：《中國思想史論集》，北京：九州出版社2014年版，第290頁。

〔註102〕陳來：《從思想世界到歷史世界》，北京：北京大學出版社2015年版，第7頁。

作為一個動詞，意味著人的成長、發展過程。前者是倫理學意義上的道德人格，後者則在包含著社會學、心理學的意義上的成熟，以男子的冠禮和女子的笄禮為標誌。禮樂之文所要化成的當然是指向倫理學意義上的「成人」〔註103〕。

　　對於「成人」而言，禮樂具有修飾身心、德化行為、美化人生的意義和功能，是對人的德性修養和美學意義上的雙重提升。既合乎道德性又合乎審美性地感化、涵化人固有的動物性的一面，以體現人的尊嚴感、人文感。人之所以為人，就在於是「文化」的人。人文化成的文化觀規定了人的「可化」性，使人的存在朝向「文化」的可能和方向展開，是對人脫離動物性、粗鄙狀態的「文」化、雅化、高尚化的努力。「儒家的人文精神傳統固然方面很多，但最重要的核心價值就是『人之可完美性』，相信人生而具有內在的善苗，只要善加培育就可以修身養性、經世濟民、優入聖域、成聖成賢。」〔註104〕

　　西周的文化製作，用禮樂使人「文」化，從本質上來說是對人的雕琢和美化，並以此美善合一的禮樂文明作為立國的精神信仰與制度架構之基。儒家倫理在誕生之初首先面對的是這樣一個既成的文化傳統，因而，儒家倫理「人文化成」之文化理想並不是建立在憑空的文化創造之上，而是對周代「文」之概念的延續和擴充。在此方面，孔子以降的「禮」繼承了這種思路，不但將禮樂作為和群的倫理原則和道德精神，更將其上升為一種「文」化的生活美學和「生活的藝術」，是「積澱了豐富的社群價值內容的審美感性形式」〔註105〕，被日本學者稱為「一種優雅和模範行動的體系」與「舉止文雅的藝術」〔註106〕。這種文化精神的核心在於，強調文對人的轉化作用，在「文化」的古典意義中，「文」是內容，「化」是手段和過程，「文化」一詞的邏輯生成構成了中國倫理道德特有的文化背景和文化視域。「以仁化人，以道教人，以德立人，是儒家倫理之將人『文』化或以『文』化人的根本精神之所在。」〔註107〕在形成德

〔註103〕關於儒家倫理的「成人」，在本文第 2 章第 2 節會詳細論述，此處僅就成人與「人文」的關係作簡要論述。

〔註104〕黃俊傑：《儒家思想與中國歷史思維》，上海：華東師範大學出版社 2016 年版，第 14 頁。

〔註105〕劉紹瑾：《周代禮制的「文」化與儒家美學的文質觀》，《文藝研究》2010 年第 6 期。

〔註106〕今道友信：《東方的美學》，蔣寅等譯，北京：生活‧讀書‧新知三聯書店 1991 年版，第 96 頁。

〔註107〕萬俊人：《比照與透析——中西倫理學的現代視野》，廣州：廣東人民出版社 1998 年版，第 445 頁。

性的基礎上,將道德人格提升為一種審美人格──形成美善合一的人格美。

在此層面上,漢語語境中「文化」與德化的意蘊是完全同一的,並且在完滿地涵蓋德化內涵之基礎上,將「美化」的意涵囊括在內。文化的目的就在於教化人性、德化民眾。因而,可以說,改善和提升人的自然狀態,並使之朝向好、善的應然之境,應該是中西方在文化觀念起源時不謀而合的共識。

「文化」在英語中的對譯詞是「culture」,英語術語中的 culture 一詞,在15 世紀地理大發現的航海和殖民時代已開始為人們所使用。從詞源上來講,「culture」一詞源於拉丁文「cultura」,「cultura」在拉丁語中表示「耕作、飼養、崇拜、拜祭」等意思,而「cultura」又是由拉丁語的動詞「colere」(意思為住、耕作、尊敬)所派生而來。在英語的早期用法中,「culture」一詞就與動物和植物的培育、栽培(cultivation)以及宗教崇拜有關〔cult(膜拜)一詞即由此而來〕。15 世紀以後,文化才逐漸被引申為對人的品德和能力等的培養。在此方面,中西方的「文化」概念從一開始就與對人或事物的培植、馴化使其更符合人的需要相關。

正如學者李亦園所說,自從人猿揖別以後,人類實際上也像野生動植物變為家養動植物一樣,脫離了自然的野生狀態。特別是當人類開始產生了文化,一切便開始依賴文化,而不再完全遵照人的自然生物本性而漫無目的地發展。但根本而言,人類與動植物不同,在於動植物有人類可以改良、栽培、馴化它,而人類則沒有另外的「主人」做他的「保姆」,人類只有源出於人類自己的文化創造。所以人類本質上是用自己發明創造出來的文化來培育教養自己,引導教化自己,這也正是中國古代經典上所說的「人文化成」的意義。〔註108〕

值得指出的是,「culture」一詞逐漸擴大內涵,成為人類一切文明成果的指稱。特別是經過啟蒙運動的洗禮,在 18 世紀的法語中,文化逐漸開始指稱經過訓練和修煉後的心智、思想或精神上的結果和狀態,又可指良好的風度以及社會生活中的文學、藝術和科學等;到了 16 世紀到 19 世紀,「文化」開始泛指通過學習來提高個人的才智與修養,並逐漸被理解為教養、人品、舉止和精神境界等意義。經過漫長的語義演化過程,直到 18 世紀末,特別是到了 19 世紀,「文化」才逐漸有了它的廣義上的現代意義,在接近文明的含義上被理解和運用,既指稱個人的教養、修養或人格完善,同時也代表社會整

────────────

〔註108〕 參看李亦園:《文化與修養》,北京:九州出版社 2013 年版,第 191 頁。

體上所具有的文明狀況，包括習俗、工藝、宗教、科學、藝術在內等社會生活的主要方面。這種擴大的「文化」解釋，使得「culture」在今天變得難以給出確切的定義。

　　與「culture」相比，中國古典的人文化成的「文化」觀從其一開始就具有善與美的精神內涵在其中，如前所述，「文」與「化」在中國思想史中有其特定的內涵。儒學的視域中的「文化」，既是禮樂之文的「人文」內涵，更包含著道德感化和涵化的「教化」過程，指向的是以美善「化成」天下的理想。

　　而且，儒家思想中的「人文」與西方文化觀影響下的人類中心主義的「人本主義」（humanism）〔註109〕相比，具有較大區別。徐復觀先生在談到「周初宗教中人文精神的躍動」時說：「周人建立了一個由『敬』所貫注的『敬德』、『明德』的觀念世界，來照察、指導自己的行為，對自己的行為負責，……而此種人文精神，是以『敬』為其動力的，這便使其成為道德的性格，與西方之所謂人文主義，有其最大不同的內容。」〔註110〕正是對天道大化流行的效法和敬畏，使得「以德配天」的敬畏意識成為儒家人文精神的內核，其接引了原始宗教中對神秘天道的敬畏意識，但又不歸於恐怖、絕望，而是將其轉化為以敬德、明德為人文內核的「憂患」意識。「明德」、「敬德」觀念的萌發構成儒家人文的前提，塑造了儒家人文的德性屬性。因此，復有學者指出，儒家思想的「人文」是一種「涵蓋性的人文精神」，這個涵蓋性的人文圖像不排斥宗教，不排斥神性，不排斥終極關懷，同時要和自然保持和諧。〔註111〕

　　因而，無論從文化的概念和其「人文」所指稱的內核而言，中西方的「文化」有其值得進一步討論的殊異之處。儒家的文化觀以禮樂之「人文」為其內容，以教化、感化、涵化為其精神內核，以化成天下為理論目的。在此古典文化觀視域下的儒家倫理也可被稱為一種「文化」倫理學。

〔註109〕　雖然西方「人文主義」（humanism）因其不同歷史階段的演變存在不同的意義層面，是一個蘊涵複雜幾乎難以定義的概念，但其基調所指稱的是自文藝復興尤其是啟蒙運動以來以人自身的經驗來看待一切的世界觀，「以人的經驗作為人對自己，對上帝，對自然瞭解的出發點」（阿倫・布洛克：《西方人文主義傳統》，董樂山譯，北京：生活・讀書・新知三聯書店1997年版，第233頁），是一種人類中心的世界觀，當屬無誤。也因此，有學者主張將「humanism」翻譯為與「神本主義」的世界觀相對應的「人本主義」或許要更為準確。本文從之，以區別於儒家原始意義上的「人文」。參見彭國翔：《儒家傳統：宗教與人文主義之間》，北京：北京大學出版社2007年版，導論。

〔註110〕　徐復觀：《中國人性論史》，北京：九州出版社2014年版，第23頁。

〔註111〕　參看杜維明：《人文精神與全球倫理》，《人文論叢》1999年卷，第35～36頁。

第 2 章 「文化」倫理的理論前提

　　「人文化成」的古典文化觀的精神萌芽於遠古時期的夏商周三代，光大於西周之際，經由孔子創始的儒家思想的重塑後獲得新的形態。此「文化」觀是儒家倫理一系列觀念積累的產物，是儒家「人文」意識覺醒之後，對人的倫理學定義。在此「文化」觀中，「文」是人的存在指向，人以「文」為其本質，而「文」以人為本位。在對人的理解上，儒家倫理的思路在於不從自然本性出發來看待人，而將後天的「文」作為人之存在的評判尺度，一言蔽之，人是「文化」的存在。

　　在人文化成的文化觀中，無論是「文」還是「化」都是以「人」為中心的，「注重人文價值、追求自然的人化，確實構成了儒家的內在特點。」「在儒家那裡，人化往往更多地被理解為主體自身從自在走向自為」。〔註1〕因此，人如何從自在走向自為，如何區分人與動物而「為人」，處理質與文的關係而「成人」，又如何通過禮樂道德而「化人」，就成為理解儒家倫理作為一種人文化成之文化倫理的前提性理論問題。本文認為儒家倫理通過人禽之辨、文質之辨以及禮法之辨對人的倫理存在進行了三重定性和文化預設，是在這三重視域下定義人、看待人、化成人三個層面生成了儒家意義上的「人文」境域，集中展現了儒家「人文」的獨特內蘊。

2.1 「人禽之辨」：人文之基

　　「人禽之辨」是儒家倫理思考的「人學」起點，也是「人文化成」之視域

〔註1〕楊國榮：《善的歷程——儒家價值體系研究》，上海：華東師範大學出版社 2009 年版，第 4 頁。

下儒家倫理所倚賴的「人文」之內涵的邏輯起點。「道不盡於文也，而用於天下以使人異於禽，君子異於野人，則唯文足以辨之。」〔註2〕「文」是辨別人禽的關鍵環節，對人墮而為「禽獸」的焦慮和「失道」的憂患，是儒家倫理的顯著特色。因而，對人的道德要求，其最基本的比對尺度就是「人文」視點的確立，從人區別於動物禽獸的人學基點出發來反觀、忖度人的道德化育向度。對禽獸之存在狀態的遠離和棄絕構成儒家倫理的「人文」基點。

關於「人」的認識，《尚書·泰誓》最早提出：「惟天地，萬物之母；惟人，萬物之靈。」將人看作是「萬物之靈」的獨特存在，《周易·繫辭下》言，「有天道焉，有人道焉，有地道焉」，將人與天地並列為「三才」。這些為儒家倫理的「人學」奠定了基礎。繼之，「人禽之辨」在春秋時代已被提出，《晏子春秋·內篇諫上》就說：「凡人之所以貴於禽獸者，以有禮也」。這些看法在某種程度上可以被看作是時人的共識性結論。儒家擴充和發展了這一共識性結論。儒家倫理對此「人禽之辨」採取順承和強化的態度。使人區別於禽獸的論述成為儒家在尋求「人文」的第一步，即將人的存在類型牢牢奠定在「禽獸」之上，通過否定、抵消禽獸之存在狀態的論述而引申出一套人性論述和人文原則，在此之上來討論人之化成的倫理問題，從而夯實人的意義申述和「文」化的存在向度。

2.1.1　孔子：「鳥獸不可與同群」

孔子首先提出了關於人與禽獸之間的比對：「鳥獸不可與同群，吾非斯人之徒與而誰與？天下有道，丘不與易也。」（《論語·微子》）其背景是遭到了避世之人桀溺「滔滔者天下皆是也，而誰以易之」的不解和質問。孔子認為人不能避世，更不能和鳥獸結成社會，他之所以出世奔走是要致力於改變天下「無道」的狀況。孔子對於人與鳥獸之區分的自覺，撐開了儒家倫理對人的基本判定和文化預設，即將人不是看作一個像鳥獸一樣的自然存在，而是一個社會動物，人類社會也不是像鳥獸一樣依靠本能而天然集成的群體，而是通過「道」組織建立起來的、具有秩序且朝向「有道」的群體性存在。如果忽略此「道」則有失道而淪為「與鳥獸同群」之憂。

據此也可以看到孔子首先是從人與禽獸的「類」區別上開始考慮人的問

〔註2〕王夫之：《四書訓義》上，《船山全書》第7冊，長沙：嶽麓書社1996年版，第565頁。

題的。「孔子心目中之所謂『人』，乃含融了一切人類，故僅與鳥獸相區別。」〔註3〕在孔子那裡人是一種有別於其他自然存在的「類」存在。

人作為「類」，有「道」，此道首先表現為「人倫」也即「人文」，人之所以不能脫離人群而與鳥獸同群，根本上在於人不能游離於人倫之外，人和禽獸的差別在於人首先是「以人倫生活為根本規定的人文性或人文化的存在」，禽獸則並沒有這個規定性，「它們僅僅是自然的生物性的存在。」〔註4〕

在人這個「類」的範圍內，固然存在著許多其他的區別。

在社會群落層面上有諸夏、夷狄之分。「子欲居九夷。或曰：『陋，如之何！』子曰：『君子居之，何陋之有？』」（《論語・子罕》）但這種區分，僅體現在文化和文明的先後進展上，在可改變之後天因素上，而決不在後天因素之外。也即，這種區別不在種族、自然生理的先天差異上，而在文化文明的接受程度上。這也即是儒家之以「『平』天下」的態度來對待差異的平和理性態度，這種差異是建立在對人或人群作為平等的「類」的基礎上而言的。

在個體層面，才智上有智慧愚鈍之分，性情上有偏辟剛猛之別，如孔子弟子中，「柴也愚，參也魯，師也辟，由也喭。」（《論語・先進》）但都可以通過「學而知之」、「學而時習之」的後天努力來改變，因為孔子依然堅信「性相近，習相遠也。」（《論語・陽貨》）這些最終不過是「文野之別」，是後天「教」的問題，而非人作為一個類之外的問題，他倡言「有教無類」（《論語・衛靈公》），人與人因有了教化，而不再有「類」上的區別。孟子亦言「聖人之於民，亦類也。出於其類，拔乎其萃」。（《孟子・公孫丑》）聖人即便再高明也是「類」的一份子，只不過具備「出類拔萃」的品性而在德性上高於一般人。這也意味著，人與人的區別不同於人與禽獸之間的「類性」上的區別，人與人之間的區別是可化的、可改變的。足見，儒家對於「類」意識是平實而一貫的。孔子關於人與動物的區別的認識，對人的自身的價值的體認，還可以通過《論語》中以下文獻的討論得以延伸：

> 「廄焚。子退朝，曰：『傷人乎？』不問馬。」（《鄉黨》）

> 「今之孝者，是謂能養。至於犬馬，皆能有養；不敬，何以別乎？」（《為政》）

「不問馬」，是通過與馬等外在財產價值相較，人的價值具有絕對優先性，

〔註3〕 徐復觀：《中國人性論史・先秦篇》，北京：九州出版社 2014 年版，第 63 頁。
〔註4〕 王正：《先秦儒家人禽之辨的道德哲學意義》，《雲南社會科學》2015 年第 2 期。

「天地之性，人為貴」，將人的價值放在第一位。因此，在對待人時，不能和對待動物的態度相同，不僅僅是形式上的應付對待（「養」），核心區別在於「敬」這種道德價值。質言之，與動物相比，人的道德價值要高於基本的生存層面的「養」的價值。能否對人懷有「敬」的態度，決定著是否將其作為「人」來看待的道德考量。對「敬」的強調，即意味著人不僅僅是停留於生存層面的存在，在與動物同有的生存價值之上，人更有道德上的內在價值，不以內在價值來看待、對待人，雖然做到了表面的「養」，就無異於將人等同看待為一般動物。因而，人的存在並不能被還原為物的外在價值存在，「人的價值具有內在性，這種內在價值同時從本源上規定了人的存在意義，並構成了一切意義追求的出發點。」〔註5〕

孔子的「人禽之辨」思想還體現為，通過對待動物的態度而彰顯人的內在的道德價值，進而保護、標舉人的道德價值。「子釣而不綱，弋不射宿」（《述而》）固然可以解讀為是出於對動物自身的保護，但倘若我們進入到孔子儒家倫理的內在理路中，就會看到，孔子表面上看似是「動物保護」甚至「生態保護」的思想，其根本目的還在於守護人自身的「仁」性，即便人出於生存或者娛樂的目的要從事漁獵活動，但卻不要竭澤而漁，不要射殺歸巢之鳥。顯然，正如錢穆先生所疑問的「一魚之與多魚，飛鳥之與宿鳥，若所不忍，又何辨焉」〔註6〕，既然都是獲取獵物，似乎採取什麼樣的態度也並無本質區別，但卻需要追問孔子為何在此處加以仔細辨別？我們只能合理地將其理解為孔子表面上是在反對濫殺動物，而實則是出於保護、持存人自身的道德感、仁心仁性，而採取的中庸態度。既然漁獵不可避免，但也不能採取「綱」和「射宿」的「過猶不及」態度，因為「綱」和「射宿」是一種粗暴、濫溢，不夠正大的方式，展現出了某種「不節制」、「過分」、「奸利」、「不擇手段」的態度和價值取向，進而有殘害人仁心的可能性，將人不可避免地引導向「殘忍」、「暴虐」的一面，對人的道德感造成了戕害，有失人作為一種「文化」存在的體面，也有將人拉回野蠻無度的危險。所以，孔子不採取「綱」和「射宿」的態度，並非現代人所想當然地理解為的「矯情」、「做作」，或者將其過度解釋為孔子的「環保思想」，究極而論，孔子正是出於人在道德上的內在價值，而非基於某種外在於人自身的理由，是對人之內在價值的肯定和悉心維護，最終在人如何對待動物

〔註5〕楊國榮：《儒學的精神性之維及其內蘊》，《復旦學報》2017年第6期。
〔註6〕錢穆：《論語新解》，北京：生活‧讀書‧新知三聯書店2012年版，第172頁。

上展現了出來。

　　人的文化進步，道德成長，正是從與動物的存在狀態相比較中，從人與動物的核心區別中，從人如何對待動物的態度中確立和強化人自身的獨特性和道德性中，生發而來的。孔子所強調的人與動物之別、人與鳥獸之辨，可以看作是儒家「人文」的基本論述和基本視點，這些基本論述和視點在後儒孟荀那裡得到了繼承發揮。

2.1.2 孟子：「人之異於禽獸者幾希」

　　在孟子那裡，道德依然是人與禽獸的最大區別。表現在三方面，其一是在類之性上；其二是在倫理關係上的有無；其三道德能力上的有無。

（一）人與動物異「類」、異「性」

　　孟子在其人性論中貫穿了「人禽之辨」的思路。這表現在三個層面，其一是人有善性，禽獸沒有。「人之所以異於禽獸者幾希，庶民去之，君子存之。舜明於庶物，察於人倫，由仁義行，非行仁義也。」（《孟子・離婁下》）與禽獸相比人在善性上只有「幾希」，存之為人，失之則墮為禽獸。其二，人有四端善心：惻隱、羞惡、恭敬（辭讓）、是非，無此四心則「非人」，「無惻隱之心，非人也；無羞惡之心，非人也；無辭讓之心，非人也；無是非之心，非人也。」（《孟子・公孫丑上》）其三，待人徒有其表，沒有內在的愛敬之誠，就是將人看作禽獸。「食而弗愛，豕交之也；愛而弗敬，獸畜之也。恭敬者，幣之未將者也。恭敬無實，君子不可虛拘也。」（《孟子・盡心上》）如果對人只有表面之愛，而沒有恭敬之實，就無異於將人看作是動物。這種虛假的禮節就有將人「動物化」、「外在化」的嫌疑，就不免對人作降格化、應付化地對待。以此看來，這也是孟子繼承了孔子「傷人乎，不問馬」以及「不敬何以別乎」等人禽之別的儒家「人學」傳統。

　　孟子同樣也是在「人禽之辨」的層面上反駁告子的人性論，並提出自己的人性論主張的。他特別反對告子「生之謂性」的主張，沒有突出人與禽獸之別，反倒是混同了「犬之性」、「牛之性」與「人之性」〔註7〕，認為告子式的人性論，其實並沒有指出人性獨特於一般動物的特性，這種人性論必然會導向告子「食色，性也」（《孟子・告子上》）的人性認定結論，這是一種自然人性論。

───────────

〔註7〕「然則犬之性，猶牛之性；牛之性，猶人之性與？」（《孟子・告子上》）

孟子敏銳地看到，此種人性論所指向的是人與動物所分享的共同特性，這種人性認定常常只能將人性侷限在生理欲望的層面，而無助於將人從動物界、禽獸的類別中提升、拔脫出來，自然人性固然無善無惡，但只是陳述了一個事實，而並沒有任何倫理後果，不蘊涵道德價值，也對人的倫理造就不產生影響，因而此種人性論並無倫理意義。以此，孟子不同意對人性作「食色」等生理欲望的還原，即否認「生之謂性」。他同孔子一樣，堅定認為人與動物不屬於同一「類」：「故凡同類者，舉相似也，……聖人與我同類者……若犬馬之與我不同類也」（《孟子·告子上》），也即人與犬馬動物並非同一類，在「類性」上也自然存在出入。人有不同於禽獸的「幾希」作為「性」，動物則不然。「仁義禮智，非由外鑠我也，我固有之也。」（《孟子·告子上》）將仁義禮智、道德內在化就意味著，堅決將人性從動物性中提拔擢升出來，作「人性之善也，猶水之就下也。人無有不善，水無有不下」的應然性人性理解。

這種處理方式毋寧說是一種價值信仰和文化設定，而非一種事實描述，儘管孟子也試圖從事實層面論證人的天然善端，如「口之於味也，有同耆焉；耳之於聲也，有同聽焉；目之於色也，有同美焉。至於心，獨無所同然乎？」人與人的心在「理」、「義」的道德感受上也是相同的。「聖人先得我心之所同然耳。故理義之悅我心，猶芻豢之悅我口。」（《孟子·告子上》）認為人對道德義理的感受、追尋，有一種天性上的共同傾向，這種傾向如同人們對美味聲色的共同感受、追求一樣。所以，人若為惡，並非人的本性是惡的，而是人「放其心」的結果，「乃若其情，則可以為善矣，乃所謂善也。若夫為不善，非才之罪也」（《孟子·告子上》），因而，不能將其歸結為是人先天本性上的原因。

所以，問題不在於人有沒有善心善性，而在於人能否保留自身的內在善性，是人區別於禽獸最核心的地方，「君子所以異於人者，以其存心也。君子以仁存心，以禮存心。」（《孟子·離婁下》）而如果不能「以仁存心」、「以禮存心」就與「禽獸」無異了。換言之，「人性」因具備仁義禮智，故而與動物所表現的食色等自然性徵是完全不同的範疇。

（二）人有建基於四端的人倫，禽獸則無

人不單是在類存在上，即在類性上，人與動物不同。具有先在性的「人道」、人倫也是人區別於動物的地方。

「人之有道也，飽食、暖衣、逸居而無教，則近於禽獸。聖人有憂之，使契為司徒，教以人倫：父子有親，君臣有義，夫婦有別，長幼有序，朋友有信。」

（《孟子·滕文公上》）此段話清楚地表明，孟子將是否有儒家式五倫倫理關係作為人禽之辨的重要標誌，不僅是在事實層面有此五種人倫關係，而且對此人倫關係所應具備的道德要求必須具有相當意義上的自覺意識才可以。

儒家式倫理關係不同於楊朱的「為我」和墨家的「兼愛」，「楊氏為我，是無君也；墨氏兼愛，是無父也。無父無君，是禽獸也。」（《滕文公下》）因而，動物可能也有「愛」，但這種愛並不是儒家所指稱的「人道」，儒家所言人道區別於楊、墨。人倫源自於人的類性之善，即仁義禮智的善心、善性，這是一種人類共有之愛，是「乍見孺子將入於井」的惻隱仁愛之心，這種仁愛之心必須是無條件的，「非所以內交於孺子之父母也，非所以要譽於鄉黨朋友也，非惡其聲而然也」，（《孟子·公孫丑上》），因而，不能只是像楊朱一樣的自私自利之自愛、沉溺式的專愛，而是將其作為某種類存在上的普遍性；但同時又不能陷於墨子式無根據、無緣由的兼愛、躐等之愛，這種愛看起來廣博，實際卻由於違背人真實的自然感情而蘊藏著危險，正如賀麟先生所分析的，這種躐等之愛「一有不近人情，二有浪漫無節制愛到發狂的危險」〔註8〕。因而，楊朱的自愛、專愛和墨子的兼愛，都不是儒家所言之人道、人倫的範疇，因而會被孟子認為是「禽獸」。孟子所持有的人道和人倫關係要從具體之愛開始，遵循著親親、仁民、愛物的等差推擴過程，因為「親親」，即愛父母是人的自然本能行為，也最為自然和順暢。因而，「愛莫大於愛親」，親親之孝乃是「行仁之本」和眾愛之源。孟子也說「親親，仁也」（《孟子·盡心上》），「仁之實，事親是也」（《孟子·離婁上》）。可見，孟子所言的人倫、人道，建基於具有分寸感、推擴性的等差之愛，而非自愛或濫愛。

（三）人有自反、自省的道德能力，禽獸則無

人與禽獸雖然在質性、類性上有區別，人具有善心善性，但這種善心善性是「幾希」，非常的薄弱，極容易丟失，甚至可以忽略不計，所以人很可能會因為「失其本心」墮入到禽獸之類中去。因而孟子尤為強調人的道德能力和道德自覺，「人之所不學而能者，其良能也；所不慮而知者，其良知也。」（《孟子·盡心上》）強調人具有擴充自身「幾希」善性的能力和潛質，正是因為人的四端之心作為道德的根基雖然薄弱，但人可以「知皆擴而充之矣，若火之始然，泉之始達。」（《孟子·公孫丑上》）即人的善心、道德具有不斷生發、更

〔註8〕賀麟：《文化與人生》，上海：上海人民出版社 2011 年版，第 55 頁。

新壯大的可能，動物即便存在與人類相似的所謂道德表現或現象，孟子也不認為人的道德與動物的道德是一樣的，因為動物一方面對此不能自覺，另一方面也無法將其壯大充實，因而，人禽之辨的關鍵在動物不具備這樣的道德能力。這種能力集中體現在「內省」和「自反」上。以此，孟子在「自反」能力上區分了「人禽」：「有人於此，其待我以橫逆，則君子必自反也：我必不仁也，必無禮也，此物奚宜至哉？其自反而仁矣，自反而有禮矣，其橫逆由是也，君子必自反也：我必不忠。自反而忠矣，其橫逆由是也，君子曰：『此亦妄人也已矣。如此則與禽獸奚擇哉？於禽獸又何難焉？』是故君子有終身之憂，無一朝之患也。」（《孟子·離婁下》）孟子認為，沒有「自反」精神，沒有反求諸己的道德意識，而將任何過錯或責任都推給外界、他人，就是「妄人」，於是與無道德能力和自反意識的禽獸也沒有本質分別。

所以，人區別於動物，乃在於存心養性、自反自省的道德能力，這種能力也被孟子稱為「浩然之氣」，「夜氣不足以存，則其違禽獸不遠矣。」（《孟子·離婁上》）孟子強調「氣」也是對孔子關於「志」對德性養成、人之主動性確立的重要意義。孔子言「三軍可奪帥也，匹夫不可奪志也。」（《論語·子罕》）在此，孔子將「志」看得比三軍之「帥」更重要，因為「苟志於仁矣，無惡也」（《論語·里仁》）。孟子以「氣」論，發展了孔子關於「志」的重要性的論述，「夫志，氣之帥也；氣，體之充也。夫志至焉；氣次焉。故曰『持其志，無暴其氣』。」（《孟子·公孫丑上》）強調了「志」對於道德修養的先導性和前提性。從心理學而言，志是人的意志、意向性道德動機，只有確立「志」，才能在道德活動中排除情、欲的干擾，呈現出積極進取的道德態度和行動意向。孟子提出的四端性善說，正是要通過「以志統氣」來確立立身成德的勇氣和志向。沒有人的這些獨特的道德能力和後天道德上的自反自新，在存心、養性上的護佑加持，人依然無法僅僅依靠先天「幾希」的善性而自成道德主體。

2.1.3 荀子：「能群」「有義」使人區別於禽獸

作為儒家的殿軍，荀子在人與禽獸之別問題上與孔孟具有一致性，且作了詳細論述。

相較於孟子，對人禽之辨的闡述與其人性理論糾纏不清，荀子在對人與動物作區分時，則不將重點放在人性和動物性上。在荀子看來，如果僅就性上說，人性也可以從事實上判定為「惡」。其在《性惡》開篇即言：「人之性惡，其善

者偽也」。在它處，他又強化了「性偽二分」的論述，「性者，本始材樸也；偽者，文理隆盛也。無性則偽之無所加，無偽則性不能自美。」（《荀子・禮論》）可見，荀子認為，「文理隆盛」的道德與作為「本始材樸」的「性」關係不大，是後天的「偽」（人為）的結果，二者本質上不屬於同一個範疇。

因而，荀子並不從人性上來討論人禽之辨的問題。其界定「性」為「不可學，不可事而在人者」（《荀子・性惡》），如此一來，「性」在荀子看來恰恰是人與動物所共同分享的，因而就不能將道德建立在「性」這個部分之上，這個部分儘管可能如孟子所斷定的一樣，表現為善的趨向或有善的可能，但這種善的趨向和可能在荀子看來因太過脆弱而未嘗不會導向惡，而且在荀子看來，常常表現為惡。「性偽之分」是荀子出於對人性之中趨惡之可能性的擔憂，進而放棄將道德之基建立在孟子式的既可善、又可惡這樣一個模棱兩可、搖擺不定的「人性」之基上，因而提倡「為之立君上之勢以臨之，明禮義以化之，起法正以治之，重刑罰以禁之，使天下皆出治，合於善也。」（《荀子・性惡》）認為與此搖擺不定的「性」相比，道德更堅實也更可靠的根基在於後天的「偽」，在於習與性成，禮義教化和令行禁止。荀子強調，要用禮法來規約人性，「故人一之於禮義，則兩得之矣；一之於情性，則兩喪之矣。」（《荀子・禮論》）應注重禮法，而非《詩》、《書》，後者「譬之猶以指測河也，以戈舂黍也，以錐飡壺也，不可以得之矣」（《荀子・勸學》）。

顯然，人禽之辨也不能建立在此「不可學不可事」、事實上在善惡之間搖擺不定的「性」上（即便只是有這種可能，在荀子看來在道德理論上也是不可接受的），而必須建立在後天的區別上。是以，荀子放棄從人性論來闡釋道德，闡釋人與動物的區別，而是直接將人與動物的區別定義為以下三點。

其一，「有義」是人高於動物之處。

人出於動物，但高於動物，除了擁有動物所具有的性徵外，還具有動物所沒有的，就是「有義」。「水火有氣而無生，草木有生而無知，禽獸有知而無義；人有氣、有生、有知亦且有義，故最為天下貴也。」（《荀子・王制》）但這個「義」，並非屬於先天之「性」，而是「偽」的範疇。也即這種「義」或道德並非自天降，也非受天性而來，而是人通過後天的學習，通過「慮積焉、能習焉而後成」（《荀子・正名》）和「注錯習俗之所積」（《荀子・榮辱》）的方式達到的。積學而有義，積習而成德。「學至乎沒而後止也。故學數有終，若其義則不可須臾舍也。為之人也，舍之禽獸也。」（《荀子・勸學》）如果沒有後天的

人為努力，人的道德也朝不保夕，會墮為禽獸。人有「群」的本性，且這種「群」不同於動物的自發式結合，而是出於人在道德上的「自覺性」，是經過後天的人文化成的結果，人的生物性不單純是動物的生物本能，而是經過了「化」和「偽」，一言以蔽之——後天的「人文化成」所造就的。

其二，人有辨即人有認識能力。

人有人道，並對人道有「辨」，禽獸則無。在這點上，荀子與孟子並無二致，「夫禽獸有父子，而無父子之親，有牝牡而無男女之別。故人道莫不有辨。」（《荀子·非相》）禽獸固然也有自然生殖、生死輪替，但禽獸的自然關係中並不生成出人倫之道和倫理情誼。本質上，動物的代際關係、性別關係等其他類別的關係還都只是「自然關係」，這種關係並不附帶任何價值約束和倫理訴求。人道、人倫通過人為設置的文化秩序將人的自然關係發展固定為後天的道德情感關係和倫理道德關係，這是人和動物的不同。反之，如果人倫解體、人道廢棄，人就會有墮為禽獸的危險。「人之所以為人者，非特以其二足而無毛也，以其有辨也」（《荀子·非相》），人具有認識和分辨的能力，又有對人群之義，人倫之道的自覺的能力。孟子所強調的道德能力更多的是內在的，而荀子所言的「辨」，是人對人倫之道和社會倫常角色的分辨能力，是外在的，也表現為人對禮義的自覺、學習和實踐能力。

其三，人能夠形成對心理、行為的合理節制。

荀子形容惡人是「心如虎狼，行如禽獸」（《荀子·修身》），人無論從心理還是行為上都不能與動物相同，「縱情性，安恣睢，禽獸行，不足以合文通治。」（《荀子·非十二子》）這一區別是基於以上兩個方面而論的，即人通過後天對禮義和人道修習逐漸形成對情慾、性情的合理節制和控制，凸顯出人的高貴性，才能從外在表現上被判定為脫離「禽獸」之界。

以上表明，儘管孟荀對於人性的定義不同，但並不表示，二者在關於「人」的文化目的性預設上有質性區別，實則荀子關於「性偽之分」的判定，更加強調後天「人文化成」的意義，「性偽之分」的實質，在於強調只有經過後天的「人文」再造，才能可能成就完善的人。所以，儘管同是儒家的孟子、荀子對人性善惡的看法不一，甚至對立，但卻分享著共同的思想基礎：在有關「人」的認識上具有相當一致的共識，而且極力重視後天的道德修養和人文化育。

如此一來，儘管孟荀提出不同的人性論命題，但這並不意味著二者在人性論問題上有絕對分歧。相反，二者對人性的認識，恰恰展現了儒家一貫的、由

孔子所開創的「性相近，習相遠」的態度。孔子孟子荀子所組成的原始儒家倫理在關於「人禽之辨」的文化預設上形成了相當統一的共識，都將「人之為人」的類意識，建立在與禽獸對比的基礎上，孟荀之分歧也是「同歸而殊途」的，即必須以禮義之「人文」引導、教化、順人情、理人性。而非一味地從外在強制力上用力，將其重點放在滿足人慾、規約人性上。荀子堅信的：「性也者，吾所不能為也，然而可化也」(《荀子·儒效》)，人的「可化」之性是孟荀的「文化」共識。如學者所總結的，孟子深化了孔子的仁學思想，秉持的是人性道德自律完善，對人性論的建構是「繼之者善也」(《易·繫辭傳》)，荀子則秉持的是人性政治他律完善，弘揚了孔子的禮學思想，給人性論的預設是「成之者性也」。〔註 9〕

2.1.4　失道之憂是「文化」倫理的終極憂患

　　「人文化成」的出場和發明源於儒家倫理對人和社會的「憂患」意識。人從蒙昧樸野走向文明教化是一個長期而艱難的任務，儒家倫理正因認識到「人文」的脆弱和「化成」的艱難，因而不忘強調「人心惟危，道心惟微」的憂患意識。對人和社會能否保有、持存「人文」的「憂患」感，是儒家倫理的典型特徵。莊子就曾批評儒家「彼仁人何其多憂也」，「今世之仁人，蒿目而憂世之患」(《莊子·駢拇》)，那麼儒家所憂為何？如何認識和理解儒家的「憂患」也就成為詮釋儒家倫理之理論目的的核心所在。

　　「人文」建基於人的「類」意識的建立。人文首先與「禽獸行」相稱對立，為此，儒家將是否有禮樂之文作為人與禽獸的核心分野。即便某些動物似乎具備人的特殊功能，但「鸚鵡能言，不離飛鳥；猩猩能言，不離禽獸。」禽獸之無禮，乃在其「父子聚麀」，沒有「倫」的觀念，即便有也無法將其上升為人文、人道之禮來遵循，正是對「禮」的自覺遵循使人「知自別於禽獸」(《禮記·曲禮上》)。

　　同樣，人與禽獸的核心分野還在是否知音曉樂。「凡音者，生於人心者也。樂者，通倫理者也。是故知聲而不知音者，禽獸是也」(《禮記·樂記》)。「音」與聲相比，是「成文」之聲，其「生於人心」，具有人的「類」情感，而「樂」則不僅具備了情感表達，更與人倫之理相通。二者都是禽獸無法企及的情理體

〔註 9〕　參見祁潤興：《人性：自然奠基、人文化成與價值創造——先秦儒學人性論的現代詮釋》，《孔子研究》1997 年第 1 期。

驗。以此,「音」在儒家那裡被賦予了辨別人禽的內涵,在此之上,比「音」更高一級的「樂」則被賦予更高一級的意義——與人倫之道具有相通性,是更高一級的「人文」。

人禽之辨指向的是人禽之別,也即確認人之為人的根本規定。因而,「人禽之辨本身也構成了意義追尋的本體論根據和價值論前提。」〔註10〕人禽之辨所規定的「人文」之基,為儒家倫理奠定了一個「意義」的前提,構成了人意義追尋的出發點,此種對意義的建設性姿態,從人的內在價值規定了人的存在意義。固然,人與生物都有生物性,但人的生物性決不等同於生物的生物性。人的生物特性是人義或文化的結果,其本身就能把人與其他生物區別開來,如生長的節奏、未特定化、對世界的開放性等等。因而,人具有禽獸不具備的「義」,這是人區別於禽獸的內在價值,並且為人的意義世界的開顯和追尋提供了存在論、本體論根據,即人要過區別且超越於動物之生存境域的「文化」生活境域,以更有價值、更有意義的生活作為本質存在的特徵,從意義取向上奠定了人的精神性存在之維。人禽之辨的實質指向是要通過對「何為人」的追問,揭示人之為人的根本規定。「對儒學而言,人之為人的基本品格,主要體現於其自覺的倫理意識,正是這種倫理意識,使人區別於他物。」〔註11〕人的本體論依據正是此對人倫、禮樂等在內「人文」的自覺性,它幾乎可以統帥人的其他所有特性。

人禽之辨意味著,人要由「野」的自在性存在狀態,走入「文」的自為性存在狀態,使人從自然狀態出走,從本然的與禽獸混同的存在狀態,不斷走向文明化的真正意義上的人。是自我的不斷攀升,由「野」而「文」,進而即「凡」入「聖」。這種奠基於人禽之辨的「人文」顯示了儒家倫理的特別規定性。

「人禽之辨」一方面有別於對人的道德存在持消極判定的「人神之辨」,而是在對自我道德生發的肯定中找尋意義。「聖」作為有德性的人,不同於西方文化中的「神」,儒家倫理文化所設定的人的概念,首先是在此岸對禽獸狀態的脫離,並最終導向的是此岸世界的完美道德人格——聖,而非彼岸世界的絕對性、超越性之「神」。因為神之為神,在於人在朝向神的過程中,雖具備了某種向上的可能性,但這種可能性又難以成為現實性,因為人始終無法成為「神」這種超越性存在,「聖而不可知之之謂神」(《孟子・盡心下》),「神」的

〔註10〕楊國榮:《儒學的精神性之維及其內蘊》,《復旦學報》2017 年第 6 期。
〔註11〕楊國榮:《儒學的精神性之維及其內蘊》,《復旦學報》2017 年第 6 期。

不可知、不可測終不能成為人的現實性目標，是人類永遠無法企及的境界。與「神」的超越性維度不同，「人禽之辨」是對人的道德自我的連續性的肯定和發展，並認為此過程是一個歷史性、時間性、過程性概念，而非超時空的。耶穌曾對信徒說：「如果有人想跟隨我，就讓他先否定他自己」。〔註 12〕足見，在「神」面前，人總是要以否定自己為前提，神具有超越性和絕對至上性，人則總是被貶斥的「戴罪之身」，伴隨神諭引領的是自我的一步步地隱匿和消退。因為人與上帝之間永不可企及的隔絕，「人神之辨」所內涵的超越性向度常常導向對自我的否定，其超越也以自我的否定為前提，只有如此，才能全然地接受神的觀念、宗教信仰和價值觀念的絕對性、至上性。這種「人神之辨」的傳統也深深地影響了西方道德哲學的理論譜系，麥金太爾就曾批評此種西方道德哲學及其隨後的理性主義規範倫理學「沒有承認或者拒絕充分承認我們的存在有一個肉體的維度的觀念」，「我們就忘記了肉體，忘記了我們的思考乃是一種動物物種的思考。」〔註 13〕導致了對我們自己與他人的依賴性、脆弱性以及苦難和殘疾所需要的德性的忽視。相較而言，儒家的人禽之辨，則並沒有將上帝般的絕對性「超越性」進路賦予人，而是對人的德性生成作了現實的規劃，即在人有可能墮為禽獸的憂患感下，首先致力於將人剝離於禽獸之界，然後方能即凡入聖，而且此過程伴隨著自我不間斷的德性修養工夫。

另一方面，儒家倫理的「人禽之辨」顯然也不同於將人的道德感和道德性與其他自然存在物等同，尤其是過分強調人的動物性，將人與動物等量齊觀的倫理學觀點。主要表現在啟蒙以來的經驗實證論倫理學和後來居上的達爾文主義進化論倫理思路。前者，將人的「理性」看作與動物的「刺激—反應」同樣的機制，如休謨認為「畜類也和人類一樣賦有思想和理性」〔註 14〕，更有甚者認為「人是自然的產物，存在於自然之中，服從自然的法則，不能超越自然，就是在思維中也不能走出自然。」〔註 15〕這種機械論的，高度將人的神聖性祛魅化的結論，可以看作是對「人神之辨」的反動，即完全將人從神那裡搶救回

〔註 12〕　〔美〕詹姆士·里德：《基督的人生觀》，北京：生活·讀書·新知三聯書店 1989年版，第 64 頁。

〔註 13〕　〔美〕麥金太爾：《依賴性的理性動物》，劉瑋譯，南京：譯林出版社 2013 年版，第 8～9 頁。

〔註 14〕　〔英〕休謨：《人性論》，北京：商務印書館 2016 年版，第 197 頁。

〔註 15〕　〔法〕霍爾巴赫：《自然的體系》（上卷），管士濱譯，北京：商務印書館 2013年版，第 3 頁。

來，但被搶救回來的人，還並不能很好地消化此無法安置的動物化的「自我」。後來居上的進化論倫理學，則認為人類和動物的道德都出自「社會本能」，兩者之間只有程度上的差別，而無本質不同，「程度上的差別，無論多大，不能構成一個理由使我們把人列入一個截然分明的界，或使他自成一界」〔註16〕，於是不可避免地將人的意義導入到物競天擇、適者生存的叢林法則中去，將人與動物在存在狀態上等量齊觀。在某種意義上這不僅是對「人神之辨」的價值顛覆，以取消人的神聖性超越的可能，甚而可以看作是對「人禽之辨」的價值顛覆，以取消人所敝帚自珍的道德性。其核心在於極端強調了人與禽獸的共性——生物本能，而不斷消解人在道德上為自己預設的特殊性定位。這種理解已然成為當今理解「人」的主流「意識形態」。正如卡西爾所言：「進化論已經消除了在有機生命的不同類型之間的武斷的界線。沒有什麼分離的種，只有一個連續的不間斷的生命之流」〔註17〕。這種理解以實證主義的「祛魅化」姿態取消了人的超越性向度。抹殺了人與一般動物的質性差別和價值差別，進而將人性與動物性拉平，人性不但就此缺乏向上提升的文化動力和道德空間，反而具有了下降至動物性，甚至跌破動物性徵的危險，這種「西方式人禽之辨」應該看作是現代社會「平庸之惡」與道德危機的源頭。我們完全可以合理推測，將人與動物等齊拉平，雖然肯定了人的生存價值，同時提高了動物的生命價值，但如果這種拉平溢出了生命價值，而擢升為道德價值，那將不可避免地降低了人的道德價值，不啻為是對人的道德品質下降而開脫罪責，以及更甚地將人降格為動物。而且可以看到的是，強調以欲望、利己、享樂為中心的現代性道德軟弱症候與此致思方式息息相關。正如有學者反思現代西方學術的進展時所言，「學術本是文明社會用於防禦野蠻的壁壘，卻更經常成為回歸野蠻時代的工具。」〔註18〕

　　與近代以來的西方倫理學將人性自然化理解，將人動物化、物化理解呈現出基本預設的不同，儒家倫理「人禽之辨」的意義，並不僅僅是從事實認定的層面將人與其他動物相區別，而且是將人的倫理存在通過文化預設牢牢固化，通過確立人與動物在質性之間的不同，確立「人禽之大妨」的倫理意識，通過

〔註16〕〔法〕達爾文：《人類的由來》（上冊），潘光旦、胡壽文譯，北京：商務印書
　　　　館 2005 年版，第 229 頁。
〔註17〕〔德〕卡西爾：《人論》，甘陽譯，上海：上海譯文出版社 2004 年版，第 35 頁。
〔註18〕〔德〕施特勞斯：《古今自由主義》，馬志娟譯，南京：江蘇人民出版社 2010
　　　　年版，第 72 頁。

這種人與動物的差序固化，將人性之源追溯到「天命」，以此，「人的精神，才能在現實中生穩跟，而不會成為向上漂浮，或向下沉淪的『無常』之物」，更不會使其「隨經驗界的變動而變動」〔註19〕，而防止對人作「動物化」的理解，即僅僅強調人與動物相同的層面，如欲望、滿足、感官等，進而將人作為動物進化鏈中的一環，賦予人競爭和廝殺的動物性法則等等。

我們固然可以承認動物在某些層面符合人的道德標準，甚至可說是表現出了比人還「道德高尚」的一面（如狗的「忠誠」或螞蟻的「團結」），但不得不說，動物的這些所謂「道德性」是不可更改的生物性事實存在，即按照人的道德標準而言這些可被稱為道德品質的動物性徵可說是「既不會更好也不會更壞」，即──「天性如此」。但是人之所謂道德存在的特殊性在於，人的善性、道德性會呈現出巨大的張力，既可以通過後天的教化「優入聖域」，更潛藏著「禽獸不如」的墮落之維，此後一種性狀，不得不為倫理學所著重關注，同時也構成倫理學這一學科的永恆之思。這也是儒家倫理之所以強調人禽之辨的意義所在──對人有可能墮入禽獸的「終極憂患」，「在人性超越與教化進程中，自然欲望始終包含著種種危險的趨向。『人心惟危，道心惟危』，體道正以教化人慾為前提。」〔註20〕對人慾、對人墮落為動物的剔抉防範，構成儒家倫理培育人性、教化陶冶之人文化成思路的前提。

人禽之辨通過將人的道德存在牢牢設定在「禽獸」之上，致力於以人的自我提升為指向，注重人的道德成長和道德化育。對人性有「能導」、「可化」的一面進行強調，在儒家倫理中，人性並非一種實然的概念，不是「經驗事實」，而是都在不同程度肯定了人性可以不斷通過自我提升的應然維度，是一種「價值事實」，顯然這是與所謂強調人性惡的西方「幽暗意識」〔註21〕傳統完全不同的視角，而這種視角的介入，勢必會讓儒家倫理從一開始就將「人文化成」的視角列為主軸，對人性的可能性保有價值期待甚至上升為一種文化預設和文化信仰。這是儒家倫理的「文化人類學」起點，對於人的這種理解和認定構成了儒家倫理─人類學的基座，這種認定也為後世儒家所繼承，漢儒董仲舒認為「物莢疾莫能為仁義，唯人獨能為仁義」（《春秋繁露‧人副天數》），在宋儒那裡，「人禽之辨」被更為強調，如二程認為，「君子所以異於禽獸者，以有仁

〔註19〕徐復觀：《中國人性論史‧先秦篇》，北京：九州出版社 2014 年版，第 107 頁。
〔註20〕尤西林：《闡釋並守護世界意義的人》，上海：華東師範大學出版社 2017 年版，第 260 頁。
〔註21〕參見張灝：《幽暗意識與民主傳統》，北京：新星出版社 2010 年版。

義之性也。」(《二程集·河南程氏遺書》卷二十五），朱熹則言「故人為最靈，而備五常之性，禽獸則昏而不能備。」(《朱文公文集》卷五十九《答余方舒》)

人禽之辨也是人性可得完善的邏輯起點。儘管孟荀在人性論上看似表現出巨大的差異，但在人可以為善、化性上卻表現出極大的一致性，如清人錢大昕曾言：「孟言性善，欲人之盡性而樂於善；荀言性惡，欲人之化而勉於善，立言雖殊，其教人以善則一也。」(《荀子箋釋·跋》) 無論孟子的「法先王」，還是荀子的「法後王」，其實質都是以儒家人禽之辨的價值預設為基準的，而先秦儒學所標舉的君子、仁人、大人等人格理想，也都是符合「觀乎人文以化成天下」這一價值創造尺度的〔註22〕。「人禽之辨」將生物學、動物性層面的人導向了「倫理學意義上的人」，將德性生成的重心，放在後天的人文再造上，儘管人所具有的道德秉性、道德能力同樣重要，但這些質素，必須經由「人文化成」方能現實化、穩定化、德性化。人禽之辨使人得以脫離蒙昧不覺的動物界，進入了「文化」的境域，使人越來越「像人」，越來越成為「人」。正如馮友蘭在其《新原人》中所照著講的：「若問：人是怎樣一種東西？我們可以說，人是有覺解底東西，或有較高程度底覺解底東西。」在此人所獨具備的「覺解」下，人注定要過上有覺解或有較高覺解的生活，「這是人之所以異於禽獸，人生之所以異於別底動物的生活者。」〔註23〕

2.2 文質之辨：成人之道

儒家倫理強調「文」的價值，並以此主張「以文化人」，在文質關係中偏於「文」且倡言「文質彬彬」的「文質之辨」構成儒家「文化」倫理視域的另一理論基點。文質之辨是「人文化成」之「人文」內涵的實質所指，唐君毅認為，在「人文化成」的中國文化觀中，「文質相麗而不相離，即中國文化精神之一端」，文質互為補充，以文化質，以質衡文，「文之必附乎質，質必顯乎文。日常生活為質，精神文化生活為文。」〔註24〕

〔註22〕 參見祁潤興：《人性：自然奠基、人文化成與價值創造——先秦儒學人性論的現代詮釋》，《孔子研究》1997 年第 1 期。
〔註23〕 馮友蘭：《新原人》，《貞元六書》，上海：華東師範大學出版社 1996 年版，第 526 頁。
〔註24〕 唐君毅：《中國文化之精神價值》，桂林：廣西師範大學出版社 2005 年版，第 182 頁。

2.2.1 儒家與道家的文質之辨

前已言明，儒家倡導和標舉「文」的價值，孔子納「直」、「質」之素入「文」，但文與質之間依然是具有張力的，是構成儒家和道家倫理主張的主要分歧。儒道在文質之間的張力，是在關於何謂「成人」、「真人」之間的不同道德人格的意趣。

以禮樂為主要內容的西周之文雖然較為完備充沛，而且特別是在貴族階層得到了較好的貫徹。然而，由於「禮樂征伐自諸侯出」，西周之文在春秋時期，已經逐漸變成形式化的禮樂，這種形式化的禮樂本身也已經「崩壞」而不得其真義了。正在此同樣「禮崩樂壞」的歷史背景下，儒道在面對時人的道德倫理狀況時，表現出了不同的選擇。孔子之所以「克己復禮」，就是要恢復西周之文，對西周之文仍然採取「損益」的態度，並不全盤推翻。

（一）道家的「尚質」主義

反觀道家，在對現狀的判斷上幾乎是相向而行。這體現在老莊對「樸」、「真」、「道」、「素」等價值的強調，對「文」誕生之前的遠古素樸自然狀態的折返和崇尚。如果說儒家是「文化主義」，道家則可稱是「非文化主義」。老子有感於「大道廢有仁義；慧智出有大偽；六親不和有孝慈；國家昏亂有忠臣」的時弊，對「文風」泛濫，自以為「知美」、「知善」，實際上卻常常表現為「惡」、「不善」〔註25〕表達了不滿，基於對「尚賢」、「貴貨」、「尚欲」，倡導對於那些會令人「目盲」、「耳聾」、「口爽」、「心發狂」、「行妨」的文明成果和文化進展，倡導要「去」之〔註26〕。強調要「無知」、「無欲」、「絕聖棄智」、「絕仁棄義」、「絕巧棄利」、「見素抱樸少私寡欲」。

道家進而認為仁義道德的出現，尤其是隨後的禮的誕生敗壞了真正的德性。「故失道而后德。失德而後仁。失仁而後義。失義而後禮。夫禮者忠信之薄而亂之首。前識者，道之華而愚之始。」「處其厚不居其薄。處其實，不居其華。故去彼取此。」（《道德經》第三十八章）這句更是直接展現了老子對於時人「文明過度」的批評。對華而不實，過分追逐外在的仁義道德和禮儀完備，卻喪失了「道」，忘記了「實」的憂心。清代學者錢大昕認為「周之弊在文勝，

〔註25〕「天下皆知美之為美，斯惡矣；皆知善之為善，斯不善已。」（《道德經》第二章）
〔註26〕「五色令人目盲，五音令人耳聾，五味令人口爽，馳騁畋獵令人心發狂，難得之貨令人行妨。是以聖人，為腹不為目，故去彼取此。」（《道德經》第十二章）

文勝者，當以質救之」，老子正是以「尚質」之態度介入到文風隆盛的時弊之中的，「不尚賢，不貴難得之貨，不見可欲，清靜自正，復歸於樸，所以救周之弊也」。所以他認為「《老子》五千言，救世之書也。」〔註27〕

不同於孔子對周代禮樂文明採取「納仁於禮」、「納質於文」的補偏救弊思路，道家在「尚質」上走得更遠，在其看來，儒家所主張的通過道德修養而成就的仁、禮，依然全都是「滅質」之「文」，對性情和德性而言都是駢拇枝指的贅疣之物。對人而言，「非道德之正也」，針對儒家所崇尚的周代之文因「文勝」、「文繁」而走向虛飾、矯飾的現象，老莊認為禮樂文章有失性命之情，它是割裂道、導致虛偽時弊的根源。以此提出「拙」、「樸」等遠古文化精神。「信言不美，美言不信」（《道德經》第八十一章），「樸素而天下莫能與之爭美」（《莊子·天道》）、「天地有大美而不言……原天地之美而達萬物之理」（《莊子·知北遊》）。老莊認為真正的美是不需要文飾、言說的，真正的善亦是如此，它從天地自然之道的質實狀態中自然呈現。

「夫子若欲使天下無失其牧乎？則天地固有常矣，日月固有明矣，星辰固有列矣，禽獸固有群矣，樹木固有立矣。夫子亦放德而行，循道而趨，已至矣，又何偈偈乎揭仁義，若擊鼓而求亡子焉？意！夫子亂人之性也！」（《莊子·天道》）莊子認為「仁義」的出現是亂人之性，損道背德的做法。《莊子·田子方》中則言：「中國之君子，明乎禮儀而陋於知人心。」他們「進退一成規，一成矩；從容一若龍，一若虎」，對儒者「陋於知人心」，而僅重視外在儀節的作派進行了嘲諷。由此，莊子提出了一個理想中的「建德之國」，在此國中「其民愚而樸，少私而寡欲；知作而不知藏，與而不求其報；不知義之所適，不知禮之所將；猖狂妄行，乃蹈乎大方」（《莊子·山木》）。對遠古之民的質樸，無私無欲，不知禮義卻同時有純善純良的狀態表示了嚮往。

我們在兩千年後的西歐，看到與道家極為相近的「尚質」主義者，盧梭對文明過盛禮儀靡繁的歐洲亦提出了批評，「在我們的風尚中流行著一種邪惡而虛偽的一致性，好像人人都是從同一個模子中鑄造出來的：處處都要講究禮貌，舉止要循規蹈矩，做事要合乎習慣，而不能按自己的天性行事，誰也不敢表現真實的自己。」〔註28〕盧梭進而言道：「在那老一套的虛偽的禮儀的面紗

〔註27〕〔清〕錢大昕：《潛研堂集·老子新解序》，呂友仁標校，上海：上海古籍出版社1989年版，第418～419頁。

〔註28〕〔法〕盧梭：《論科學與藝術的復興是否有助於使風俗日趨純樸》，李平漚譯，北京：商務印書館2011年版，第12頁。

掩蓋下，在我們誇讚為我們這個世紀的文明所產生的謙謙君子風度的面紗掩蓋下，人與人之間卻被彼此猜疑，互存戒心，彼此冷漠，互相仇恨和背信棄義。」〔註29〕這些對 16 世紀歐洲文明的批評同樣也映照和詮釋著道家「尚質」主義的思潮所蘊涵的跨越時空的批判建樹。質言之，文與質永遠形成歷史的張力，而為各個文明所重視。

（二）儒家將「文」內在化、主體化

以孔子為代表的儒家對周文繁盛充溢的惡性後果不是沒有意識，並且對道德家的解決方案亦有同情之瞭解，這表現在《論語・先進》中的記載，「子曰：『先進於禮樂，野人也；後進於禮樂，君子也。如用之，則吾從先進』。」這反映出，孔子對流於形式化的禮的高度自覺態度，即在禮樂、禮儀節文變得繁瑣、冗雜逐漸空疏的情況下，質樸、真情的潰爛退化，在此情況下，寧可偏向於「先進」而不選擇「後進」。因為「先進於禮樂」，即在文明早期，儘管不完備甚至帶點質樸和「野」的成分，但與「後進於禮樂」相比，仍展現出禮樂精神之所以產生而來的源頭活水，展現出人自然情感的流露和生命本質的回歸，因而更值得追求。

與道家不同的是，孔子是肯定周代之文，在尊崇周代尚文的文化格調的基礎上，對周代之文日益走向繁瑣、僵化，對因「文勝之弊」而產生的澆薄、巧飾之風表達了不滿。孔子依然強調要繼承西周禮樂之文，「郁郁乎文哉！吾從周」，因為「周監於二代」（《論語・八佾》），換言之，周代之文並非憑空而來，而是中國文明演變至此實踐積累而來的歷史文化成果，儘管這種「文」已經由於被大大地誤用而導致形式化、繁瑣化、「異化」，但這並非「文」自身的必然問題，而是在發展的過程中，因為人為的無度導致的後果。因而，對待這種後果既不意味著徹底推翻，也並不意味著將直接退回到「前文明」階段，這既不可能也不現實。

更為現實的態度則是對周代之文進行一番整理、轉化。以孔子為代表的儒家倫理深察於此，其對周代之文的整理轉化反映在孔子的文質之辨中：文與質相即不離，「文」被「質」化，「質」也被「文」化。文與質在不同的語境之下含義互相包裹，相資為用。其「文質觀」的最大的特點是追求文質彬彬、和諧相濟、避免一方偏勝的「時中」「損益」精神。

〔註29〕〔法〕盧梭：《論科學與藝術的復興是否有助於使風俗日趨純樸》，李平漚譯，北京：商務印書館 2011 年版，第 12 頁。

　　一方面，「文」被「質」化。在孔子那裡，禮樂（樂通常被統轄於禮）就是「文」。孔子對禮的用法，是從「文」來理解的。以「禮」來說，當它指車服藻色、進退升降等節文度數時，它是「文」，是形式，因此孔子認為它就像「繪事後素」一樣「後於」忠信等內在的德性。

　　但當「文」作為一種道德訴求和人格修養，它則可能成為「質」、擢升為內容了。馮友蘭認為，孔子以「仁」、「正名」、「中」等範疇，損益了周代的「禮」，形成了自己的「禮」。〔註30〕禮之為「文」，也是包納「樂」的。故孔子要「立於禮」、「成於樂」，感歎「禮云禮云，玉帛云乎哉？樂云樂云，鍾鼓云乎哉」。顯然以禮樂為內容的「文」已超出「文飾」、外在之儀節，而成為提升人的力量，成為人完成生命過程和實現生命價值不可缺少的向度。

　　另一方面，儒家所言的「質」也發生了變化。儒家「文質觀」中所講的直、質，不再僅僅是道家所言明的原始自然流露出的樸、拙、野，而更多地體現為儒家式的，經過理性化了的、通過後天人文化育而成的社會道德內容。「君子義以為質。」（《論語·衛靈公》）義，已不是自然德性，「質」也已經不是自然固有的東西了，而是社會道德。儘管孔子的「繪事後素」說，確把「繪事」這類「文」的行為視為比「質素」更為次要的東西，「禮必以忠信為質，猶繪事必以粉素為先。」（《四書章句集注》）但，這裡的「質素」已然發生了變化。也即是說，「禮」這一外在表現形式雖「後於」忠信、仁義等內在的道德內容，但忠信仁義這些道德內容，已不是原本的「質」了，此「質」為「文」（後天的人文化成、化育）內化而成，與道家所崇尚的前文明階段的純樸、自然性質不同。

　　還需要強調的是，孔子對周代之文的轉化，對周代之禮的損益，主要表現在「仁禮合一」，將周文、周代禮樂轉化落實為「仁」這一內在「心德」上。周代所集大成而發展的禮樂體系顯然已經超出了宗教禮儀的範圍。「歷史上所謂『周公制禮作樂』的禮樂，分明是一套制度與文化的建構。……『禮』根本是一個無所不包的文化體系。」〔註31〕孔子前後「禮」的這種變化也表明，禮因仁的納入，「禮」主體化、個人化、內在化理解了。自孔子之後，「禮」被德

〔註30〕參看馮友蘭：《中國哲學史新編》（第一冊），北京：人民出版社1982年版，第135～144頁。

〔註31〕陳來：《古代宗教與倫理》，北京：生活·讀書·新知三聯書店1996年版，第225頁。

性化了〔註32〕。

　　這也意味著孔子不再強調禮作為國家的管理制度，作為「經國家，定社稷，序民人，利後嗣」之宏大主題的作用了，不再強調禮之作為外部約束的制度規範之用，雖然這些也很重要，但畢竟這些只是「流」，而非「源」，而且由於過度的文飾和禮崩樂壞的現實已經無法順暢發揮它應有的規範作用。所以，孔子通過溯流求源，對其作內在化、心性化處理，重新將其與人的心理感受、道德感相掛鉤，與人的生命感、價值感相銜接，與整個人生的生活體驗和生命倫理過程相契合。質言之，孔子要追問文、禮之所誕生、完備背後的道德心理學、道德人類學的發生學內涵——如果外在的禮儀、規範、制度不能真正成為從人內在流淌而出的東西，不能成為助益成就人的內在價值力量，那麼最終表現出的也不會是為人所認肯或接受的道德規範。禮樂之文的產生一定是人的價值需求所致，因而禮樂必須回應人的精神生命，道德人格的成就，人生意義感的勾連，以及更深遠的「成人」的目的相銜接，才會具有內在的生命力，才會真正成為發展人、助成人的力量。沒有「仁」的「禮」，就沒有其價值，就失去了方向和意義。「人而不仁，如禮何？人而不仁，如樂何？」（《論語‧八佾》）這也說明，「仁」在孔子那裡是「全德」或德性之基，是人內在流露的道德感。「溫良者，仁之本也；敬慎者，仁之地也；寬裕者，仁之作也；孫接者，仁之能也；禮節者，仁之貌也；言談者，仁之文也；歌樂者，仁之和也；分散者，仁之施也；儒皆兼此而有之，猶且不敢言仁也。其尊讓有如此者。」（《禮記‧儒行》）這也表明，儒家倫理之核心範疇「仁」的產生也是文質之辨的產物，是以質扭轉文而來的德性之粹，與外在的禮儀相比，更重視內在的仁。如荀子所言：「術正而心順之，則形相雖惡而心術善，無害為君子也。形相雖善而心術惡，無害為小人也。」（《荀子‧非相》）可見，儒家倫理對文質之間張力的解決對應於禮與仁的關係上，文即是禮，質即是仁，納仁於禮，仁禮合一，也即文質彬彬，和諧相濟。

2.2.2　禮樂之文與「成人」

　　對禮樂之文作內在化、心性化處理的同時，儒家倫理將禮樂之文的意義牢牢安放在「成人」上，將禮樂之文與「成人」的內涵相關聯。司馬光說：「古

〔註32〕筆者按：孟子即以「禮」（恭敬、辭讓）作為四端之心，亦可為一證。

之所謂文者，乃所謂禮樂之文，升降進退之容，絃歌雅頌之聲。」〔註33〕儒家倫理將是否明禮、知音和樂作為人與禽獸的顯性區別。「人而無禮，雖能言，不亦禽獸之心乎？」「禮」使人「知自別於禽獸」（《禮記‧曲禮》）；《禮記‧樂記》言，「知聲而不知音者，禽獸」，「不知聲者不可與言音」，與禽獸相比，人知「音」，且能與言樂而進於君了（唯君了為能知樂），人能「知音」且具備「知樂」的潛質，所以人由此也區別於禽獸。所以，禮樂之文就不再是外在於人的文飾，而是能深切貫注在「成人」這一內在人生目的之中的構成性要求。以此而言，「文」在儒家那裡才真正實現了「質」化，才真正超越了周代之文過盛的弊端。

《論語‧憲問》中，子路問孔子何謂「成人」，孔子回答：「若臧武仲之知，公綽之不欲，卞莊子之勇，冉求之藝，文之以禮樂，亦可以為成人矣。」曰：「今之成人者何必然？見利思義，見危授命，久要不忘平生之言，亦可以為成人矣。」在孔子關於「成人」〔註34〕的這些構成要素中，我們可以總結為「知」、「不欲」、「勇」、「藝」、「禮」、「樂」這幾個方面，「不欲」也被釋為「仁」，因此知、仁、勇、藝、禮、樂就成為完整人格的基本品質構成。「成人」是包含「知、不欲、勇、藝」等方面德性的人，再加之禮樂的薰陶，品格完備、人格周全才是成人。從禮樂之文的角度來看儒家倫理的「成人」之學，即對個體生命的「文」化的內容，包括以下幾個層面：

（1）對心理的合理安頓，使性情「發而皆中節」

「道始於情，情生於性」，「好惡喜怒哀樂臧焉，夫是之謂天情」（《荀子‧天論》），無論是「七情」（喜、怒、哀、懼、愛、惡、欲）還是「六情」（喜、怒、哀、樂、好、惡），亦或是「五情」（喜、怒、哀、樂、怨）。對此「天情」必須採取「養」和「治」的態度。儒家倫理歷來對心理與情感具有特別的探察和關照，梁漱溟曾言，「儒家是一個大的倫理學派；孔子所說的許多話都是些倫理學上的話；這是很明顯的。那麼孔子必有他的人類心理觀，而所有他說的許多話都是或隱或顯地指著那個而說，或遠或近地根據著那個而說」〔註35〕。

〔註33〕〔宋〕司馬光：《答孔文仲司戶書》，蔣述卓、劉紹瑾等編《宋代文藝理論集成》，中國社會科學出版社 2000 年版，第 181 頁。

〔註34〕朱熹將「成人」解讀為「全人」，參看〔宋〕朱熹：《四書章句集注》，中華書局 1983 年版，第 151 頁。

〔註35〕梁漱溟：《東西文化及其哲學》，北京：商務印書館 2000 年版，第 7 頁。

實則，儒家倫理所倡導的禮樂之文尤為注重從心理層面持養疏導，使人「成人」。心理和情感的安頓中尤為注意兩個層面，制中達和和因情入義。

制中達和。「中」、「和」的心理、性情至關重要。禮樂的作用和目的正是達到「中」和「和」。因而，「中」有時會被看作是禮的代稱，「曷謂中？曰禮義是也」（《荀子·儒效》），也被當作禮的主要功效，「夫禮所以制中也」（《禮記·仲尼燕居》）。

在對於林放問何為禮之本的回答中，孔子認為：「禮，與其奢也，寧儉；喪，與其易也，寧戚。」禮的最重要作用不在於外在的鋪陳，也不在於過分的形式，禮的本質在於表達適當的情感以及適當地表達情感。「子於是日哭，則不歌。」「子食於有喪者之側，未嘗飽也。」《論語·述而》中的這兩條關於孔子情感發而中節的記述，更加表明孔子對於禮適當地調節人的心理、情感的肯定和踐行。即在適當的時候、恰當的地點，情感得到恰如其分的表達。所以，「禮之用，和為貴……有所不行，知和而和，不以禮節之，亦不可行也」（《學而》），即便是將「和」作為禮的目標，但這個「和」本身也要接受「禮」的節制。「恭而無禮則勞，慎而無禮則葸，勇而無禮則亂，直而無禮則絞。」（《泰伯》）正如如果恭、慎、勇、直沒有得到禮的調節，即使是四種通常被認為好的德性，也會走偏不得其正。

禮義之文最重要的功用是要對人的哀樂之情通過言行聲色飲食衣飾之文加以調節。使其「持平奉吉」時，「文飾聲樂恬愉」，「不至窕冶」；「持險奉凶」時，「其立哭泣哀戚也，不至於隘懾傷生」（《荀子·禮論》）。禮所要達到的是人的情感的合理抒發狀態。在《中庸》裏即體現為「中」與「和」。「喜怒哀樂之未發，謂之中。發而皆中節，謂之和。」（《禮記·中庸》）這裡的「中」，是指因慎獨工夫而產生的未被喜怒哀樂所污染，無一毫成見，無一毫欲望之私的純白精神狀態〔註36〕，是不偏於一邊的精神狀態，也是孔子所呈現的「毋意、毋必、毋固、毋我」（《論語·子罕》）的精神狀態。此處之「和」，是順著無成見、無私欲、無乖戾之氣的精神狀態，發而為喜怒哀樂，「故此喜怒哀樂中即含有普遍性，因而能與外物之分位相適應，便自然會『發而皆中節，謂之和』，與喜怒哀樂的對象得到諧和。」〔註37〕

〔註36〕 參看徐復觀：《中國人性論史·先秦篇》，北京：九州出版社 2014 年版，第 114 頁。

〔註37〕 徐復觀：《中國人性論史·先秦篇》，北京：九州出版社 2014 年版，第 115 頁。

東漢荀悅也對情感的中和進行了闡發，「養性秉中和，守之以生而已。愛親、愛德、愛力、愛神，之謂嗇，否則不宜，過則不澹。故君子節宣其氣，勿使有所壅閉滯底。昏亂百度則生疾，故喜怒哀樂思慮必得其中，所以養神也。」（《申鑒·俗嫌》）

因情入義。「因人之情」、「治人之情」是儒家倫理中禮樂之所由生的原因，也是禮樂產生的直接目的。「性之好、惡、喜、怒、哀、樂謂之情」（《荀子·正名》），」《荀子·性惡》言「若夫目好色，耳好聲，口好味，心好利，骨體膚理好愉佚，是皆生於人之情性」，原始儒家對人之性情持肯定和疏導的態度，孟子亦言「大人者，不失其赤子之心者也」（《孟子·離婁下》）。禮的作用是對情感、性情的調制歸於和順，使情的發動終合於「理」，「以情合理」其最終目的是達到「義」。

在個體層面達到情理相宜的心理狀態，如孔子所言的，「君子之於天下也，無適也，無莫也，義之與比。」（《論語·里仁》）心無所住而能應變，即便是從心所欲，也能不逾矩。對此，《管子·心術上》對禮達於理和義，說得很明白，「義者，謂各處其宜也。禮者，因人之情，緣義之理，而為之節文者也。故禮者謂有理也，理也者，明分以諭義之意也。故禮出乎義，義出乎理，理因乎宜者也。」禮最終是要個人在情感、性情上合宜合理，不過無不及。禮的重要作用就是「順人情」〔註38〕、「治人之情」〔註39〕使情感和理性和諧統一，「更使情慾向理性升近，轉變原始性的生命，以成為『成己成物』的道德理性的生命，有道德理性的生命以擔承自己，擔承人類的命運。」〔註40〕

荀子認為禮樂之文的創設原則是「稱情而立文」。據此，荀子曾對禮的三個發展階段作了說明，「凡禮，始乎梲，成乎文，終乎悅校。故至備，情文俱盡；其次，情文代勝；其下復情以歸大一也。」（《荀子·禮論》）在荀子那裡，禮的最高境界（至備）是「情文俱盡」，情也即是「質」，理想的人及文化狀態是情文或文質的統一；其次是「情文代勝」的階段，這個階段在人的本能、樸野和文化、禮儀上仍顯得「過猶不及」，情感和禮文處於相互不協調不配合的階段；而最初始階段的文化狀態即是「復情以歸大一也」，完全出於原始的質樸情感，沒有文的表達，這種「徒有情而無文」的質樸情感的直接流露，不免

〔註38〕《禮記·喪服四制》
〔註39〕《禮記·禮運》
〔註40〕徐復觀：《中國思想史論集》，北京：九州出版社 2014 年版，第 289 頁。

顯得粗野，是荀子所貶斥的。可以看到，「情文俱盡」是儒家所追求的理想文化狀態，「文」的進展，逐漸使人從粗野、本能的狀態分離出來，進入到「文化」的視域中，但又是對人的質樸本性的昇華，而非徹底的否棄，所追求的正是文質合一、情文俱盡的理想狀態。

礼在心理層面的作用，也最終展現在社會層面，對個體的欲望和性情的合理調節給養，最終使社會達到度量分界，「不爭」的局面。正如荀子所言，「人生而有欲，欲而不得，則不能無求。求而無度量分界，則不能不爭；爭則亂，亂則窮。先王惡其亂也，故制禮義以分之，以養人之欲，給人之求。使欲必不窮於物，物必不屈於欲。兩者相持而長，是禮之所起也。」（《荀子・禮論》）無禮的節制，社會最終會成為欲望爭鬥的角力場，「縱情性，安恣睢，禽獸行，不足以合文通治」（《荀子・非十二子》）。

郭店簡有言：「始者近情，終者近義。知情者能出之，知義者能入之。」（《性自命出》），如此一來，禮樂之文就具有了「化性」的作用，「禮者，因人之情而為之節文，以為民坊者也。故聖人之制富貴也使民富不足以驕，貧不至於約，貴不慊於上，故亂益亡。」（《禮記・坊記》）使得無論外在的貧富貴賤都能在心理層面各得其宜，各守其義。「蓋禮樂之設，乃本於人內在的情感生活；禮樂之義，要在其『因人之情而為之節文』，故能作為與人倫日用密合無間之生活樣式，而化民於無跡。」〔註41〕

東漢王充對禮樂對性情的調治作用作了梳理：「情性者、人治之本，禮樂所由生也。故原情性之極，禮為之防，樂為之節。性有卑謙辭讓，故制禮以適其宜；情有好惡喜怒哀樂，故作樂以通其敬。禮所以制、樂所為作者，情與性也。」（《論衡・本性》）

（2）言行進退有「文」

除了心理層面，儒家禮樂之文在個體的言行層面也提出「文」的要求。在此方面，禮所追求的是合乎理性，適度適宜的言行舉止和行為規範，最終達到和諧和睦的人倫關係和社會關係狀態。孔子屢次強調禮對於「立」的價值。「不學禮，無以立。」（《論語・季氏》）「不知禮，無以立也。」（《論語・堯曰》）

《左傳・昭公二十五年》曾載孔子曰：「言之不文，行而不遠。」孔子也提出「言中倫，行中慮」（《論語・微子》）的要求，而且將「文、行、忠、信」〔註42〕

〔註41〕 李景林：《教化的哲學》，哈爾濱：黑龍江人民出版社 2006 年版，緒言，第 3 頁。
〔註42〕 「子以四教：文，行，忠，信。」（《論語・述而》）

作為主要的教學內容，也說明言辭藝術，進退揖讓等外在的禮節修飾是人文教化的主要內容，也是儒家式君子人格的一個重要表徵。《論語・鄉黨》曾記錄了孔子的文雅舉止，顯示出孔子重文尚文的一個活「標本」。與不同的人說話有不同的語氣對鄉黨說話時「恂恂如也，似不能言者」。在宗廟朝廷則清晰而謹慎（「便便言，唯謹爾」）；與下大夫說話侃侃而談，同上大夫中正而又靜辯（「誾誾如也」），與君主說話恭敬而不失威儀，既不緊張也不鬆懈。在不同的場合行動時以適當的容貌顏色行為舉止。如作儐相迎接賓客時神色莊重，行步穩健似有戒懼，姿態、服飾都莊敬有節。進入公門上朝時則謹敬自斂，「立不中門，行不履閾」，過君主之位則色勃而足躩。執圭為聘使時「勃如戰色，足蹜蹜，如有循」；私下與人相見時，則表現的和顏悅色（愉愉如也）。

這段對孔子在不同場合該如何表現優雅、適宜的言行舉止進行了生動描述，也是孔子對周代禮文所開創的「升降進退之容」的致敬和再現。「升降、上下、周還、裼襲，禮之文也。」（《禮記・樂記》）在不同的時間場合對不同的人表現的體面莊重是禮儀之文的主要內容。「夫子之文章，可得而聞也，夫子之言性與天道，不可得而聞也。」（《論語・公冶長》）此處之「文章」，即是指孔子在人格修養和外在儀容上的妥帖得當。朱熹注「文章」曰：「文章，德見乎外者，威儀文辭，皆是也。」（《四書章句集注》）

儘管「情由心生」「敬由心起」，但人們的自然道德情感需要重新整飭，以達到合理表達，才能呈現出讓人在適當的場合、時間產生適當的情感表達和言行表現，「忠信，禮之本也；義理，禮之文也。無本不立，無文不行」（《禮記・禮器》）。儒家倫理所倡導的禮樂之文，就是要重新回歸個體心性本源和情感本原，使情感心理和言行方式都儘量地表現「文質彬彬」，既不顯得粗野，也不追求過分的文飾，而是恰如其分，並試圖以此重新矯正和發現禮樂之文的價值，確定個體行為應該如何通過禮合宜地表達。

「是故君子服其服，則文以君子之容」，容貌具備之後，「文以君子之辭」，君子之「容辭」兼具，「則實以君子之德」（《禮記・表記》）。「文」是人們內在誠敬之質和德性狀況的外顯，通過語言、聲調、動作、表情、服飾、行止等表現出來，而且如果君子在外在之容、之辭上逐漸文飾齊備之後，其內在的君子之德也會被相應地落實和加強。禮樂之「文」的外在形式不僅依附於內質，是對「質」的彰顯，更重要的是對本來無形的內質體制化、程式化、定型化，使之成為可學習、操練的儀軌和德範，成為在個體交往和社會交流中可以流暢融

通、互相方便的「生活的藝術」。故而，林語堂曾對儒家倫理中之所以強調禮樂之文，從文化的角度作了高度自覺的理解，其言，一切人都有熱烈的感情，自然的欲望，高尚的意志以及良知。有飢餓、性慾、憤怒，受著疾病、疼痛、苦惱和死亡的支配。「文化的用處，便在於怎樣使這些熱情和欲望能夠和諧地表現。這就是儒家的觀念，依這種觀念，我們假使能夠和這種天賦的本性過著和諧的生活，那麼，便可以和天地並列……」〔註43〕。

（3）「文」與「成人」的倫理內涵

無論是心理還是言行，禮樂之文都指向儒家倫理的「成人之道」。對生命過程的禮儀化，其實質是對人生的倫理化理解，是儒家「文化」倫理的重要特徵，是人生過程的「文化」。唐君毅認為中國人很早認識到人自身的生命是一個生化的歷程〔註44〕。人作為一種自然存在亦有其生長、成熟、衰老、死亡的過程，這一自然的「生化」過程在儒家倫理中，也被很大程度上倫理化了。

這一既遵循自然生命的進展，同時又對自然生命的節律注入道德內涵的人生次第，始於孔子。孔子對其自身生命歷程作了劃分：「志於學」、「而立」、「不惑」、「知天命」、「耳順」、「從心所欲不逾矩」〔註45〕。這種劃分表明儒家倫理堅信伴隨著自然生命年輪的，應是人不斷的進德修業，此過程也必然伴隨著人自身的「化成」的倫理節律，這種思想也反映在孔子對別人的評價中。《論語・憲問》篇中，孔子斥責原壤道：「幼而不孫弟，長而無述焉，老而不死是為賊！」孔子對於老友的上述頗為激烈的批評〔註46〕，也展示了孔子對於附隨自然生命（「幼」、「長」、「老」）增長而應具備相稱的道德修為要求。足見，在儒家倫理的人生見解中，人的生命存在絕非僅僅是年輕、衰老的自然過程，剔除道德維度，人的自然生命也將變得不可理解，甚至毫無意義。相應的，《禮記・曲禮上》也對人生的各個階段作了劃分，「人生十年曰幼，學。二十曰弱，冠。三十曰壯，有室。四十曰強，而仕。五十曰艾，服官政。六十曰耆，指使。

〔註43〕林語堂：《生活的藝術》，南京：江蘇人民出版社 2014 年版，第 23 頁。

〔註44〕唐君毅：《中國文化之精神價值》，南京：江蘇教育出版社 2006 年版，第 70 頁。

〔註45〕見《論語・為政》子曰：「吾十有五而志於學，三十而立，四十而不惑，五十而知天命，六十而耳順，七十而從心所欲，不逾矩。」這種對於生命歷程的感悟構成中國人理解生命的主軸，即將生命看作文化、倫理生命。將倫理性注入人生命的全過程。

〔註46〕不僅如此，孔子還「以杖叩其脛」。值得注意的是，這是《論語》中記述的孔子為數不多出現失態舉動的例子。足見，孔子對原壤老而無德的激憤。

七十曰老，而傳。八十、九十曰耄，七年曰悼，悼與耄雖有罪，不加刑焉。百年曰期，頤。」這一劃分實則是對不同年齡階段作社會功能、角色的倫理界定。就此，我們的確可以將「成人之道」作為儒家倫理的主題〔註47〕。

　　儒家的「成人」首先是從身心意義上指達到一定年齡，身體、智力都達到了具備獨立生活的能力，要舉行成人禮以示成年，意味著自此可以婚嫁並且具備參加宗族事務的資格。男子以「冠禮」為標誌（年齡不定，一般為18歲，也有20歲），女子則以笄禮為標誌（一般為15歲），表示進入成年期。成人禮的目的也不僅僅是從生理上對「成人」的確認，更在對心理上的成熟做儀式上的準備，此類儀式亦被人類學家稱之為「過渡禮儀」。《禮記・冠義》云：「成人之者，將責成人禮焉。」成人禮的目的則是「將責為人子、為人弟、為人臣、為人少者之禮行焉」。責此四類角色道德於人，是成人禮的重要作用。強調了「成人禮」是對人之倫理角色和道德責任的責成以引起主體心理上的準備。

　　除了上述生理學、心理學、社會學的複合意義，「成人」在儒家倫理中更有其特殊意蘊，即倫理學意義上的「成人」，是人經過「文」化後的德才兼備「至文」狀態。荀子認為「文」是衡量成為君子的標準。「君子寬而不僈，廉而不劌，辯而不爭，察而不激，寡立而不勝，堅強而不暴，柔從而不流，恭敬謹慎而容，夫是之謂至文。」（《荀子・不苟》）成人所展現的是一種「至文」的狀態。朱熹詮釋說：「言兼此四子之長，則知足以窮理，廉足以養心，勇足以力行，藝足以泛應，而又節之以禮，和之以樂，使德成於內，而文見乎外，則材全德備，渾然不見一善成名之跡；中正和樂，粹然無復偏倚駁雜之蔽，而其為人也亦成矣。」〔註48〕

　　孔子在論語中至少有三次明確提到「立於禮」〔註49〕的思想，可見，在儒家倫理式的「成人」中，總是借助著禮樂之文，借由對文質合一之禮樂的理解和踐行，經由禮樂之「文化」，「人」才得以在社會中成為人。沒有禮，人就無所憑依。正因為儒家倫理的內涵滲透進儒家禮樂之文中，對人生過程進行了儀式化，進而對人生作倫理化的理解，對人的自然生命注入道德文化，使人生充

〔註47〕參看唐凱麟，陳仁仁：《儒家倫理文化：成人之道》，濟南：山東教育出版社2011年版。

〔註48〕朱熹：《四書章句集注》，北京：中華書局1983年版，第42頁。

〔註49〕分見《論語・泰伯》：「立於禮」；《論語・季氏》：「不學禮，無以立」；《論語・堯曰》：「不知禮，無以立」。

滿節律感和倫理感。「一套象徵意義的行為及程序結構來規範、調整個人與他人、宗族、群體的關係，並由此使得交往關係『文』化，和社會生活高度儀式化」〔註50〕。

在禮樂之文中，儒家尊重和捍衛人的「七情六欲」的正當性和合理性，反對宗教禁慾主義，因為儒家不以聖、神的標準來要求普通人；但同時，儒家也確證了人的高貴性和可化性，所以反對對情慾的遷就態度，而是要求保持一個合理的分寸和限度，禮樂之文則正是儒家倫理這一理路的落實。

2.3　禮法之辨：化人之方

「禮法之辨」主要是在儒家和法家之間展開的，是儒法基於對人性的不同理解，和對人的文化預設的不同，所導致的治世、治國之道上的不同。本文認為「禮法之辨」透露出儒家倫理依據人禽之辨和文質之辨的文化預設對社會秩序展開文化預設的思路，也是儒家從「文化的儒家」走向「政治的儒家」〔註51〕的關鍵環節。

2.3.1　富而知禮與富而教之

「因人之情」是儒法共同的起點。但正是在對此人情起點的認定上，儒法走向了反面。

法家〔註52〕的邏輯起點是對人性、人情的認定，這種認定以管子的「倉廩實則知禮節，衣食足則知榮辱」（《管子・牧民》）的主張最為著名，其核心觀點則表現為：「凡治國之道，必先富民。民富則易治也，民貧則難治也。……是以善為國者，必先富民，然後治之。」（《管子・治國》）這一對人的理解奠

〔註50〕　陳來：《古代宗教與倫理：儒家思想的根源》，北京：生活・讀書・新知三聯書店 1996 年版，第 248 頁。

〔註51〕　陳來先生認為從孔子到荀子，展現出了儒家對於時代要求的回應和對「儒」的理解，荀子對於法後王、一制度的強調，說明荀子更重視的不再是文化的儒家，而是政治的儒家，反映了儒者期待社會走向統一和秩序。參見陳來：《從思想世界到歷史世界》，北京：北京大學出版社 2015 年版，第 87 頁。

〔註52〕　本文不擬討論法家思想的起源，也不擬討論這幾種文本出現的先後順序，而只就儒法從其理論旨趣和理論邏輯上如何看待道德和人性等問題擇要探討。有學者認為，法家是由道家而來，在戰國晚期出現了所謂「道法轉關」的現象，可備一說。參見葛兆光：《中國思想史》（第一卷），復旦大學出版社 2013 年版，第 161 頁。

定了法家的基調。顯然，在此理解中只是將人理解為需要滿足物質欲望的、且需要被「治」或「牧」的民。法家與道家一樣都關注到了其時人性頹壞墮落的一面，對此現實採取富民而後治之的法制主義思路和策略。

後世法家貫穿了管子的這種人性論思路。同樣是「因民之情」，在商鞅那裡是利用「饑而求食，勞而求佚，苦則索樂，辱則求榮」的天性民情來推行賞罰之治，「名利之所湊，則民道之。」〔註53〕也即調動和利用人追逐欲望、名利、趨利避害的心理去治理民眾。韓非子在對人的認定上走得更遠：「人為嬰兒也，父母養之簡，子長而怨。子盛壯成人，其供養薄，父母怒而誚之。」（《韓非子·外儲說左左上》）他徹底將人解讀為一種自私利己、專事為己的個體。法家對人性的理解和認定，最終是要導向利用人性，從欲望、好利等的角度對人性進行窄化設定，並最終將其確立為政治治理的人性之基。

這種人性論理論，一方面，取消了道德問題。在法家那裡，道德是不成問題的。道德會隨著對人的欲望的滿足，隨著富足而被解決。因為認定人性的惡，以及好逸惡勞，自私自利，從而很大程度上將「富民」作為主要的任務，並且認為，富裕可以解決道德問題（知禮節、知榮辱），因而，儒家倫理所倡導的禮樂之文是不必要的。另一方面，這種人性理解認定也勢必會將社會導向社會財富和欲望無限之間無止境的矛盾，引起社會紛爭，因此，也會走上強調重視律法——「法令者，民之命也，為治之本也，所以備民也。為治而去法令，猶欲無饑而去食也，欲無寒而去衣也，欲東西行也，其不幾亦明矣」〔註54〕——的結論。將徹底的專制主義法制作為主要解決方式，「凡治天下，必因人情。人情有好惡，故賞罰可用，故禁令可立，而治道具矣。」（《韓非子·八經》）所以，韓非子言「儒以文亂法，俠以武犯禁」（《韓非子·五蠹》），堅決將儒者之「文」與俠者的「武」看作「亂法犯禁」的行為，並將「儒」歸為邦之「五蠹」之首。

要之，法家的富民最終必然導向的是以賞罰、令行禁止為主要方式的嚴刑峻法，法家以法為教，以吏為師，以非道德主義的立場漠視人的倫理存在。最終導致的是對人的專制。如學者所言：「性惡論固然可以推導出建立一個森嚴之法網的必要性，但這個法網張開來，並不是法治、憲政，而是專制、管制、控制。既然人性本惡，那麼強化管制便是必要的，而自治則是不可能的」〔註55〕。

〔註53〕蔣禮鴻：《商君書錐指》，北京：中華書局1986年版，第45～46頁。
〔註54〕蔣禮鴻：《商君書錐指》，北京：中華書局1986年版，第144～145頁。
〔註55〕吳鈞：《中國的自由傳統》，上海：復旦大學出版社2014年版，第43頁。

　　儒家則與此形成對比。儒家同樣承認「庶之」、「富之」在次序上的絕對優先性，但在面對「既富矣，又何加焉？」的問題時，並不像法家一樣堅信道德不成問題，而是強調「教之」（《論語・子路》）的意義。以此而論，儒家對「人墮而為禽獸」的憂患意識異常強烈，並將這種憂患貫徹到其導民治世的方式上。將人看作是「待化之人」。在孟荀那裡，即便是基於不同的人性論構造，也在人需要道德教化上達成共識。「善政不如善教之得民也。善政，民畏之；善教，民愛之。善政得民才，善教得民心。」（《孟子・盡心上》）荀子認為：「性也者，吾所不能為也，然而可化也。積也者，非吾所有也，然而可為也。注錯習俗，所以化性也」（《荀子・儒效》），荀子的「化性起偽」說更是將「教」看作很重要的消解人性之惡，重新整飭社會秩序的儒家治世之方，這構成了儒法之間的理論張力，這種張力集中體現在是否強調「性惡」，並在對法家有所吸收的荀子那裡也得到了繼承。荀子的見解更能看到儒法在核心觀念上的分歧。荀子倡性惡，卻以儒家為宗，這明確表現在荀子認為，富民並不能自然地解決道德問題和社會的秩序問題。根本上而言，富和教是兩個層面的問題，「富」不能代替「教」，「不富無以養民情，不教無以理民性。」（《荀子・大略》）儘管，荀子認定「人之性惡明矣」（《荀子・性惡》），人「生而離其樸，離其資」（《荀子・性惡》），通過「反於性而悖於情」的「禮義之文理」進入到「文化」、教化之人文之域，才能完成精神的轉化和改變。

　　荀子認可原始法家對人的天性、天情的判斷，同樣注意到人的欲望，並提出應該富民。「凡人有所一同：饑而欲食，寒而欲暖，勞而欲息，好利而惡害，是人之所生而有也，是無待而然者也，是禹桀之所同也。」（《荀子・榮辱》）「今人之性，饑而欲飽，寒而欲暖，勞而欲休，此人之情性也。」（《荀子・性惡》）但這種判斷並不一定導向對天性、天情的放縱和無限製鼓勵，順此情性，只會產生「好利而欲得」，「弟兄爭矣」（《荀子・性惡》）的結果。與法家不同的是，荀子認為富民並不能自然而然的使民知禮節，還需要「養」和「教」，荀子「禮論」的核心立論正在於「養人之欲，給人之求，使欲必不窮乎物，物必不屈於欲，兩者相持而長，是禮之所起也。故禮者，養也。」（《荀子・禮論》）禮有「養」的功能，這種理念區別於原始法家對天性民情「無度量分界」的縱容，進而通向「爭」、「亂」、「窮」之境地的隱憂。而且，提出「化禮義之文理」（《性惡》），「節威反文」（《荀子・強國》），說明荀子意識到，欲望永遠也不會被滿足，因而必須用「文」對欲望進行合理的節制和引導，「不富無以養民情，

不教無以理民性。故家五畝宅，百畝田，務其業而勿奪其時，所以富之也。立大學，設庠序，修六禮，明十教，所以道之也。詩曰：『飲之食之，教之誨之。』王事具矣。」（《荀子・人略》）對「教」的強調構成了荀了之為儒家的典型特徵，如果不先以「教」為主，而一味強調嚴刑峻法，「不教而責成功，虐也」（《荀子・宥坐》），不教而一味地責成求功，就是對民眾的苛政虐待，而且旦「不教而誅」，就會產生「刑繁而邪不勝」的惡性後果（《荀子・富國》），看起來短時間內解決了問題，實則卻為禍亂埋下了隱患，法條律令煩不勝煩，姦邪之行更不會令行禁止。

2.3.2　德禮與刑政

與其說儒家對人性抱持著一種「道德理想主義」，毋寧說儒家倫理是對指向制度、規範的學說的某種不信任和警醒的態度。儒家不絕對反對律法主義，但只在禮樂之文的基礎上有保留地贊成制度和法令，而且認為制度法令應該在禮樂之後進行，並且只有在禮樂之後進行才可能發揮其所要達成的功效，「禮樂不興，則刑罰不中；刑罰不中，則民無所措手足」。（《論語・子路》）如果禮樂等文治方式沒有作為穩固的社會秩序基礎，刑罰之令就是無根之萍，不會切入真正需要解決的問題，因而也不會被有效執行，既然如此，民眾就會進退失據，行為失當。

對人性的「道德理想主義」也明確地體現在政治治理層面重視德治主義的政治倫理思維。孔子所言「道之以政，齊之以刑，民免而無恥；道之以德，齊之以禮，有恥且格〔註56〕」（《論語・為政》）便集中反映了此倫理思維。

「道」和「齊」是政治治理的方式，據學者考證，在先秦等早期文獻中，「道」的本字之一作「導」（導）〔註57〕，《說文解字》：「導，引也」，其本義是「導人行走」。可引申出「直」、「正」兩義。「直」指的是物理上導人行直道，而不走歧路，「正」為人事的價值判斷上導人行正道，不走邪道，由物理上的直道昇華為價值上的正道。此外，「道」還有「理」、「通」等義。「理」指文理、

〔註56〕關於此句中「格」朱熹認為有「至」和「正」兩層意思，錢穆從之，並認為二意相通。意為「在下者恥所不及，必求達在上者所定之標準」。參見錢穆：《論語新解》，北京：生活・讀書・新知三聯書店 2002 年版，第 24 頁。

〔註57〕古作「導」，多寫作「道」。黃懷信解釋：「『道』、『導』古今字，以今當作『導』」。參見黃懷信主撰：《論語彙校集釋》，上海，上海古籍出版社 2008 年版，第 104 頁。

梳理，「通」指通達、通順。導則意味著不使人走迷途歧路，而引導人們更好或更正確地在世上走正道。〔註58〕可見，「道」主要是在價值選擇上的疏導和引導，「齊」則是外在的規範。

儒法之間的區別就主要在於「導」和「齊」以何為內容。以政和刑為內容，雖然在後果上實現了民眾在表面上的「苟免於刑罰」，但實際上「無所羞愧，蓋雖不敢為惡，而為惡之心未嘗忘也」（《四書章句集注》），只對法令產生了畏戒、恐懼的心理；以德和禮為內容，則不僅使人們「恥於不善」，而且更好地恪守，並從內在生發出主動向善的心理。

兩相比較，後一種心理更為深厚，且是更為內在的遵德守法。朱熹對此段注對政與刑作了比對，認為政是治之具，刑是輔治之法。德禮是治之本，而德又是禮之本也。德禮刑政雖相為終始，但不可以偏廢，「政刑」不過只能使民遠罪而已，德禮「則有以使民日遷善而不自知」，所以，「治民者不可徒恃其末，又當深探其本也。」（《四書章句集注》）政刑能使人「遠罪」，德禮卻能使人「遷善」，對「治」而言，前者為末，後者為本。

德與政相對，禮與刑相對，文與法相對，對此兩相對比的關係，後世儒家更是多有發揮。「禮者禁於將然之前，而法者禁於已然之後……禮云禮云，貴絕惡於未萌，而起敬於微眇，使民日徙善遠罪而不能知也。」（《大戴禮記·禮察》）重於法，只能看到「已然」之後果，禮則從問題的源頭、從道德上阻止了罪責的產生。所以，禮是本，而法是末。「導之以德教者，德教行而民康樂；驅之以法令者，法令極而民哀戚」（《大戴禮記·禮察》）。實行德教，會使人們從內心以遷善、行善為樂，並為遵紀守法培植好的道德心理，而以法令相驅使，只會將民的哀戚痛苦放大，產生禍患。

徐復觀先生認為，孔子之提出「德治」，並把德治的效果說的非常容易，是「帶著一種鼓勵的意思在裏面的」，「是出於對人的信賴，對人性的信賴」。雖然孔子未明言說人性是善的，「但實際他是認定人性是善的。」〔註59〕在回答子張如何從政時，孔子提出為政的「遵五美」、「屏四惡」的問題：「不教而殺謂之虐；不戒視成謂之暴；慢令致期謂之賊；猶之與人也，出納之吝，謂之有司。」（《論語·堯曰》）即是，「教導」、「告誡」、「申敕」等軟性教化規勸，必須先於「殺虐」、「責成」、「刻期」等嚴刑峻法的雷厲風行，若不遵循此為政

〔註58〕參看方朝暉：《「道」本義考》，《孔子研究》2018 年第 3 期。
〔註59〕徐復觀：《中國思想史論集》，北京：九州出版社 2014 年版，第 260～261 頁。

次第，便是殘酷不仁，賊害民眾。實際上，孔子自己也明確認識到德治不能產生速效，「善人為邦百年，亦可以勝殘去殺矣」（《論語·子路》），堅信「有王者作，必世而後仁」（《論語·子路》）。「為邦百年」、「必世而仁」說明，德禮的方式是長治之道，但儘管德治是一個緩慢的過程，歸根到底是值得追求的。也足見，儒家的政治倫理所著眼地是更長遠的歷史考量，而非法家式現實的急功近利。孟子也認為「善政不如善教之得民也」，「政」的本質不在治理，而首在德禮教化，「善政民畏之，善教民愛之。善政得民財，善教得民心。」（《孟子·盡心上》）同時也意識到，「徒善不足以為政，徒法不能以自行。」（《孟子·離婁上》）儒家人文化成之治道正是要在「善」的理想和「法」的規約中尋找一個平衡之道。

這些德治、禮治、文治思路無不反映了儒家倫理對政令、刑罰、法制所持有的保留態度，韋政通先生認為儘管禮教有數不清的流弊，但禮治的確曾為傳統社會帶來高度的穩定性，這在根本上乃是因為禮的基本精神是主動的，不像法治是依靠外在的權力來進行的。這種主動接受的心理和態度，或可彌補法治精神的不足。而且這種精神，正是中國人文主義傳統發展出來的一個優點。〔註60〕

2.3.3　不「罔民」「害善」

在儒家倫理的理解中，並不是反對制度和法令，而是認為任何制度、法令都必須出於善意，並儘量使其導向善的後果，而不能成為束縛人、戕害人的工具。善意，必須首先是對人性秉持信任、可化的態度。從消極而言，政治、制度的底線是不能「罔民」，不能「害善」。

孟子也提出了在推行德教時不能「罔民」的問題，「無恆產而有恒心者，惟士為能。若民，則無恆產，因無恒心。苟無恒心，放辟邪侈，無不為已。及陷於罪，然後從而刑之，是罔民也。」（《孟子·梁惠王》）認為單純從政治後果考慮問題，而不顧忌民眾實際生活，要求民眾有道德上的「恒心」，就是網羅陷害民眾。與此相應，荀子也提出了在賞罰時應秉持不能「害善」的問題。「賞不欲僭，刑不欲濫，賞僭則利及小人，刑濫則害及君子。若不幸而過，寧僭無濫；與其害善，不若利淫。」（《荀子·致士》）荀子認為，在賞罰時寧願讓小人得利，也不能讓君子受害，即應該在獎賞的方面更寬厚，目的是鼓勵君

〔註60〕參看韋政通：《中國文化概論》，長春：吉林出版集團有限責任公司 2008 年版，第 303 頁。

子之善，即使這樣做會讓小人搭便車得了利；在懲罰的時候不應濫用刑罰，目的是怕導致對君子之善的誤判，從而產生「害善」的不可挽回的結果。相比於嚴刑峻法懲惡而言，荀子更重視的是「揚善」，以保護君子，維護善良。

《說苑·政理》中亦對儒家的勸善、揚善的「善意」倫理進行了闡釋性發揮，對刑德誅賞各自在「化」中的效能作了分析：「夫刑德者，化之所由興也。德者，養善而進闕者也；刑者，懲惡而禁後者也；故德化之崇者至於賞，刑罰之甚者至於誅；夫誅賞者，所以別賢不肖，而列有功與無功也。故誅賞不可以繆，誅賞繆則善惡亂矣。夫有功而不賞，則善不勸，有過而不誅，則惡不懼，善不勸而能以行化乎天下者，未嘗聞也。」無論是刑罰之「誅」，還是德化之「賞」，賞罰的目的均在「勸善」，只有將人內在的善調動引導出來，才是「化」的目的。林語堂將此稱為盡情合理的態度所造就的「寬恕的哲學」，覺得人類的錯誤和謬行都是可以獲得寬恕的，無論是法律、道德或政治上，都可以認為是「一般的人類天性」或「人之常情」。「至少，那批有教養的、心胸曠達的、遵循合理近情的精神而生活的學者，都抱著這種態度。」〔註61〕

從積極方面而言，善意的倫理思維在於培植和調動主體的反躬自省能力，將主體性、內在性的道德覺醒看作最重要的倫理學任務。對儒家倫理而言，其重要的核心特徵就是強調「內省」、「自反」的倫理意義。將內省、自訟、反省自身看作是道德生發的源頭活水，也是《論語》中的核心話語。如「吾日三省吾身」(《學而》)，「吾未見能見其過而內自訟者也」(《公冶長》)，「躬自厚而薄責於人，則遠怨矣。」(《衛靈公》)「內省不疚」(《論語·顏淵》)等。通過內省這一道德心理活動，個體的內在德性修養問題被著重強調。「與內省關連在一起的，便是消極的改過，積極的徙義。」〔註62〕「改過」和「徙義」構成相輔相成的德性自化過程。「過則勿憚改」(《論語·學而》)，「聞義不能徙，不善不能改，是吾憂也」(《論語·述而》)。如此一來，道德問題就被大大內在化了，道德不再依賴外在的強制、他律，而變為自律、自我德性化育的內在要求。這種思維也是孔子之所以「以仁釋禮」思路的延續。換言之，通過主體的內在道德自省自覺化解、消融外在規範制度的強制性、外在性，從而使道德主體掌握更為自由的道德尺度，以「從心所欲不逾矩」，重要不在於「不逾矩」，而是在「不逾矩」的前提下能夠更加遊刃有餘地「從心所欲」。

〔註61〕林語堂：《生活的藝術》，南京：江蘇人民出版社 2014 年版，第 24 頁。
〔註62〕徐復觀：《中國人性論史·先秦篇》，北京：九州出版社 2014 年版，第 68 頁。

　　孟子繼承光大了儒家倫理的「內省」精神，並以性善論強化了內省的重大意義，為內省尋找到穩固豐沛之善源，從而使善不假外求。所以，他強調「萬物皆備於我矣。反身而誠，樂莫大焉。強恕而行，求仁莫近焉。」（《孟子‧盡心上》）孟子在繼承「內省」的同時，強調了「自反」，「有人於此，其待我以橫逆，則君子必自反也」（《孟子‧離婁下》），「自反而不縮，雖褐寬博，吾不惴焉；自反而縮，雖千萬人，吾往矣。」（《孟子‧公孫丑上》）「自反」經過比照，會生發出道德意志的堅定性。孟子用射箭的例子表明，道德「依自不依他」的內在性，「仁者如射，射者正己而後發。發而不中，不怨勝己者，反求諸己而已矣。」（《公孫丑下》）意在指明在任何道德活動中，如果不能達到預期的目的，都要從自身對德性的推擴是否合乎「誠」，是否合乎道德的本然之意反躬自省，「行有不得者，皆反求諸己」，「愛人不親反其仁，治人不治反其智，禮人不答反其敬」（《孟子‧離婁上》）。

　　儒家倫理的內省精神和自反意識，也貫穿體現在作為規範的禮上，禮的核心精神正在於「自卑而尊人」（《禮記‧曲禮上》），即是，禮的作用就是從一開始就用「降格」的方式，以「互以對方為重」（梁漱溟語）的姿態，降低自身的位置以達到尊人、敬人的態度。

　　儒家之強調內省、自反，最終目的在於從人自身開掘出人性的可能性，找到向善的動力機制，而非將善的可能歸於外在的規約和強制。經由周代之文的繁盛之弊，儒家倫理已經認識到經由外在規約而來的「善」，儘管在外表現出善的形式，但終缺乏善的內容和實質，流於虛偽和矯飾甚至是「偽善」。而且更在於這種外在規約和強制本身，存在著取消人的道德自由的危險性，「體制組織所具有的超然於人這一面，使之在運作過程中常常表現為冷峻的、無人格的特點，這種存在形式很容易給人以異己之感」〔註63〕。這種異己之感終將造成對人的戕害，只有經由「內省」、「自反」等道德自律而產生的道德自由，才是真正的道德行為。「真正自由的道德行為就是出於自覺自願，具有自覺原則與自願原則統一、意志和理智統一的特徵。一方面，道德行為符合規範是根據理性認識來的，是自覺的；另一方面，道德行為合乎規範要出於意志的自由選擇，是自願的。只有自願地選擇和自覺地遵循道德規範，才是在道德上真正自由的行為。這樣的德行，才是以自身為目的，自身具有內在價

〔註63〕楊國榮：《倫理與存在——道德哲學研究》，北京：北京大學出版社 2011 年版，第 57 頁。

值。」〔註 64〕現代規范主義倫理學，其核心問題正在於將道德建基在外在性上，進而取消了道德在本質上的內在性和內在價值。換言之，道德的根本價值是內在性，外在的價值是附隨內在價值而來的自然後果，從強調後果來衡量道德，就意味著不可避免地忽視道德的內在價值，進而取消道德本身。以此而言，與「律法主義」冷峻、肅殺、強硬等倫理思維相較，儒家倫理對人抱有道德上的寬恕、信任和期待，具有「柔性」的特徵，也呈現出一種「軟心腸」的特質，我們不妨稱其為一種「軟心腸」的倫理學。

〔註64〕馮契：《馮契文集（第三卷）》，上海：華東師範大學出版社 1996 年版，第 220 頁。

第 3 章 「文化」倫理與社會秩序

　　人文化成的實現與「俗」是分不開的,「人文」也是通過化「俗」來展開的,「俗」是「人文化成」的社會場域。在社會秩序的「化成」層面,儒家的「文化」倫理觀尤為重視「以禮化俗」的機制,正如陳寅恪先生所言,儒家學說兩千年來之影響華夏民族「最深最巨者,實在制度法律公私生活之方面」,在學說思想方面,「或轉有不如佛道二教者。」〔註1〕這也從側面說明儒家倫理所重視的不僅是道德義理的闡發,其最終鵠的還在以禮樂之文對人們實際的道德生活產生引導和影響,「中國古代的文化,常將『禮樂』並稱。」〔註2〕儒家倫理正是通過禮樂之文來轉化習俗,「道德仁義,非禮不成,教訓正俗,非禮不備。」(《禮記・曲禮上》)禮樂之文與人倫日用之「俗」具有千絲萬縷的交叉性、互動性聯繫,以「行風化」、「禮俗互動」為基礎,構築了穩固的日常生活社會倫理秩序。唐君毅先生對此總結道:「自儒家思想自覺肯定禮樂文化之生活,當無所不運,以之垂為教化」,「中國數千年之民間之日常生活,遂皆頗含禮樂文化之意義,並與其勞動生產之生活相結合者矣。」〔註3〕儒家的倫理道德附著在民俗、風俗和禮俗之中,儒家倫理的禮樂之文與「俗」文化之間形成的相輔相成的關係值得重視。

　　道德作為價值系統和觀念體系與習俗相即不離。「morality」的詞源

〔註1〕參見陳寅恪為馮友蘭所撰《中國哲學史》(下)一書之《審查報告三》,載《三松堂全集》第三卷,鄭州:河南人民出版社 2000 年版,第 461 頁。

〔註2〕徐復觀:《中國藝術精神》,上海:華東師範大學出版社 2001 年版,第 1 頁。

〔註3〕唐君毅:《中國文化之精神價值》,桂林:廣西師範大學出版社 2005 年版,第182 頁。

「mores」在拉丁語中就是習俗、風俗之意。以「人文化成」為特質，強調日久化育、習與性成的儒家倫理自然不會忽視習俗、風俗、禮俗的力量。「儒家主張人之為聖為賢之道德修養，不離人之日常之生活，並力求人之禮樂等文化生活，融攝於人之日常生活中。」〔註4〕如此一來，習俗和道德之間的關係就成為重要的儒家倫理學的重要課題。

「俗」通常被與英語「Folk-Lore」對譯，該詞是由英國民俗學家威廉・湯姆斯（William Thoms）於1846年提出的，最初用其指稱「民眾的知識」或民間文化，包括風俗習慣、迷信儀典、寓言神話、歌謠等等。但在中國語境中，「俗」的稱謂在歷史上一以貫之，從未間斷。按其用法，俗有不同層面的含義，如習俗、民俗、禮俗、風俗等，不能將其混同一概而論。尤其是在探討儒家倫理與俗的關係時，需要辨析這些「俗」之間的細微差別。所以，不同於一般對民（習）俗、風俗、禮俗等概念不加區別的使用，本文認為這三者之間實有區別，且這種區別對探察俗與倫理之間的關係是有理論意義的。有學者就區別了民俗、風俗和禮俗，認為三者存在由寬到狹，從低到高的遞進關係〔註5〕，對此觀點，本文從之，本文認為習俗、民俗是同義，而風俗則有風化教化之動態生成意，禮俗則強調的是禮與俗之間的張力以及二者在互動中所形成的道德觀念—習俗規範結構關係。這種細微差別可以從儒家倫理與這三者之間的關係維度予以分論。

3.1　神道設教與轉化習俗

習俗〔註6〕通常指民間無意識的、純粹自發的集體慣習，由於自然和歷史人文環境的不同，造成習俗的多種多樣，從衣食住行到生活習慣，從性情到言語行為都呈現出較大差異。《國語・魯語》曰：「沃土之民不材，淫也；瘠土之民莫不向義，勞也。」又《爾雅・釋地》曰：「太平之人仁，丹穴之人智，太蒙之人信，空桐之人武」。所言正是不同環境下的人在性情、德操上具有不同的特質。顯然，這種有關習俗與道德之相關性的說法仍然失之簡單、隨意。習

〔註4〕唐君毅：《中國文化之精神價值》，桂林：廣西師範大學出版社2005年版，第180頁。

〔註5〕參見王貴民：《禮俗史話》，北京：社會科學文獻出版社2011年版，第1～3頁。

〔註6〕習俗和民俗在漢語語境中意義相同，故本文在可用習俗和民俗時，一律採用「習俗」一詞，下同。

俗從倫理學的視角可以分為道德習俗和非道德習俗,為規避泛泛而論,本節將「俗」聚焦於先秦時期影響廣泛的「神道」習俗,以儒家的「神道設教」思想為切入點,闡釋道德與習俗之間的關係。在筆者看來,「神道設教」集中反映了儒家倫理對待習俗的態度。

3.1.1 神道與原始習俗

任何一種倫理學理論首先要面對是廣泛存在的日常習俗。有生活的地方就有習俗,習俗與人類的誕生一樣久遠。習俗遍布於社群生活的方方面面,在原始社會中諸如捕獵、敬鬼神、娶妻生子、待人接物時,習俗就被認為是顛撲不破的經驗累積和生活模式,是人們賴以行事的「生活原型」。如人類學家林惠祥所言,原始人有一種固定的是與非的標準,這是無可懷疑的。風俗被原始人視為神聖的國王,不容許個人對自己行為有判斷或考慮的機會,「對於這種道德律的遵從,為社會的慣例或宗教的規則所要求。」〔註7〕個體生活的歷史便是他對其所屬的社群傳統的模式和準則的適應,「落地伊始,社群的習俗便開始塑造他的經驗和行為」,社群的習慣、信仰、禁忌會逐漸成為個體的習慣信仰禁忌〔註8〕。因而,對於習俗往往人們採取的是習以為常不加檢省的態度,習俗不僅是一套生存策略告訴該社群成員如何行為,更決定著人們的世界觀,包括怎樣去理解和看待「不可知」、「不可解」之事物。

陳來先生認為,中國古代文化史經由夏以前的「巫覡文化」發展為以殷商為其高峰的「祭祀文化」,再由祭祀文化而產生周代的「禮樂文化」。〔註9〕儒家倫理的誕生對其進行了「理性化」的意義轉化,「注重文化教養,以求在道德上超離野蠻狀態」,在注重控制情感的同時,注重保持儀節風度、舉止合宜,以排斥巫術〔註10〕。由此而產生了「理性化」的儒家思想體系,更主要的是形成了天神信仰逐漸淡化,將關注點放置在人間性的文化和價值的儒家倫理,這一過程也反映了從「習俗」到「倫理」的躍遷。以此,「人的行為更為關注的是能否合乎人間性的文化規範——禮,神秘或交感的因素在大傳統中被人文

〔註7〕 林惠祥:《文化人類學》,北京:商務印書館 1991 年版,第 210 頁。

〔註8〕 〔美〕露絲·本尼迪克特:《文化模式》,北京:生活·讀書·新知三聯書店 1988 年版,第 5 頁。

〔註9〕 參見陳來:《古代宗教與倫理》,北京:生活·讀書·新知三聯書店 1996 年版,第 10 頁。

〔註10〕 陳來:《古代宗教與倫理》,北京:生活·讀書·新知三聯書店 1996 年版,第 10 頁。

規範所壓倒。」〔註11〕「德」觀念的崛起，人的道德修養和天命相掛鉤，都使得人的主體性增強，但同時更應注意的是，彼時，鬼神天命仍然是人們絕對信仰和敬畏的對象。在面對人們普遍的鬼神信仰的情況下，儒家倫理並未對習俗中的鬼神、天神信仰一概拒斥，而是採取了頗為現實的策略──「神道設教」。「觀天之神道，而四時不忒，聖人以神道設教，而天下服矣。」（《周易‧觀卦‧彖傳》）「神道設教」提出了儒家對周代習俗之中重要的存在──鬼神信仰的態度和處理方式。

《論語》中的三言兩語就勾畫出了孔子對待鬼神時「神道設教」的理性主義態度，但這種態度中，又包含著儒家倫理對待習俗的「曖昧」之思，值得我們深入探討。

　　「子不語怪，力，亂，神。」（《論語‧述而》）

這意味著孔子在平常生活中很少說不能解釋或解釋不清楚的怪誕之事，即的確從主觀態度上將鬼神之類的無稽之談廓清出儒家倫理所關注的範圍。

　　「樊遲問知，子曰：『務民之義，敬鬼神而遠之，可謂知矣。』」
　　（《論語‧雍也》）

此句又表明，在面對鬼神時，孔子採取「敬」而又「遠之」的「曖昧」態度。「敬」乃是以合群的態度從眾，是為了「務民之義」而「敬」的鬼神，因而，敬是為了突出「敬」對「務民之義」的價值；「遠之」則表明，孔子並不真的相信鬼神實存，而且在孔子看來鬼神即便存在也是不可言說、解釋不清的神秘力量，所以也不必沉迷其中，應該將主要任務放在「務民之義」，專心於人道上。因而，「敬」是為了保存民俗宗教中的信仰和敬畏之心，「遠」則是為了防止為鬼神所迷亂而導致非理性。孔子將此既「敬」又「遠」的態度看作「知」，說明儒家倫理「神道設教」的智慧正在於此。以下的論述，則無疑更明確地傳達了孔子對於鬼神信仰習俗的態度。

　　「祭如在，祭神如神在。子曰：「吾不與祭，如不祭。」（《論語‧
　　八佾》）

可見，即便不是真的相信或是相信但不認為說得清楚而採取「不語」的態度，孔子在面對祭祀祖先神靈時，好像真有祖先和神靈在受祭。所以，無論如何在祭祀之所，仍然採取思慕敬畏的誠敬態度。這裡所強調的仍然是「敬畏」、

〔註11〕陳來：《古代宗教與倫理》，北京：生活‧讀書‧新知三聯書店1996年版，第11頁。

「誠敬」等道德價值本身。學者對此頗有見地地指出：「蓋迷信也是一種信，有信則有行，無信則無行」，之所以既「敬」又「遠」，是為了保存人們對鬼神信仰中道德之義的「信」，此「信」中包含了忠良孝悌，無信則放僻邪侈。「故有信之民，勝過無信之民遠矣。」〔註12〕

3.1.2　鬼神信仰的闕疑與轉化

孔子雖然不語怪力亂神，但是面對「宗教和道德的命令構成一個統一的法典，虔敬和道德被看作是同一個東西」〔註13〕的歷史社會現實，加之強大的習俗傳統力量，僅僅採取「理性」對抗之態，顯然有失其一貫的允和中庸之道。「他對於傳統事物，只採取價值的轉換，而不採取革命打倒的方式。」〔註14〕事實上，以孔子為代表的儒家倫理，並非完全否定以往的文化傳統和習俗習慣。尤其是在面對鬼神信仰仍然廣泛存在的現實社會時，認識到僅僅通過理性教化或抑神黜天的激進姿態是不明智且不必要的。當原始宗教信仰在形成穩定的習俗時，也將道德精神灌注其中，宗教信仰的「神聖性」為習俗和道德所共同分享，這就確立了道德與宗教的「良友」關係〔註15〕。難以分離取捨，既然既不能在知識上證明其必有，又不能從知識上證明其必無，就只能採取「闕疑」〔註16〕的現實主義態度加以利用和意義轉化。

質言之，孔子認為鬼神的存在是一種價值信仰，其是不是事實存在並不重要，這從孔子對待「人死後是否有知？」這一問題的態度上就可以看出。《孔子家語·致思》載子貢問於孔子：「死者有知乎？將無知乎？」孔子答曰：「吾欲言死之有知，將恐孝子順孫妨生以送死；吾欲言死之無知，將恐不孝之子棄其親而不葬。」因而，判別死後是否有知，會陷入到兩難。孔子又補充曰：「賜不欲知死者有知與無知，非今之急，後自知之。」所以，在孔子那裡，對人而言最重要的不是判別鬼神是否真實存在，人死後是否「有知」，這個問題在儒家那裡是次一級的問題，且大可以懸置，關鍵在於人通過此事實認知所要或可

〔註12〕鮑鵬山：《鬼神的價值》，《光明日報》2012 年 7 月 11 日第 12 版。

〔註13〕〔德〕包爾生：《倫理學體系》，何懷宏、廖申白譯，北京：中國社會科學出版社 1988 年版，第 354 頁。

〔註14〕徐復觀：《中國人性史論·先秦篇》，北京：九州出版社 2014 年版，第 75 頁。

〔註15〕參見〔法〕亨利·伯格森：《道德與宗教的兩個起源》，王作虹等譯，貴陽：貴州人民出版社 2000 年版，第 87 頁。

〔註16〕徐復觀用語，見《中國人性史論·先秦篇》，北京：九州出版社 2014 年版，第 75 頁。

能達到的目的，這個目的是否合乎道德，是否有助於「人文化成」，則是儒家倫理所主要考量的。因而在特定的歷史條件下，儒家倫理正是利用人們對民俗宗教的「迷信」來實現道德的目標，這即是所謂的「神道設教」。

帛書《要》篇亦曾記載孔子言：「贊而不達於數則其為之巫，數而不達於德，則其為之史」，「吾與史巫同途而殊歸者也。君子德行焉求福，仁義焉求吉，故卜筮而希也。」〔註17〕上述說法也表明了孔子對其理性主義態度的自覺。其對儒家與史巫的不同理論意趣用「同途而殊歸」來概括，意為儒與史巫雖源於同一個文化傳統，但卻在理論歸宿上發生了不小的分歧。孔子關注的是其中人為的因素，即「我觀其德義耳也」，所側重的是卜筮之中德行、仁義的因素，而非像史巫一樣拘於卜筮本身。雖然，孔子並未否定卜筮本身，但仍注重的是卜筮的德性內涵。荀子亦繼承了孔子的這一思想，如《荀子·天論》所言：「卜筮然後決大事，非以為得求也，以文之也。故君子以為文，而百姓以為神。」將「卜筮」看作是「文」而非「神」，這展現了儒家對以往殘留下來的天神信仰和卜筮傳統的一貫態度：存而不論，以之為用。

3.1.3 「神道設教」的倫理含義

「神道」設教展現了儒家倫理對待習俗的態度，也闡明了習俗與倫理之間的關係。即，習俗並非具備獨立自足的價值，其歸根到底需要為道德的挺立和倫理的建構服務，以此，我們將「神道設教」思想所具備的倫理意義概括如下：

（一）將原始信仰轉化為道德上的神聖感、敬畏感

面對鬼神、天神、巫術等外在不可知力量的原始民俗宗教信仰，將民眾對其的莊敬、畏懼，轉化為道德上的信仰感、聖潔感、神聖感、敬畏感，這是「神道設教」之意義轉化的目的。正如學者所言，「巫術對人的巨大強制力量，以及人在參與巫術時對禁忌規範的高度自律遵循，在此後除轉化為宗教外，同時也給倫理道德留下了重要的遺產。」〔註18〕儒家在面對先前對諸如自然崇拜、鬼神崇拜和祖先崇拜等一系列原始信仰習俗時，加以積極地轉化利用，而非一味排斥，但這種利用又不流於墨子式的大肆宣揚「則鬼神之有，豈可疑哉」（《墨子·明鬼》），倡導「率天下之民以尊天、事鬼、愛利萬民。是故天鬼賞之，立

〔註17〕廖名春：《帛書易傳初探》，臺北：文史哲出版社 1998 年版，第 279～280 頁。
〔註18〕尤西林：《闡釋並守護世界意義的人》，上海：華東師範大學 2017 年版，第 122 頁。

為天子」(《墨子・尚賢中》)。孔子看到其中蘊含的重要的道德精神遺產,從而沒有像墨子一樣完全將道德交給鬼神,並言之鑿鑿地以鬼神宣教,教導民眾聽命於鬼神,以神佑鬼懲的「迷信」思路來奠定道德的基礎,而是採取「去迷存信」的處理方式,在當時特定的歷史條件下,「利用」「小人」的迷信來實現為道德奠基的目標。此即所謂的「神道設教」。

在遠古的日常習俗遺產中,儒家倫理所看重的就是對附隨天命鬼神信仰中「敬」、「畏」、「信」等道德價值的珍視和留存。因而,當儒家倫理強調人文化成,強調用禮樂之「文」來替代周代之「文」時,「並不企圖消解一切神聖性,禮樂文化在理性化的脫巫的同時,珍視地保留著神聖性與神聖感,使人對神聖性的需要在文明、教養、禮儀中仍得到體現。禮樂文化所提供的這種文化結構及其功能,是很難用現代社會學的分化觀念加以衡量的。」〔註19〕以「喪祭禮」而言,其為古來本有之制,儒家經由轉化對其賦予新的意義。馮友蘭先生認為,儒家的喪祭禮之要,在求一主觀情感之安慰,其意義在於把原初之宗教轉變為詩與藝術。〔註20〕以「慎終追遠」的倫理意義取代原始宗教的巫覡神鬼文化,主要還在於看重其對人的自然情感生活的道德意義。

在《論語・季氏》中孔子也言:「君子有三畏:畏天命,畏大人,畏聖人之言」,天命、大人和聖人之言都是現世的道德信仰、道德典範和道德原則,這些道德固然需要理性的力量,但更需要「畏」這種心理情感力量的輔助和支撐。孔子希望在繼承以往文化傳統時,保留「畏」的道德核心,而且從常理而言,「畏」最終也會轉化成「敬」。從心理學來看,「敬」、「畏」是人在面對不可解釋的神秘力量時所具有的謹小慎微、謹慎從事、戰戰兢兢的態度,是一種內在的收束、緊張、生怕自己做的不足或不夠的自責狀態,這種狀態便會引發道德感和奮發感,從而為「仁」的踐行和遵循提供心理輔助和德行助成的作用,是一種試圖為道德尋求神聖化淵源和本體化思路的努力。直到宋儒,依然對「敬」之重要倫理意義多有察覺。「『敬』字工夫,乃聖門第一義,徹頭徹尾,不可頃刻間斷。」〔註21〕「大凡學者須先理會『敬』,敬是立腳去處。」「涵養

〔註19〕 陳來:《古代宗教與倫理》,北京:生活・讀書・新知三聯書店 1996 年版,第 12 頁。

〔註20〕 馮友蘭:《儒家對喪祭禮之理論》,見《三松堂文集》,北京:北京大學出版社 1984 年版,第 136 頁。

〔註21〕 黎靖德編,王星賢點校:《朱子語類》(卷十二),北京:中華書局 1994 年版,第 208 頁。

須用敬，進學則在致知』此語最妙。」〔註22〕

（二）將祖先崇拜推擴為孝悌仁愛之德

《論語·泰伯》章記載了大禹對鬼神的祭祀，「菲飲食，而致孝乎鬼神。」徐復觀先生分析說，大禹通過虔誠祭祀鬼神，實則是推擴其對父母的孝到鬼神身上，由此彰顯祭祀之報本反始、崇德報功的用意，他尤其強調「致孝」二字的深義。「人是通過祭祀而把自己的精神，與自己的生之所自來，及自己的生之所由遂，連繫在一起。此與普通宗教性的祭祀的意義，有本質上的不同。」〔註23〕神道設教之所以將祭祀看作重要活動乃是看到祭祀活動具有推擴誠敬仁愛之德的意義，而非出自自私之心來「諂媚」鬼神。「慎重追遠，民德歸厚矣。」（《論語·學而》）曾子的這句話直接表明，祭祀鬼神其意最終還在於祭祀活動具有澄汰和純化德性，推擴誠敬仁愛的價值，使得民德淳厚有所敬畏之義。從而以「義」來代替對鬼神的依賴。

這種態度為荀子所繼承。《荀子·禮論》：「祭者，志意思慕之情也，忠信愛敬之至矣，禮節文貌之盛矣。……其在君子，以為人道也；其在百姓，以為鬼事也。」「百姓日用而不知」，民眾對原始的混沌信仰和鬼魅習俗往往習而不察，並非採取自覺的態度，「士君子」看重的卻是蘊涵其中的「思慕之情」「忠信愛敬」，正於此確立人道，成德化俗。周代的宗教信仰系統主要表現為一種「民彝物則」，是一種仍然將禮樂的系統溯源於天的觀念，尚未達到德性層面的自覺。如此一來，周代的禮樂文化雖然隆盛，但仍然沒有建立起一個道德自律的根據，「它作為一種『倫理宗教』、『道德宗教』的系統，實質上並沒能真正建立起來。」〔註24〕也即，禮樂之文在周代還只停留在出於對鬼神的宗教信仰層面，其約束力是外在的，尚未經過理性反思和道德上的自律自覺，在經過儒家倫理「神道設教」的意義轉化後，「神文」轉化為「人文」，周代的禮樂和宗教信仰系統成為一種真正意義上的「道德宗教」，在宗教之外增加了道德理性，禮樂系統從神道中脫胎為「人文」，儒家的人文化成得以成為可能。

這也集中展現在將對祖先崇拜的「祭」之意轉化為「孝」，並將「孝」提

〔註22〕黎靖德編，王星賢點校：《朱子語類》（卷十二），北京：中華書局1994年版，第214頁。
〔註23〕徐復觀：《中國人性史論·先秦篇》，北京：九州出版社2014年版，第75頁。
〔註24〕李景林：《儒家的教化方式與當代中國的信仰建構》，《上海文化》2016年第6期。

升為「仁」的思想。韋政通認為祖先崇拜在原始社會主要是一種宗教活動，具有三大功能：親屬繁殖、祈求福祉以及加強同一親團的團結性。而「孝」的道德意識則是經儒家倫理化以後所產生的。到儒家那裡，除了仍保持宗教的意義外，同時變成了培養道德的一種重要價值憑藉。首先是具有了報恩的內涵，以卑人而尊神，進而激發人的道德理性。其次，是教孝，培養子孫對祖先的孝思，進而移孝作忠以尊君。〔註25〕而且，儒家又將「孝」轉化認證為「仁」的開顯，作為道德之「本」，「本立而道生。孝悌也者，其為仁之本與？」〔註26〕（《論語‧學而》）孝悌作為「溫情與善意」之「仁心」的發端，「發於仁心，乃有仁道。」〔註27〕因而，孝成為儒家道德的本原，為後世所強調。

（三）注重習俗中的「義」

從「神道設教」的態度，可間接看出孔子儒家倫理以禮（理）化俗的態度，但應該如何「去其糟粕，取其精華」，如何辨別揀擇習俗中好的因素，這更能顯示儒家對習俗的真切態度，這點可從《論語‧子罕》中的重要論述進行探察。「子曰：『麻冕，禮也；今也純，儉，吾從眾。拜下，禮也；今拜乎上，泰也，雖違眾，吾從下。』古禮中用麻做成的禮帽，既難又昂貴，今天的習俗用絲織的禮帽代替，孔子認為這很節儉，應該隨俗從眾。但如今行禮之人卻越位拜於堂上，這不免顯示出了驕恣怠慢，孔子認為在這點上不應該隨俗從眾，因為有損於對尊長的恭敬之「義」。這表明，孔子對於習俗的態度是一貫的「務民之義」的主張，對此朱熹引程頤評論說：「君子處世，事之無害於義者，從俗可也；害於義，則不可從也」。（《四書章句集注》）錢穆也認為孔子對習俗的態度是「有可從，有可不從……重在求其義，非一意尊古違今。此雖舉其一端，然教儉戒驕，其意深微也。」〔註28〕對於不合理之俗更應該注重以「義」來匡正、轉化習俗。

禮儀習俗在制定的時候，已將時人對天地鬼神的理解納入其中，在習俗的秩序設定中以效法天地、配合鬼神的文化傳統。《禮記‧禮運》曾記載了孔子的一段話：「夫禮，先王以承天之道，以治人之情，……是故夫禮必本於天，殽於地，列於鬼神，達於喪、祭、射、御、冠、昏、朝、聘。故聖人以禮示之，

〔註25〕參見韋政通：《中國文化概論》，長春：吉林出版集團有限責任公司 2008 年版，第 79～80 頁。
〔註26〕此段雖為孔子弟子有子所言，但未嘗不是孔子的思想的反映。
〔註27〕錢穆：《論語新解》，北京：生活‧讀書‧新知三聯書店 2012 年版，第 5 頁。
〔註28〕錢穆：《論語新解》，北京：生活‧讀書‧新知三聯書店 2012 年版，第 202 頁。

故天下國家可得而正也。」這種對於鬼神的態度，展現了儒家倫理對於習俗的開放式理解，即既剔除又繼承，剔除其中不符合理性精神和時代進步的過時觀念，至少是不再強調（如對鬼神的「遠之」），同時又小心翼翼地將其有益於道德的部分剝離分揀出來，這正從整體上對儒家倫理的合歷史—現實性形成可資利用的文化信仰資源。儒家對於俗的態度是「應於俗但不囿於俗。」如涂爾幹所指出的「任何道德都被融入了宗教性。甚至對於世俗心靈來說，義務和道德律令也都具有了威嚴神聖的特性。」〔註29〕儒家倫理所看重的正是對民俗宗教中義務和道德所具備的神聖性的搶救。

以此，相比道家與法家，儒家對「俗」持有一種既「理想」又「現實」的態度。「俗」即「人之常情」，一方面，儒家倫理對人的常情常理表現出了極大的尊重，另一方面，又不像法家轉而利用和強調人的庸俗生活，而是試圖予以提升、矯正，使之向善、向上。

在道家那裡「安時而處順，哀樂而不可入也」（《莊子·德充符》）。這種相對主義倫理觀具有超越目的性的一面，展現出「無所為而為」「無所待」，卻不可避免地要得出「道在屎溺」〔註30〕的結論。顯然，這種結論終究會導致道德主體的隱沒和消失。正如學者所言：「莊子對文明進程原本含有強烈批判性的自然之道，又很可能轉身從憤世嫉俗的決裂性出世態度沉入世俗。……但這種安於世俗的非價值批判，反過來卻可以意味著對世俗現狀全稱性的肯定性價值判斷。」〔註31〕因而注定對現存道德狀況失去提振的可能性，轉而淪為道德虛無主義。與此同時，法家雖則對世俗採取極端現實主義的思路，但因其將認定的「人性惡」作為起點，從而導致利用並操縱這種既定人性，從而在對世俗的絕對承認和「和光同塵」上，與道家保持了相當一致的結論，這從韓非子何以「解老」便可以看出。

與之相比，儒家倫理對於習俗的態度有耐人尋味的意義。儒家所採取的是一條現實的思路。即對於現有倫理資源和道德文化傳統的順承，但「順承」並

〔註29〕〔法〕涂爾幹：《亂倫禁忌及其起源》，上海：上海人民出版社2006年版，第185頁。

〔註30〕見《莊子·外篇·知北遊》：「東郭子問於莊子曰：『所謂道，惡乎在？』莊子曰：『無所不在。』東郭子曰：『期而後可。』莊子曰：『在螻蟻。』曰：『何其下邪？』曰：『在稊稗。』曰：『何其愈下邪？』曰：『在瓦甓。』曰：『何其愈甚邪？』曰：『在屎溺。』」

〔註31〕尤西林：《闡釋與守護意義世界的人——人文知識分子的起源及其使命》，上海：華東師範大學出版社2017年版，第253頁。

非意味著全盤接納。正如孔子所言「有所損益」。有學者關注到制禮作樂的「西周維新」對於儒家倫理乃至中國倫理型文化形成的意義〔註32〕，而實際上，以「制禮作樂」為內容的西周維新，雖始於西周，但實際上禮樂的理性化，真正意義上「人文」的完善，是持續到孔子時代的儒家才真正初步完成。《禮記·表記》傳孔子之言，總結道：「虞、夏之質，殷、周之文，至矣。虞、夏之文不勝其質，殷、周之質不勝其文。」孔子是在極力肯定周代禮制的「文」化機制、尊崇周代尚文的文化格調的同時，又對周代禮制日益走向繁瑣、僵化和因「文勝之弊」而產生的澆薄、巧飾風氣表達了不滿。儒家在對習俗的轉化中追求的是文質兼善、和諧相濟、避免偏勝的「時中」精神。

　　足見，儒家的「文化」倫理處理與習俗的關係時，在道德的世俗化傾向與超越性之間始終保持著張力，與世俗保持的一定的審慎抗衡，同時又不至於太過理想主義而如道家般循樸返質，對倫理進展持消極的態度。總體而言，從儒家文化倫理觀而言，習俗規範本身並不成為必然需要順從和承接的客體，而必須經由道德理性的反省、省察意識，一言以蔽之，需要「人文」加以「化成」，這也正區別於「習焉不察」、顓蒙不覺，完全強調「百姓日用即道」的晚明後儒命題。〔註33〕

3.2　移風易俗與儒家倫理的風化觀

　　本節所關注的是風俗所形成的社會風氣。「社會風氣則是指一定時期內社會群體內人們在日常生活中形成的思想言行方面帶普遍性的傾向，……一時的某一社會風氣如果遺傳下去，就會變成風俗習慣。」〔註34〕風俗問題被史學

〔註32〕倫理學者樊浩（樊和平）認為西周維新的主題和核心話語是「制禮作樂」，其不僅是一次最為重要的社會變革，本質上也是一次中國思想史上最為重要的倫理事件，是一次最具創造性的文化發現和文化選擇，其奠定了中國文化作為倫理型文化的原色與基調。西周維新最核心的倫理創造就是將作為自然法或習慣的禮成功地轉化為意識形態上的自覺主張和一套典章制度，從而以此為價值基準進行了社會生活秩序與人的生命秩序的自覺建構。參見樊浩：《「我們」的世界缺什麼》，《道德與文明》2012 年第 6 期。

〔註33〕如果就「百姓日用即道」這一晚明後儒命題作細密分析，其所強調的世俗主義立場未嘗不是對儒家兼具世俗和理想之「文化」倫理傳統的偏離，這已超出本文論述的範圍，此處不述。關於「百姓日用即道」之命題的反思參看尤西林：「百姓日用是否即道？——關於中國世俗主義傳統的檢討」，《哲學與文化》1994 年第 9 期。

〔註34〕嚴昌洪：《中國近代社會風俗史》，杭州：浙江人民出版社 1998 年版，第 40 頁。

家和民俗學家所廣泛關注，本節集中於儒家倫理的風化觀，故對「風」採取動詞式理解，因而所言的「風俗」是作為動賓結構的語彙，《周禮》言「俗者，習也。上所化曰風，下所習曰俗」，因而「風俗」就不與一般意義的習俗、民俗同義，而是指在環境造就的自然習俗之上所形成的民風民情經由在上者的教化和引導而成為「風化」，《漢書》載：「上之所化為風，下之所化為俗」，阮籍在其《樂論》中亦言：「造始之教謂之風，習而行之謂之俗」，都將「風」作為風教、風化來理解。可見，「風」俗是對民俗、習俗加以價值評判和意義評估，同時也是更具流動性、生成性的概念，以「寓教化於其中」，教化是風俗的來源，也即所謂移風易俗、化民成俗皆是就風俗而論。與民俗的自然、自發性不同，風俗強調的是有意識的、人為教化的過程。

3.2.1 風俗及其移易與「風化」理論

歷史上出現過許多有關「風俗」的解釋，最著名的要數班固、應劭和劉勰的「風俗」觀。

> 凡民函五常之性，而其剛柔緩急，音聲不同，係水土之風氣，故謂之風；好惡取捨，動靜亡常，隨君上之情慾，故謂之俗。（班固《漢書·地理志》）

> 風者、天氣有寒暖，地形有險易，水泉有美惡，草木有剛柔也。俗者、含血之類，象之而生。故言語歌謳異聲，鼓舞動作殊形，或直或邪，或善或淫也。聖人作而均齊之，咸歸於正；聖人廢，則還其本俗。（應劭《風俗通義·風俗通義序》）

> 風者，氣也；俗者，習也。土地水泉，氣有緩急，聲有高下，謂之風焉；人居此地，習以性成，謂之俗焉。（劉勰《劉子新論》）

在班固那裡，風俗建立在「民性」的基礎上，因民性民情語言的差異，加之自然環境的不同，而導致「風」的不同。俗則是民眾的好惡取捨隨著統治者的好惡而變化。應劭則將風看作是自然的屬性，是因天氣、地形、水泉、草木等自然環境差異，因這種自然差異而導致了民眾在性情、言語、動作上也不一樣。應劭強調了風俗生成的自然性因素，班固則同時強調了自然和社會因素對風俗的共同作用。劉勰則將風歸為自然，將俗歸為人為影響。

從以上三種風俗觀可以看到，風俗具有自然性和人為性兩方面的特點。

風俗的自然性。「風」是與自然事物相關的「氣」，自然之風引申為動詞風

是氣動的狀態。這是對風在自然意義上的解釋。既然風是一種「氣」,那麼風就意味著具有方向性、擺動性、不居性。以上說法,固然是對社會之「風氣」進行的一種自然性描述和比附,但實際上正說明了社會風氣具有同自然風氣一樣的看似難以描摹和捕捉的屬性。法國哲學家丹納就曾將風俗比作一個民族的「精神氣候」。「如果我們說有一種『精神的』氣候的話,那麼這就是風俗習慣與時代精神,它們同自然界的氣候起著同樣的作用。」〔註35〕因而古代用「風」來形容俗,足見風俗本身作為「精神氣候」的特徵。

　　雖然難以捕捉,但因存在著風影響下的「俗」,形成了相對穩定的社會差異,風俗具有穩定性。風俗一旦形成就會在代際之間傳承,持久地影響著人們的生活內容和形式。風俗是日常生活的模式化形態。是人們賴以生存發展的相對穩固的生活方式和行為模式,具有經驗和直觀的特徵。風俗一旦形成就成為相對獨立的具有其特定內涵的象徵符號系統。由所在群體凝結和賦予其特定的內涵和意義,這些內涵和意義為該群體所普遍認可和遵循,在該群體內部廣泛流通。因而,風俗又反映了一個群體的精神性特徵,是對表象化物質生活的深層精神結構的反映。因而中國古代將「風俗」和「人心」看作是緊密連接的範疇。如此,「風氣」又確實被認為具有極為重要的倫理意義和治理意義。「國之長短,如人之夭壽,人之夭壽在元氣,國之長短在風俗。」〔註36〕

　　風俗亦遵循著變易性,既可以通過內在的移風易俗,又可以通過外在的文化涵化而改變。風俗的自然性說明風與自然環境、自然的風氣有關聯,「風俗」一詞,所包含的自然變異動態性,就意味著「變異性」是風俗的根本特性之一。〔註37〕「世異則事變,時移則俗易。」〔註38〕風俗的移易和變遷是風俗的固有性狀,隨著社會變遷,時空轉化,風俗也會必然隨之產生遷移。

　　風俗的人為性體現為同類之間相互影響的「風從」效應。有學者認為,在春秋時期,「風」有形容動物牝牡相誘的意思,如《左傳·僖公四年》中「君處北海,寡人處南海,唯是風馬牛不相及也,不虞君之涉吾地也,何故?」其中的「風」正是「牝牡相誘」之意,這種傾向於原始的性吸引力在古代被稱作

〔註35〕〔法〕丹納:《藝術哲學》,彭笑遠編譯,北京:北京出版社 2012 年版,第 13頁。

〔註36〕〔宋〕趙汝愚:《宋名臣奏議》卷 110,《文津閣四庫全書》史部詔令奏議類第148 冊,北京:商務印書館 2005 年影印本,第 290 頁。

〔註37〕鍾敬文:《民俗學概論》,北京:高等教育出版社 2010 年版,第 14 頁。

〔註38〕〔漢〕劉安:《淮南子》,北京:中華書局 2012 年版,第 16 頁。

「風」﹝註39﹞。《周易‧乾卦》中也有:「同聲相應,同氣相求。水流濕,火就燥。雲從龍,風從虎。聖人作而萬物睹。」同類事物之間有相互感應、相互求合、相互依從的一面,事物總是相隨於同類,同類的事物之間能相互吸引,彼此感通,人也不例外。「同類相誘」可引申為同類之間的相互影響,如此一來,社會風氣之風也可就此引申出來了。

如果我們稍作發揮,便可以將「風從」這樣一種社會學現象看作是古代「風」觀念的理論提煉。是上下、官方與民間、民間內部相互影響、風從的狀態。也即是風俗是相互影響所形成的。雖然無法捕捉,但可通過俗的狀況來判定。風氣是社會輿論的力量,輿論是文化精神氛圍,具有一致性、發散性和公開性,在眾人之中形成一種傾向性態度和意見。社會輿論來源於具有解釋權威的力量。輿論是「眾人之見」,具有鮮明的是非傾向和權威強制力。與其他事物一樣人也有「風從」的本性,聖人如有內在的美好德性,也一定會對其他人產生吸引力和感召力,能「感通天下」,使人影從。古人對「風」的作用早有自覺:

　　　古之王者知命之不長,是以並建聖哲,樹之風聲。(《左傳‧文公六年》)

　　　旌別淑慝,表厥宅里,彰善癉惡,樹之風聲。(《尚書‧畢命》)

這兩條文獻說明在春秋時期,對「風」所具有的道德功用已成為時代的共識。儒家倫理對此頗有體察。儒家倫理對「風」之作用最早的倫理表達,應該追溯到孔子。季康子問政於孔子曰:「如殺無道,以就有道,何如?」孔子對曰:「子為政,焉用殺?子欲善而民善矣。君子之德風,人小之德草,草上之風,必偃。」(《論語‧顏淵》)孔子用風與草來比喻政治教化和民眾之間的關係,「風」之源是由有德之君子造就的,君子造成的清明之風會成為有影響力的風潮和風氣,足以影響到民眾的道德狀況,因而,不需要僅僅依靠律令和刑罰的外部力量。此種被學者稱之為「風化政治學」﹝註40﹞的理論,也是切入儒家倫理獨特性的重要向度,筆者認為此種理論亦可被稱之為儒家的「風化倫理觀」。

相似的論述也見於《孟子‧盡心上》,「故聞伯夷之風者,頑夫廉,懦夫有

﹝註39﹞ 此種解釋可參見李國文:《風馬牛不相及》,《中華讀書報》2018年9月26日第3版。

﹝註40﹞ 方朝暉:《「三綱」與秩序重建》,北京:中央編譯出版社,第246頁。

立志；聞柳下惠之風者，薄夫敦，鄙夫寬。」這裡的「風」雖可被稱為「風範」，但實際上正是伯夷、柳下惠等道德義士產生了內在的「德風」，這種德風會影響到周圍的時空環境和人們的道德觀念，產生一定的「風從」效果，進而「敦風化俗」使其他人也在道德上作出改善。

3.2.2 風俗的倫理性與以德化俗

（一）風俗具有價值上的好壞、美惡

與習俗在漢語表述上的某種客觀性中立性相比，風俗往往被賦予有好壞、薄厚等價值評判，如古人常常在風俗中用美、厚、雅、樸、淳、純、良等來形容良風美俗；用惡、陋、野、淫、澆、漓、浮等來形容歪風邪氣。對風俗進行倫理分類和倫理評判是古人風俗觀的重要原則。

儒家倫理中，荀子最早對風俗的道德價值進行了闡釋，其將風俗分為美俗和惡俗，稱「無國而不有美俗，無國而不有惡俗。」(《荀子・王霸》)將美好的風俗形容為，「故盜不竊，賊不刺，狗豕吐菽粟，而農賈皆能以貨財讓。風俗之美，男女自不取於塗，而百姓羞拾遺。」(《荀子・正論》)荀子還提出「儒者在本朝則美政，在下位則美俗」。(《荀子・儒效》)荀子的風俗觀，在側重民風氣質方面，在民俗的異同變化及其原因等方面，對後世尤有較明顯的影響。秦漢以降，從《史記》、《漢書》等開始，既接受了孔孟的一些觀點，又較多地繼承了荀子的思想，形成了一個重民風、民氣的傳統民俗理論。〔註41〕

通常意義上，風俗的好壞評價標準並不是唯一的。根據民俗學者的觀點，大體而言，可以概括為三種劃分標準。其一是從風俗本身的自然性質而言的，如是否符合時代的一般真善美的標準，據此，可以劃分美俗和淳俗、真俗等；其二是從風俗的社會性質而言的，如上流社會的風俗一般被稱為上風、雅俗，下層社會的被稱為野俗、樸俗。從這個標準而言，也可以分為城市風俗和鄉村風俗；更有從風俗的歷史性而言的，如推崇舊俗、故俗、本俗，將之稱為「正俗」，認為其更能代表歷史傳承而來的「正統性」〔註42〕，而新俗、新風則被認為是「異端」而難以被很快認同。

〔註41〕張紫晨：《中國民俗學史》，長春：吉林文史出版社1993年版，第62～63頁。
〔註42〕關於這三類風俗的價值劃分參考了王素珍：《差異與美惡：風俗的地理區劃與價值評判》，收錄於張勃主編：《中國人的風俗觀與移風易俗實踐》，北京：中國社會科學出版社2016年版，第38頁。

　　儒家倫理在面對風俗時也秉持了一貫的態度：「文質合一」、「過猶不及」。正如學者所言，「禮儀的洗練與知識的增加的確是好風俗的一個條件。粗野固陋的村夫不能形成好風俗。可是，跟城市的奢侈浮薄的風俗比較起來，農村人的天真與樸素卻值得稱揚的。『移風易俗』的目標並不是單純的『文明化』，也不是單純的『回到自然』，而是把教養、禮儀、天真的良知等各種要素綜合起來實現的『一團和氣』的理想秩序。」〔註43〕

　　即在評判風俗的薄厚、好壞時，需要依照現實的社會狀況，與以往歷史環境和社會環境相對照，要做到孟子式的「守經而達權」。孟子用「同乎流俗，合乎污世」（《孟子·盡心下》）來形容孔子口中的「鄉愿」之人為何被視為「德之賊」，鄉愿之人正是對頹靡風俗不加檢省和考察，而一味「閹然媚於世」，這種表面上「居之似忠信，行之似廉潔」，符合所有流俗之善的人，實際上卻在殘害真正的德性。「惡鄉原，恐其亂德也」，鄉愿之人不加分辨，而與俗「同流合污」從而使得道德的標準發生混亂。儒家對風俗的判定要求，就是要「反經」，返回儒家倫理的常道，「經正，則庶民興；庶民興，斯無邪慝矣。」對風俗的考察和價值判定，也必須依照儒家倫理的道德標準。在孟子所探討的「嫂溺，援之以手」和「舜不告而娶」的例子中，均反映了儒家倫理對於一般固化的「俗」所持有的「權變」態度。這意味著在原始儒家那裡，風俗倫常最終必須取決於人之常情的情感和欲求，符合情理交融的日常生活要求。這種對待風俗的態度正是朱熹所說的：「權而得中，是乃禮也」（《四書章句集注》），對待風俗亦是如此，「執中無權，猶執一也。所惡執一者，為其賊道也，舉一而廢百也」。（《孟子·盡心上》）

（二）觀風察俗與移風易俗

　　風俗有美惡、薄厚等道德價值類別，同時「風」的流動性和變易性也決定著風俗具有轉化的可能性和現實性，可利用其自身的流動和變易，將其導向正軌。從而，由邪而正，由薄而厚，以澆入淳，以野漸雅。正如古代風俗家所言，「風有薄厚，俗有淳澆，明王之化，當移風使之雅，易俗使之正，是以上之化下，亦為之風焉，民習而行，亦為之俗焉」〔註44〕。這種風俗轉化機制中，最

〔註43〕〔日〕岸本美緒：《「風俗」與歷史觀》，《新史學》（臺灣）2002年第3期，第7～8頁。

〔註44〕〔北齊〕劉晝：《劉子校釋》（卷9），傅亞遮校釋，北京：中華書局1998年版，第443頁。

重要的是要意識到「風」的流向具有規律性、可察性，這個規律就是「上風」與「下風」之間的互動影響，特別是「上風」作為「風俗之源」對風俗、風氣的流向和形成具有導向、型塑的作用。儒家倫理自孔子時代就已意識到風的這種「自上而下」的流向性。孔子的「風草之喻」〔註 45〕深刻說明了上風對「風」的引導性、規範性力量。

但也應看到，上對下的引導和規範並非單向性、直入性，下對上同樣具有反應性、互動性。風俗、風氣作為時代精神氣候的動態生成，既包含著自上而下、移風易俗的風化向度，又包含著自下而上、觀風察俗的向度。《毛詩正義》言，「上以風化下，下以風刺上，主文而譎諫，言之者無罪，聞之者足以戒，故曰風。」〔註 46〕，正強調了下對上形成風評和諷諫對風化的重要意義，這種自下而上的「風」，使得上位統治者能及時意識到政令的不足不暢，進而及時改正過失，調整方向，從而使上行下效的「政風」與民氣民風共同形成了一個「風」的精神氣候和社會氛圍。只有在「上風」和「下風」之間形成良好的互動，才能鑄造良好的社會風氣。

一方面，上風會對下風具有決定性影響，這也是移風易俗何以必要及何以可能的前提。周代「文德」政治已經相當注意匡正風俗、規勸人心的政治意義了，「先王之於民也，懋正其德而厚其性」（《國語‧周語上》），使民眾在「德」和「性」的方面得到正向的引導和淳厚的教化。儒家倫理對此多有繼承，特別是在關於上風對下風的影響，儒家倫理有較為豐富的論述。自孔子觀察到「君子之德風」，創設「風化倫理」的思路之後，就奠定了儒家倫理對風俗觀的整體態度，這種態度在後世得到了繼承和發揮。孟子言，「上有好者，下必有甚焉者矣」（《孟子‧滕文公上》），認為上位者的喜好會很大程度上影響下位者的選擇，並在下位者那裡得到更甚的崇揚。到了西漢大一統時代，更是尤為重視風俗的上行下效，司馬遷已認識到，「州異國殊，情習不同，故博采風俗，協比聲律，以補短移化，助流政教」〔註 47〕。強調要像協調五音聲律一樣，看待民俗風情，博采風俗中的優長，以移風易俗，補澆漓風俗之短，提振民風民情，將其作為助益政教的價值資源。劉向更是發揮了孔子的思想，認為「夫上之化下，猶風靡草，東風則草靡而西，西風則草靡而東，在風所由而草為之靡，是

〔註45〕「君子之德風，小人之德草，草上之風必偃。」（《論語‧顏淵》）

〔註46〕〔清〕阮元校刻：《十三經注疏》，北京：中華書局 1980 年版，第 271 頁。

〔註47〕〔漢〕司馬遷：《史記》，北京：中華書局 2014 年版，第 1175 頁。

故人君之動不可不慎也」(《說苑・君道》)。東漢應劭專作《風俗通義》，言「上行下效謂之風，眾心安定謂之俗」〔註48〕，對風作了動態生成的解釋，強調了風俗對於民間社會安定人心的重要作用。漢代「舉孝廉」等制度舉措很大程度上就可以看作是「風化」倫理的政治實踐，儘管其最後有所變異，但畢竟在其歷史時代發揮了重要作用，並成為催生科舉制的重要先行因素。

另一方面，移風易俗的實踐強調自下而上的風是治亂的表徵，進而強調觀風俗以知得失。風俗是透視社會、民間的窗口，對國家、社會而言具有極為重要的政治參考價值，「風俗」是儒家倫理的重要致思理路。「風」作為中國倫理思想中重要的原發性道德思維，與儒家倫理具有內在關聯。學者楊聯陞曾指出「傳統的史學家常以風俗之厚薄為時代盛衰的尺度，並非無據。」〔註49〕亂世常常是以風俗澆漓、民風奢靡為前兆，而歷史上的治世常常無不展現出風俗的淳厚和清明，上下之風的暢通無阻，民情民意的上達，綱常政令的順暢落實。這些都是風俗對於中國政治治理和道德治理的意義顯現。風俗、風教、風氣、風化這些詞彙都表明了「風」的倫理意蘊和道德之維。「風」的狀況是衡量社會治亂的重要標誌。

因而，風俗歷來得到了政治治理的重視。「王者所以觀風俗、知得失，自考正也。」〔註50〕觀風察俗，歸根到底還是要從道德治理上發現對錯得失，以不斷調整，達到更好的治理效果。中國古代有漫長的重視風俗的傳統，入境觀俗和采風問俗是中國傳統政治倫理的典型特徵。「天子五年一巡守……命大師陳詩，以觀民風。命市納賈，以觀民之所好惡，志淫好辟。」(《禮記・王制》)除了觀民風之外，還有「省風」「辨風」之說。

瞭解民風、民情無論是對地方官員還是對於一國之君而言，都是推行政治治理的第一步。「風行地上，觀；先王以省方觀民設教。」(《周易・觀・象》)「天子省風以作樂。」(《左傳・昭公廿一年》)在荀子那裡，「觀風」、「省風」具有特別的治理意義，一地之風俗即是由眼觀耳聽而來的言行舉止所透露出的百姓的精神狀態，「入境，觀其風俗，其百姓樸，其聲樂不流污，其服不挑，甚畏有司而順，古之民也。」(《荀子・強國》)聲樂、顏色所展現的「風」反映了一個社會治亂好壞的重要標準。「其服組，其容婦。其俗淫，其志利，其

〔註48〕〔漢〕應劭：《風俗通義校注・附錄》，北京：中華書局1981年版，第632頁。
〔註49〕楊聯陞：《國史探微》，瀋陽：遼寧教育出版社1998年版，第40頁。
〔註50〕〔漢〕班固：《漢書》(卷30)，北京：中華書局2014年版，第1708頁。

行雜，其聲樂險，其文章匿而采，其養生無度，其送死瘠墨，賤禮義而貴勇力，貧則為盜，富則為賊」（《荀子·樂論》），這些都被荀子視為「亂世之徵」。亂世和治世都可以通過對服裝、容貌、慣習、民眾的行為動機和行為方式、歌謠音樂、文采辭章、禮儀的豐儉、價值崇尚、貧富之後的表現等等，顯於外的「風」來考察判定。這一重視風俗的思路，一直貫穿儒家倫理的始終，明末清初的顧炎武認為「國家之所以存亡，在道德之深淺，不在乎強與弱。曆數之所以長短者，在風俗之厚薄，不在乎富與貧。」〔註51〕將道德的深淺和風俗的厚薄看作衡量國家存亡的重要指標，其實質正在強調國家所形成的「精神氣候」、「風氣」的重要性。

（三）風俗與道德教化

先秦以降，儒家倫理對移風易俗有較為系統的看法，雖在移風易俗的主張方面體現出時代的差異，但總體上移風易俗的思路形成於先秦儒家諸子。儒家常將「風」比喻政治治理，尤其是德治的方式。風是一種客觀狀態，也可以利用此客觀狀態來「化」民。這也是德治的主要方式，即，讓人在不知不覺中被感化、教化而自主向善，「眉睫之徵，接而形於色；聲音之風，感而動乎心」（《說苑·尊賢》）。風化之化，是一種微妙的感化，是通過表情、聲音而產生的「風氣」而直接對人心產生影響，從而使「民日遷善而不知為之者」（《孟子·盡心上》）。從「行風化」的方式來看，儒家在有關德治的方式上與道家趨同，主張「行不言之教」。

任何具有教化旨意的思想，都必然與一定的禮儀、風俗、儀式相關，才能切實地影響社會生活〔註52〕。儒家將移風易俗看作是「禮樂之文」的重要功能，荀子強調了禮樂的共同作用對風俗的移易，其言「故樂行而志清，禮修而行成，耳目聰明，血氣平和，移風易俗，天下皆寧。」（《荀子·樂論》）禮則會規約人們的日常行為，「禮之教化也微，其止邪也於未形」，在無形當中使人的行為合理化、規範化，在適當的場合表現出恰當的行為，「使人日徙善遠罪而不自知也」（《禮記·經解》）。禮樂同源，樂同樣具有移風易俗的功能，樂會滌蕩淨化人們的道德動機，陶冶感化人心，從心理、情感層面使人怡然向善，

〔註51〕〔清〕顧炎武：《日知錄集釋全校本·卷十三·宋世風俗》，上海：上海古籍出版社 2006 年版，第 759 頁。

〔註52〕李景林：《教化的哲學——儒學思想的一種新詮釋》，哈爾濱：黑龍江人民出版社 2006 年版，第 454 頁。

以善為樂，樂「可以善民心，其感人深，其移風易俗，故先王著其教焉。」(《禮記‧樂記》) 禮樂對人的心理和行為產生雙重影響，二者都具有潛移默化的教化作用。

制度規約需要風俗的配合。「一國之俗，善習長而惡習消，則為治國，反是則為亂。時之所以為否泰者，小在此而已」〔註53〕。俗往往與「習」相關，制度因其硬性規約而缺乏靈活性，若沒有習俗的配合，往往會缺乏有效性。與制度相比，風俗有著更為持久、深厚的影響力，對制度具有配合和支撐的作用。好的社會風氣源於人們深層的心理、精神層面的認同，無形之中薰陶浸潤，春風化雨，大長日久則會整合為群體共同的意識、情感，進而凝聚為社群共同的生活信念和精神理想。

道德觀念同樣依賴風俗的非制度性習慣力量。如果沒有穩定的風俗作為重複性實踐的力量，道德就會個體化、相對化。僅僅依靠個體的道德認知、價值選擇、情感信念，社會道德基準便無法維持長久。《論語‧雍也》載孔子言：「回也，其心三月不違仁，其餘則日月至焉而已矣。」也即是說即便是孔門的優秀弟子們，尚不能安於行仁，無法做到維持一貫的道德水準，不免在長時間裏呈現出德性上的不穩定性，對於一般人而言就更做到難了。於是，儒家對風俗對道德的鞏固持肯定的態度，尤其重視用提振風俗來倡揚道德，以「觀風俗，知得失」(《漢書‧藝文志》)，通過「彰善癉惡，激濁揚清」(《漢書‧薛宣傳》)、「拾遺舉過，顯賢進能」(《漢書‧蒯通傳》) 使道德風清氣正，推動儒家倫理深入到日常生活中，作用於民風、家風、學風之中。

一方面，風俗將道德理性溶於人倫日用之中，雖不可見但積習既久，就會成為巨大的道德力量。古代有「人倫日用之學」的傳統，「人倫日用之學」所包含的具體內容是指「通過將倫理觀念寓於日用器物之中，將有型可見的器物內化為理性的東西，使之秩序化、信仰化，在這內化的過程中，器物已超越他的使用價值，成為人們溝通道體的媒介。」〔註54〕其特點是「百姓日用而不知」，所謂「百姓日用而不知者，說萬方百姓，恆日日賴用此道而得生，而不知道之功力也。」「至於百姓，但日用通生之道，又不知通生由道而來，故云『百姓日用而不知』也。」〔註55〕即注重從日用實踐提煉人倫的理念，道德原

〔註53〕〔宋〕陸九淵：《陸九淵集》(卷9)，北京：中華書局 1980 年版，第 124 頁。
〔註54〕劉志琴：《重建百姓日用之學》，《歷史教學》2017 年第 6 期。
〔註55〕〔唐〕孔穎達正義：《宋本周易注疏》，北京：中華書局 1988 年版，第 351 頁。

則和倫理規範並不是完全依靠理性的思辨推理，而是基於人人可感可通的生活經驗和風俗習慣，這種「下學上達」的方式也被稱之為「實踐的形而上學」。「風俗之所由來，非一日也。」古代的「愚夫愚婦」正是在既定的日常生活的服食器用設定中完成了道德化育，在這個過程中，倫理觀念和道德價值通過日用器物的倫理化融入進了生活日用之中，所謂「理在事中，事不在理外，一物之中，皆具一理。就那物中見得個理，便是上達。」〔註56〕因而，「穿衣吃飯即是人倫物理」（李贄），服食器用和民俗民風在古代的倫理思想家那裡是實踐道德的手段，使百姓的生活日用倫理化，進而以倫理得以順理成章地統率生活。

另一方面，對百姓日用而言，風俗是一種更直觀、更感性的道德觀念，這種道德觀念附著在風俗之中，道德價值觀念和規範隨著風俗的世代自發傳承，成為約定俗成的公序良俗，具有引導和規約的雙重價值。風俗使得人們的日常生活與道德之間形成了自然的聯結關係，持續供給了人們的日常道德判斷，維護了「人之常情」。制度更是如此。與法律、法規等正式制度相較，風俗是非正式制度。若缺乏風俗、道德的配合則很難展開，它需要道德風尚作為支點與制衡性力量。事實上，「因俗制禮」、「則天垂法」是儒家倫理的一貫態度，既非簡單粗暴的否定，亦非全盤承接，而其關鍵正在於「化」。「風俗齊同」、風俗的醇正、樸厚是國家善治的表徵。同樣這得到了古代思想家的廣泛認可，通過辨風正俗、移風易俗以追求淳風美俗為目的。

3.2.3 聖賢君子是移風易俗的教化主體

既然風俗具有可轉化性，人在風俗面前可以有所作為，那麼，風化、教化應該由誰擔當移風易俗上的主體？主體必須具備什麼樣的條件，才能使得移風易俗具有可行性和有效性，進而才能使得儒家的倫理觀念和道德價值得以落實和確立？儒家倫理的回答是——君子、聖賢的人格典範。

（一）儒家倫理的「德性差等」思想

儒家倫理所重視的是人格的德性力量，對「小人」、「鄉愿」等人格的摒棄，對於君子、聖賢等人格典範的崇揚，構成了儒家倫理此岸超越性向度的主軸。據此，儒家倫理學誠為一種典型的世俗主義倫理類型，其所關注的理想人格是現實可見或實際可達的，這與宗教性的超現實、非實在「神格」相映照。儒家

〔註56〕〔宋〕黎靖德編：《朱子語類》，北京：中華書局1999年版，第558頁。

認為人是一個「類」存在，具有類的共同屬性，在此，人區別於動物禽獸，人作為一個「類」，固然引起儒家思想家們的注意，「但他們更側重從『類』之『等』的角度去考察問題。」〔註57〕也即是說，人作為類存在是普遍平等的，「聖人與我同類」，但因「性相近也，習相遠也」（《論語・陽貨》），在「類」的內部，由於後天積習所及，其在德性結果上並不是無條件的平等，而是存在著「等」，但這個「等」在儒家倫理那裡則主要是後天德性修養上的差等。

孔子首先在「知」的層次上劃分了四等：「生而知之者」「學而知之者」「困而學之者」以及「困而不學」的「下民」（《論語・季氏》），認為固然有一些「生而知之」的「上等」人，但大部分人都是通過後天的「學」來達成「知」的。孔子認為聖人雖然存在，但在現實中是難得一見的，「聖人吾不得而見之矣，得見君子者，斯可矣」（《述而》），因而德性典范主要體現為「君子」。據統計，有關「君子」的論述在《論語》中不下一百零六次。在孔子之前，「君子」是對具有貴族血統的身份稱謂，與德性修養無關，在孔子這裡被賦予完整而明確的道德內涵。與之相應，「小人」之前亦僅僅指一般的平民百姓，而無道德貶斥的意味。在先秦時期，君子主要是指「君」的後代，意為居於社會上層的貴族階層成員，當時是一種尊稱，突出的是「位」，是當時的「在位者」，也即統治階層成員的通稱〔註58〕。孔子將「君子」、「小人」之別的標準由「位」轉化為「德」，主張「德位相符」，如果不具備相應的道德修養，也稱不上為「君子」，甚至認為「德不配位，必有災殃。德薄而位尊，智小而謀大，力小而任重，鮮不及矣。」（《周易・繫辭下》）顯然君子的「德性」屬性要大過其「血統」屬性。即，「君子」不再由血統和先天的地位決定，也不再是權勢階層的專項名號，而開始向所有人開放。「君子」也即是可以通過人人可學而至的典範人格。「君子」、「小人」之別「開始由等級身份轉變為人格分層」〔註59〕。雖然先天的等級身份有所弱化，但「人格分層」同時證明德性差等的存在。

孟子繼承了孔子的「德性差等論」，認為「夫物之不齊，物之情也。或相倍蓰，或相什伯，或相千萬。子比而同之，是亂天下也。」（《孟子・滕文公》）認為「不齊」是人之常情、物之常情，不加區分比較而一味等齊同之，就會亂

〔註57〕劉澤華：《士人與社會》（先秦卷），天津：天津人民出版社1988年版，第201頁。

〔註58〕黎紅雷：《孔子「君子學」發微》，《中山大學學報》（社會科學版），2011年第1期。

〔註59〕陳衛平：《孔子君子論內涵的兩重性》，《上海師範大學學報》（哲學社會科學版），2009年第4期。

了標準和分寸。孟子的這種「差等」思路也貫穿在他的道德理論中,「天下有達尊三:爵一,齒一,德一。」朝廷尚爵,鄉黨尚齒,「輔世長民莫如德」(《孟子·公孫丑下》)爵位是政治地位中所尊貴的,鄉黨鄰里中年齡是所應尊貴的,而對於治世安民而言,最尊貴的莫如「德」了,因而「尊德」在孟子道德理論中佔據很大的分量:「尊德樂道,不如是,不足與有為也」(《孟子·公孫丑下》)。孟子通過劃分「天爵」和「人爵」,擴充和強調了「德」的尊貴地位,「仁義忠信,樂善不倦,此天爵也;公卿大夫,此人爵也。」(《孟子·告子上》)天爵在人爵之先,修其天爵則人爵從之。仁義忠信,對善的孜孜不倦是天生的「爵位」,只有通過後天不斷的修為才能保有,現實中的「人爵」不過是天爵的附屬品。

荀子從現實政治出發,將孔孟所持有的「德性差等論」拓展為「貧富貴賤之等」,並認為禮儀就是用來區分貧富貴賤之等的。「分均則不偏,勢齊則不壹,眾齊則不使」,分位不能均攤,勢位也不能等齊,「勢位齊而欲惡同,物不能澹,則必爭」,等量齊觀就會造成爭競,故需要制禮儀以分之,「使有貧富貴賤之等,足以相兼臨者,是養天下之本也」(《荀子·王制》)。荀子明確了基於德性的等級制對於政治統治的必要性,並認為應將善者與不善者分別待之以禮、刑,「兩者分別,則賢不肖不雜,是非不亂」(《荀子·王制》)。荀子此舉的實質是將君子、小人的德性人格納入到政治等級形態中,以德性高低來劃分社會等級。即便王公大夫之子孫,無禮義則歸之為「庶人」,而庶人子孫如能「積文學,正身行,能屬於禮義,則歸之卿相大夫」(《荀子·王制》),倡言「以聖王為師」(《荀子·正論》、《荀子·解蔽》),實際上是將儒家的德性差等思想,德配其位的思想,以模式化、等級化的方式重新落實、統一。

儒家認識到,人在德性修養上參差不齊,既有先進後進之別,又有高低之分,也即是「在人間有好人,有壞人,有人的德性的高低貴賤,沒有德性上的平等。」〔註60〕德性上的不平等這種現實一直貫穿於儒家的德性倫理之中,這種不平等也為「學以成人」、「學為君子」,不斷提升現實之我的德性位階,以成就君子之德提供了可能性和現實性。既使人在「過則勿憚改」中意識到君子之道,不會產生像聖人那樣高不可攀的距離感,又保持了對現實德性狀況的超越性,具有「極高明而道中庸」的指引性。後世儒家從現實的層面繼承了這種德性差等論,董仲舒在《春秋繁露·實性》曾論述了「聖人之性」、「中民之性」

〔註60〕 王進:《儒家倫理的基石及其價值──對賀麟〈五倫觀念的新檢討〉的一個延展性思考》,《哲學研究》2015 年第 8 期。

和「斗筲之性」，唐韓愈在《原性》中亦提出上、中、下的「性三品」說，至於宋儒，則又發展出了「天命之性」和「氣質之性」等說法，都無一不顯示了儒家的「德性差等」思想。

（二）君子聖賢──人倫之至者

儒家倫理從一開始就意識到在任何時代，品性極高修養極好的都始終是少數人，正是這少數人往往具有「為天下式」的「示範」意義。荀子曾定義了君子的「至文」：「君子寬而不慢，廉而不劌，辯而不爭，察而不激，直立而不勝，堅強而不暴，柔從而不流，恭敬謹慎而容」（《荀子・不苟》）。這少數人（君子）所具備的中庸之德，承載了「文」的內涵〔註61〕和道德教化的責任，為社會普遍道德的實現提供了可能性。社會學家潘光旦就注意到了儒家倫理學的核心詞彙「倫」字義本身就包含了高低的判別。他特別提出「倫」字不僅有類別之意，更有「流品」之意。「類別事實上既不會不有，流品也就不能不講，因為人是一種有價值觀念而巴圖上進的動物。……那倫字顯而易見是指的流品或類別。」〔註62〕潘光旦認為「倫」字除了表示人倫關係之外，其本身就包含著類別和差異性的意義。儒家倫理是承認人和人之間的差異性的，但是這種差異僅僅體現在成德方面。「倫」意味著人有「品」上的區分，這一品在早期儒家倫理體系中主要是對「人道」的先進、後進、先覺、後覺的次第和程度。孟子借伊尹之口闡揚：「天之生此民也，使先知覺後知，使先覺覺後覺也」（《孟子・萬章上》）。因為君子作為對人倫、人道的「先知」、「先覺」，故而「自任以天下之重」（《孟子・萬章上》）。

在儒家那裡，君子、聖賢正是對人倫之道有極度自覺，並對此種自覺有盡力奉行踐履之人，不僅如此，更代表了人之流品類別中的最高等級。孟、荀都先後表達過此意，「規矩，方圓之至也；聖人，人倫之至也。」（《孟子・離婁上》）「聖也者，盡倫者也。」（《荀子・解蔽》）「聖人」是人倫中最傑出的代表，因而天然具有教化的自覺和責任。孟子認為，伯夷、柳下惠分別作為「聖之清者」和「聖之和者」具有德性示範和道德教化的作用，「故聞伯夷之風者，頑夫廉，懦夫有立志。」「故聞柳下惠之風者，鄙夫寬，薄夫敦。」（《孟子・萬章下》）而孔子作為「聖之時者」則有「金聲而玉振」的作用。君子作為「德

〔註61〕君子有對「文」的自覺和擔當，正如孔子在面對人生挫折時曾不無自信地說道：「文王既沒，文不在茲乎？」（《論語・子罕》）
〔註62〕潘光旦：《儒家的社會思想》，北京：北京大學出版社 2010 年版，第 217 頁。

性權威」，之所以有教化之功，乃在於君子通過「為己之學」而對人倫之道有所自覺和持守，因而能「教」和「覺」後進、後知之人。「民之於道，繫乎上之教；士之於道，由乎己之學。」〔註63〕

德性典範人格對於人文化成具有特殊意義，君子或聖賢在中國倫理文化傳統中具有德性示範的作用也並非偶然。正如麥金太爾所言，「特性角色是其所處文化的道德代表」，通過這些特性角色，道德和形而上學的思想和理論展現為社會生活中的一種具體化了的存在。「特性角色是道德哲學戴的面具」〔註64〕。在上千年的中國倫理生活史演變中，孔子、孟子是仁德的化身，尾生是信用的化身，關羽則是義氣的化身、諸葛亮是智慧的化身等等，此種德性權威化為「特性角色」的達標，具有了極為穩固的德行教化意蘊。因而，「在中國傳統文化中，生命的意義和價值在於領悟並學習歷史上存在過的道德典範，並將這些典範接引、召喚至人們所生存的時代，也因此中國文化中的『時間』概念寓涵了某種『超時間』的特質」〔註65〕。

（三）德性權威的教化功能

《荀子‧禮論》中提出禮的三本說，「禮有三本：天地者，生之本也；先祖者，類之本也；君師者，治之本也。」將天地、先祖、君師，作為禮之三本，確立為中國信仰生活的核心。尤其是對「君師」的崇拜，使得儒家倫理（儒教）區別於其他宗教和倫理類型，「崇拜聖賢，是因為尊敬其對社會所盡的教化之功，尤其是因為尊敬其人格的偉大。尊敬其教化之功，決定了儒教的現世性；尊敬其人格的偉大，決定了儒家的自主性。現世性和自主性，就是儒教的特色所在。這一特色，使儒家不祈求天堂，也不企慕極樂世界，因為學習聖賢的人格，有而且只有從自己修養上下工夫。儒家之所以仍保留天地和祖先的崇拜，也只是要人圖報天地祖先對我們的生育之恩，並藉以有助於人的道德修養。」〔註66〕這一對君子聖賢等的尊崇，被美國學者希爾斯稱作是一種「實質性傳統」。

〔註63〕 〔宋〕陸九淵：《論語說》，《陸九淵集》（卷二十一），鍾哲點校，北京：中華書局1980年版，第264頁。

〔註64〕 〔美〕麥金太爾：《德性之後》，龔群、戴揚毅等譯，北京：中國社會科學出版社1995年版，第37頁。

〔註65〕 黃俊傑：《儒家思想與中國歷史思維》，上海：華東師範大學出版社2016年版，第25頁。

〔註66〕 韋政通：《中國文化概論》，長春：吉林出版集團有限責任公司2008年版，第83頁。

　　美國學者希爾斯將傳統分為「實質性傳統」和「非實質性傳統」，所謂「實質性傳統」，是人類原始心理傾向的表露，包括對祖先和權威的敬重，對家鄉和故土的懷戀、對家庭和親情的眷念等。大多數人天生就具有這種對「敬重」、「懷戀」、「眷念」之對象等實質性傳統的需要，缺少了它們人類便不能生存下去。他補充道，「實質性傳統」之所以長期受到人們的敬重和依戀，並對人們的行為具有強大的道德規範作用，是因為這些傳統往往具有一種神聖的克里斯瑪（Charisma）特質。這意味著，這種特質不僅是那些具有超凡特質的權威及其血統能夠產生神聖的感召力，而且社會中的一系列行動模式、角色、制度、象徵符號、思想觀念等，由於人們相信它們與「終極的」、「決定秩序的」超凡力量相關聯，從而同樣具有令人敬畏和依從的神聖特質。這樣，在社會中行之有效的道德倫理、法律、規範、制度和象徵符號等或多或少被注入了與超凡力量有關的克里斯瑪特質。〔註67〕也就是說在長久的對傳統的承襲過程中，君子、聖賢等理想人格和德性典範，已經成為一種希爾斯所言的「實質性傳統」而受到尊崇和模仿，成為型構人們道德生活的範型而具有道德動員和行動教化的權威力量。「德性權威」構成中國古典文化的「道統」，被看作是道德理想和倫理典範的象徵。政統重於治理，而以儒家道德教化為核心的德性權威道統教化則注重對民眾之導引、提升，旨在將人從混沌蒙昧之中提升出來，教化為「成人」。

　　韋政通曾引述顧頡剛的觀點，認為中國古代文化中存有四種偶像：一是帝系所代表的種族偶像；二是王制為政治的偶像；三是道統為倫理的偶像。四是經學為學術的偶像。這其中，又以道統統一一切。韋政通認為顧頡剛作此劃分固然失之過簡，但其指出道統在中國文化中具有崇高的地位卻是不錯。「道統代表中國古人的理想，也是行事的最高原理所在，並且相信這種理想、原理是萬古常新。」〔註68〕在上古巫術時代，「有些人，由於這種或那種原因，由於天賦才能的高低，被人們認為具有極大的超自然力量，從而逐漸從一般人中區分出來」。〔註69〕巫被認為是人類最早的知識分子〔註70〕，同時也是意義世界

〔註67〕 參看〔美〕愛德華·希爾斯：《論傳統》，傅鏗、呂樂譯，上海：上海世紀出版集團 2009 年版，譯序第 4 頁。

〔註68〕 韋政通：《中國文化概論》，長春：吉林出版集團有限責任公司 2008 年版，第 38 頁。

〔註69〕 弗雷澤：《金枝》上卷，徐育新等譯，北京：中國民間文藝出版社 1987 年版，第 159 頁。

〔註70〕 尤西林：《闡釋與守護意義世界的人——人文知識分子的起源及其使命》，上海：華東師範大學出版社 2017 年版，第 108～129 頁。

的掌控者和詮釋者。巫在遠古時代享有崇高和尊貴的地位。「巫之崇高，不僅在於巫對神性無限世界的信念，以及由此而來的超乎常人的想像力與堅強性格，而且特別在於，作為神—人交往的溝通者，巫不僅要對神性的徵兆負責，還要對人間的事變災異負責，這使巫成為真正現身的大公無私者。」西周以降，「巫術文化解體，巫術下移流散，憑藉儒士教授而得延續。由此發生的重要變化是，人文精神的理性逐漸取代了巫術與宗教權威」，〔註71〕必須說，伴隨此過程的，是儒家對巫之「怪力亂神」之部分的棄置，而將德性因素納入到士中，相剝離於「位」，首先以「德性」為其顯性標誌的「君子」、聖賢產生。「德性」維度的上升，使得君子、聖賢等「德性權威」得以穩固。「儒者以道自守，以教化為己任……如果在政治上不能實行抱負，就退而教授生徒，立德、立言、傳佈生教」〔註72〕君子、聖賢是引人向上超越的德性力量，君子雖不一定要具備具體的技術（「君子不器」），但一定必須是有德性的，脫胎於上古之「巫」的士君子「辨然否，通古今之道」（《說苑》），「士志於道」，成為踐行風化倫理觀的主體，以「教化」風俗為目的。

　　儒家風化倫理觀中，士君子、聖賢是主體，成為溝通上下，協調「風」「雅」的中介，士君子以「教化」自任，與中世紀歐洲的僧倡階層有所不同，作為知識階層主體的儒生是四民（士農工商）之首，在生活空間上並不獨立於民間社會，「以禮樂教化來移風易俗是儒生最根本的社會擔當」〔註73〕，正如荀子對儒家士君子之「特性角色」的自覺：「儒者在本朝則美政，在下位則美俗」（《荀子‧儒效》），《禮記‧緇衣》也說，「君民者，彰好以示民俗」。儒家士君子對自身角色有足夠的自覺，歸根到底是對儒家人倫之道所構築的意義世界經過體知和修己後達到的「先知」、「先覺」，通過此角色自覺積極營造和構築一套與意義世界相稱的社會秩序，這套社會秩序的中樞就在於對「俗」的干預和「風化」，於「人倫之道」而言，「仁者見之謂之仁，知者見之謂之知，百姓日用而不知，故君子之道鮮矣」。（《周易‧繫辭上》）所以，雖然「對意義的需要以及闡釋的能力為人類每一個體所潛在具有。但歷史與現實表明，相當多數的人終生沉淪於生存涵義世界而不知意義境界為何物，對意義境界的感受與自

〔註71〕尤西林：《闡釋與守護意義世界的人——人文知識分子的起源及其使命》，上海：華東師範大學出版社 2017 年版，第 128 頁。
〔註72〕韋政通：《中國的智慧》，長春：吉林文史出版社 1988 年版，第 113 頁。
〔註73〕惠吉興：《宋代禮學研究》，石家莊：河北大學出版社 2011 年版，第 156 頁。

發闡釋意義的努力往往是人生的瞬時片段。」〔註74〕意義世界基於人類意義感的客觀需要，因而意義世界的生成具有客觀性，但同時意義世界又必須以某一階層人的自覺闡釋為其必要條件。德性權威的出現，使得人倫之道和德性價值以形象化的方式出場，且不再是自發性、個體性，零碎的、不確定的、偶然的、多變的，而成為系統化的持續闡釋，德性權威作為教化的主體形成儒家的風化倫理觀，直接關切社會生活，以「教訓正俗」的方式，反思既成的風俗習慣，卻不斷形成對意義世界的闡釋和落實為社會秩序建構，對世俗社會習俗的反思與社會生活構成相切互成的關係。這也是儒家思想之能夠成為中國文化的教化之本的原因所在。

德性權威是儒家價值的「人格化」，是「以身體道」的群體存在，這個群體存在通過移風易俗對民眾生活產生價值引導和人格感召，從而踐行人文化成的教化實踐。移風易俗的教化實踐，「立足於傳統禮儀而使之發生一種意義轉變和精神的昇華，所以，保持傳統禮儀的完整性及其歷史因革的連續性，因任民眾生活樣態而提升之、點化之，稱為儒家落實其教化理念的基本方式。」〔註75〕而且相信經過士君子的以身體道，「教化已明，習俗已成，子孫循之，行五六百歲尚未敗也。」同時，儒者教化是對王者教化的重要補充，儒家倫理的價值很多情況下被現代學者僅僅限定在家庭倫理的範圍，而往往無視其精英主義的道德要求是政治道德所不可或缺的根本內容。由此導致的後果，政治利益壓倒政治品德，「政治人物特別是官員的公共形象，變成只是權力的佔據者，幾乎被社會目為道德的次品。」〔註76〕

要言之，儒家德性權威下的風化倫理觀的價值在於，為倫理學的落實和開展提供了可能，即回答了任何一種倫理學在討論何謂「好生活」「幸福」「好人」等問題時，必須首先確立誰能界定什麼是好生活、什麼是幸福以及怎樣才算好人這樣一系列的問題。顯然，這些問題不是知識論所能回答得了的，必須在實踐上具有可模仿性、可操作性。儒家倫理也必須面對這樣的問題，雖然這個問題常常是隱藏的，但也是至關重要的，關係到一個倫理學本身是否具有效力，

〔註74〕 尤西林：《闡釋與守護意義世界的人——人文知識分子的起源及其使命》，上海：華東師範大學出版社 2017 年版，第 105 頁。

〔註75〕 李景林：《教化的哲學——儒學思想的一種新詮釋》，哈爾濱：黑龍江人民出版社 2006 年版，第 455 頁。

〔註76〕 陳少明：《面對當代文化的儒學》，《廣西大學學報》（哲學社會科學版）2015 年第 5 期。

是否具備可信性、可行性的問題。在此需要看到,道德是一種特殊的人文價值,其不僅僅是一種知識,其傳播除了知識教化、理論宣示之外,更依賴於典範人格的示範和引領,道德典範所開闢理想的道德境界和精神高度構成一種感召性、型構性的力量,這是一般的知識所不具備的。正是儒家倫理重視德性權威的傳統,使得儒家倫理觀念下的君子聖賢具備某種正向引導和示範的功能,產生了教化與範導的作用,正如有學者所分析的那樣,儒家倫理所推崇的仁人賢士,君子聖人,並非神學意義上的「全人」,而是展現為某個或某些道德品質和道德德性的「示範」。這些示範的功能完全在於通過感化、引導與範導人做好人,行善事,在平凡生活中見證和彰顯德性。在此層面,儒家倫理亦被學者稱為一種「示範倫理學」〔註77〕。

3.3 禮俗互動與儒家倫理的社會秩序生成

通過對儒家倫理與習俗、風俗關係的闡釋,可以看到儒家倫理與「俗」之間形成既緊密相關同時又保持一定的張力的結構性關係。儒家義理對習俗進行價值提升、移風易俗是在「禮俗互動」的機制下完成的,禮與俗耦合成為中國倫理文化傳統中一個特有的系統,對儒家倫理與社會秩序的互動互生具有重要意義。梁漱溟曾提出「以道德代宗教」命題,並在其後提出了「以禮俗代法律」。「禮俗」是儒家倫理在社會秩序層面的核心概念。「儒家之倫理名分,自是意在一些習俗觀念之養成,在這些觀念上,明示其人格理想;而同時一種組織秩序,亦即安排出來。」〔註78〕儒家倫理以「以禮化俗」作為價值理想與目標,同時注重「因俗治禮」,這是一個禮與俗不斷互動的過程,其最終目的在實現「致中和」的社會秩序目標。禮最初源於俗,禮形成後對俗具有引領、規訓作用,俗是禮的落實,保留洗練了禮的精髓,得以實現「禮失而求諸野」。同時,俗的在地性和移易性也常常澄汰、淘洗「禮」之僵化、隔膜之因素,成為更新禮的動力機制。禮俗通過互動,使儒家倫理理念外化為現實社會的秩序,外化為實現個體至善的生活。此一儒家倫理理念落實為社會秩序的過程正與「禮俗互動」的機制密不可分。

〔註77〕 參見王慶節:《道德感動與儒家示範倫理學》,北京:北京大學出版社2016年版。
〔註78〕 梁漱溟:《中國文化要義》,上海:上海人民出版社2011年,第116~117頁。

3.3.1 禮、俗及其互動關係

「禮俗」既可合而言之，也可單用，合用時禮俗與習俗、民俗同義，指廣泛存在的日常生活中以人生禮儀為主導的儀節儀式活動。在「禮俗互動」這一表達中，為分開單用。如清代學者孫詒讓所言，「禮俗當分兩事，禮謂吉凶之禮……俗為土地之習。」〔註79〕與之相類，一般而言在民俗學者那裡，禮指制度化的國家禮制，包括典章制度和儀節禮儀。俗則指民眾自然生成的生活習慣〔註80〕，是一個地區和民族在長期的生活實踐中形成的社會風尚和民眾習慣的合稱。這通常是民俗學意義上所劃分的「禮」與「俗」。

本文在不改變民俗學業已形成的禮俗概念原意的基礎上，再進一步將禮和俗的概念進行倫理學意義上的縮小理解和細化處理。禮俗互動中的「禮」是剝離其外在的物化形態和制度落實，僅僅是指儒家倫理所倡導的道德義理和價值觀念，也即「禮義」或倫理之「理」。《禮記·仲尼燕居》言「禮也者，理也，樂也者，節也。君子無禮不動，無節不作。」禮的實質即是人倫之理，「禮者，理也，文也。理者，實也，本也。文者，華也，末也。」〔註81〕所以，歸根究底，民俗學中所指的典章制度和儀式節文也都是道德價值和倫理觀念的制度化落實。所以，包括樂在內的禮也即人文化成之「文」，「人文，人理之倫序，觀人文以教化天下，天下成其禮俗」（《周易程氏傳》），本文狹義的禮指的是儒家學者所闡揚的社會倫理關係或人倫之道，以及由此人倫之理所產生的忠、孝、仁、義、禮、智、信等道德觀念系統和德性體系。禮俗互動的「俗」則是社會大眾所積累的以習俗習慣為主要形式的日常生活。俗包含著日常生活的衣食住行等方方面面，其中很多是價值無涉的，也即「非道德習俗」。因而，此處的「俗」也是狹義的俗，即側重其中與價值選擇相關的俗文化部分，稱為「道德習俗」。就此而言，禮俗互動、禮與俗的關係就不僅是民俗學的話題，更是倫理學所要關注的話題。禮俗互動意味著，儒家之價值觀念與民俗生活形式一起，構成了儒家倫理作為一種倫理學說和道德哲學與日常生活秩序和社會秩序之間的現實互動關係。

首先，禮與俗的結構性關係構成儒家文化倫理觀下的社會秩序。梁漱溟先生對此頗有見地。其嘗言中國文化「以倫理組織社會」，化倫理於禮俗關係之

〔註79〕孫詒讓：《周禮正義》（第一冊），北京：中華書局1987年版，第71頁。
〔註80〕參看張士閃：《禮俗互動與中國社會研究》，《民俗研究》2016年第6期。
〔註81〕〔宋〕程顥、程頤：《河南程氏遺書》卷十一，《二程集》，北京：中華書局2004年版，第125頁。

中，形成中國特有的「禮俗」文化傳統，也使得中國的社會構造得以成形、社會秩序得以維繫。所謂「社會構造」也是基於儒家倫理而形成社會關係和社會制度，常被其概括為「倫理本位、職業分立」，而「社會秩序」則是此社會構造「形著於外而成其一種法制、禮俗」〔註82〕，梁先生認為「孝、悌、勤、儉」的道德自律精神是「維持中國社會秩序的四字真言」〔註83〕，維繫著社會關係和社會制度的實際運行。質言之，禮俗互動下的「社會秩序」的形成在梁先生那裡，所依靠的是「自力」、「教化」和「禮俗」的文化傳統。「自力」即個體和社會自身的主體性力量，「教化」的目的也在「培植禮俗，引生自力」，更好地發揮主體自身的力量，以形成本乎人情，合乎理性，與人心理深契的禮俗，三者都是依自不依他，啟發人的理性自反的態度，形成「向裏用力」的社會秩序。質言之，社會秩序的生成的核心是一種「自反的精神」，在「自力」不在「他力」，在「教化」不在武力，在「禮俗」不在法律，可見，梁先生所言的社會秩序，主要不是外在約束的制度和強制性的法制，而是從道德自律和教化而來的內在自生的禮俗、習慣。不僅如此，他還強調制度依靠於習慣，「缺乏此種習慣，則此種制度便建立不起來」〔註84〕。在文化比較意義上，梁先生認為西方社會秩序的維持靠法律，與之相比，「中國過去社會秩序的維持多靠禮俗」〔註85〕。總體上，禮俗互動的社會秩序是儒家之倫理道德所教化而來的自力、自律的價值觀念、「倫理情誼，人生向上」的精神習慣和生活態度，以及在此基礎上所形成的不假外力，「殆由社會自爾維持」，「寄於各方面或各人之自力」〔註86〕的禮俗傳統和社會倫理秩序。

其次，中國文化傳統中「禮」與「俗」更經常地被分別看作是文化大傳統與文化小傳統或精英文化與大眾文化的關係，此種說法最早是由美國人類學家羅伯特・雷德菲爾德（Robert Redfield）在其 1956 年出版的《鄉民社會與文化》（Peasant Society and Culture）一書中提出的。認為較複雜的文明中存在著兩個層次的文化傳統，開創性地使用了「大傳統」（great tradition）與「小傳統」（1ittle tradition）作為分析框架。認為文化大傳統是那些掌握書寫系統、并與政權相結合的少數精英所創造和支撐，且多半是經由思想家、倫理宗教家反省

〔註82〕《梁漱溟全集》（第 2 卷），濟南：山東人民出版社 1989 年版，第 162 頁。
〔註83〕《梁漱溟全集》（第 2 卷），濟南：山東人民出版社 1989 年版，第 186 頁。
〔註84〕《梁漱溟全集》（第 2 卷），濟南：山東人民出版社 1989 年版，第 20 頁。
〔註85〕《梁漱溟全集》（第 2 卷），濟南：山東人民出版社 1989 年版，第 276 頁。
〔註86〕《梁漱溟全集》（第 2 卷），濟南：山東人民出版社 1989 年版，第 20 頁。

深思所產生的精英文化。文化小傳統則是那些生活在鄉村，且不掌握書寫技術的鄉民、俗民所依賴的民俗生活文化。他認為以往的學者都集中在大傳統的研究中，而代表大多數民眾一般生活的小傳統文化也是不可忽視的部分。總體上，不論大傳統還是小傳統對一個文化整體而言都具有同等重要的意義。因為這兩種傳統常常是*互動互*補的，大傳統引*導*文化方向，小傳統卻提供真實的文化素材，必須綜合來看才能瞭解一個文化的整體。雷德菲爾德的理論在人類學中被廣泛接受和廣為運用，臺灣人類學家李亦園將此「文化分層」理論對應於中國語境中的「雅文化」和「俗文化」或「民間文化」與「士紳文化」，並認為中國文化自古以來就存在者大小傳統的分野，並且認為二者之間存在著微妙的互動關係〔註 87〕。一般而言，大傳統和小傳統之間既存在相互獨立的一面，另一方面也不斷地相互交流。大傳統是從小傳統中逐漸提煉出來的，小傳統則是源頭活水，同時，大傳統最終又必然會回到民間。

　　分屬大、小傳統的不同的文化群體對同一件事物的認知，其出發點和落腳點不盡相同，如祭祀對士大夫和儒家學者而言是一種儀式，甚或被視為一種教化的工具和穩定社會秩序的手段，但在普通民眾而言卻是供奉神靈、祈求平安的意義。在小傳統中，所關懷的主要不是教義經典或儒釋道在道德理念上的差異，而是如何尊奉神祇的教諭以保證福祉的降臨和延續，因而儒家倫理中的「神道設教」既具有信仰價值也有現實的功利價值。祭祀將現生和過世的人都看作是家族成員，並追求二者關係的和諧均衡，人際關係的和諧均衡是「把大傳統與小傳統密切扣連的主軸，大傳統也許較強調抽象的倫理觀念，小傳統也許較著重實踐的儀式方面，但是追根究底這仍是一件事的兩面。」〔註 88〕具體而言，正如社會學家楊慶堃先生所言，「祭祀是祖先崇拜的中心成份。儒家以祖先崇拜作為聯結親屬團體的方法，這是實現儒家計劃的社會組織的重要據點。祖先崇拜的世俗功能是培養親屬團體的道德，如孝道、忠誠、家族的延續等，對某些儒家學者來說，能達到這目的就算滿意了，但對一般大眾來說，祖先的靈魂會降福於生者是促使他們按時祭祀的重要原因……」〔註 89〕可見，「聖人明知之」而「百姓以成俗」，在君子以為「人道」，在百姓以為「鬼事」，這種觀念分野仍不妨礙使「神道設教」這一倫理文化設計成為穩定社會關係，

〔註 87〕　李亦園：《人類的視野》，上海：上海文藝出版社 1996 年版，第 141～144 頁。
〔註 88〕　李亦園：《人類的視野》，上海：上海文藝出版社 1996 年版，第 155 頁。
〔註 89〕　轉引自李亦園：《人類的視野》，上海：上海文藝出版社 1996 年版，第 146 頁。

「化成」社會秩序的方式。此即禮（大傳統）俗（小傳統）之間互動的一個例子。

最後，禮俗互動是傳統倫理—社會秩序形成的動態機制。禮俗互動所要解決的恰恰是儒家「精英倫理」所倡導的一套為人處世、處事的方式如何能下行到民眾的人倫日用之中的。對於倫理學而言，觀念下行與俗的融合互生是更需要關注的話題。因為，正如我們所觀察到的，歷史上有那麼多倫理思想和道德原則的提出，然而真正為人所踐行和遵循的少之又少，這種倫理文化傳統的機制是我們必須予以考察的，也是倫理學作為實踐學科在當下所要面對的現實問題。

道德原則的「俗」化，是儒家倫理的重要特徵。生活的形式常常是與意義附隨的，形式是賦予意義更堅實固化的「外殼」，借由此外殼，生活的意義才能在相當程度上得以確保和落實。就禮樂之文而言，禮樂是一種生存和生活形式，是儒家倫理精神和文化信念的傳達，這種傳達經由禮俗的生活形式不斷落實和具體化，反映著儒家倫理的精神旨趣和意義歸屬。「在華夏文化傳統中，作為文化觀念的禮樂總是在人的日用常行中得以展開與實現；與此同時，日常生活中的日用常行又都是有意味的，均蘊涵著一定的文化觀念與精神追求。」〔註90〕禮樂通過範導生活的日用常行，進而展現富有倫理意趣和道德感的生活日常。

在儒家的文化倫理視域下，道德不僅僅是作為精英的道德論述和道德論證而存在，而是普泛地滲透在民間生活和日常生活秩序之中。中國傳統道德的這種「上」「下」互動被民俗學家和生活史研究學者稱為「禮俗互動」現象，中國傳統倫理和民俗之間的禮俗互動現象受到了民俗學家的關注。禮俗關係表現為知識精英的道德實踐與民眾的社會實踐達成一種特有的「結構關係」。因而，中國傳統社會可以用「禮俗社會」來概括，其內核就在禮—俗、精英—大眾之結構關係所呈現出的文化上的特殊性。質言之，精英是道德的「施化者」；民眾則是理論上的「受化者」〔註91〕。

對禮俗互動的討論首先要明確道德作為一種特殊的文化現象，其是如何

〔註90〕 成守勇：《古典思想世界中的禮樂生活：以〈禮記〉為中心》，上海：上海三聯書店 2013 年版，導言第 3 頁。

〔註91〕 參見周福岩：《從民俗的視角看禮俗社會的精英倫理》，《民間文化論壇》2005年第 5 期。

發揮作用的。倫理學所關心的道德，不僅僅是道德理論和道德原則的邏輯完美性和自洽性，同樣更關心道德知識和道德理論如何能為人們所掌握和實踐，從本質上而言，後者是更重要和更為根本的問題。道德知識並非純粹的理論知識，而是一種「體認式」的知識。道德知識的產生傳播也不能僅僅依靠通常意義上的教育來完成，道德知識的獲取和傳習的場域在家庭、家族、鄰里、學校、社群，最後是社會。〔註92〕道德知識的特殊性表明，必須將中國傳統道德的生成方式加以認真考量。進而，「人文」何以「化成」社會秩序的問題就被濃縮為禮俗互動的關係問題。如民俗學者所注意到的，「禮」、「俗」代表了中國社會自古及今以來的某種普遍現象與社會思想的一般特徵。從社會實體層面而言，禮俗之間的互動實踐奠定了國家政治設計與整體社會運行的基本機制，以致五四以來的民族國家建構，因而應該成為「理解中國」的基本視角。〔註93〕從社會秩序層面而言，禮俗互動在儒家倫理觀念落實為日常道德實踐中同樣發揮了不可估量的作用。

3.3.2 禮俗互動：社會秩序整合的基本模式

（一）俗先於禮，禮源於俗

俗先於禮。「習慣」是個體對某種心靈傾向或行為方式的機械性反覆、重複練習所「定型」的精神、行為經驗樣式，是心靈秩序和行為秩序的統一，成為人的「第二自然」。風尚習俗則是一個群體的「集體性習慣」，「是日常生活中的集體記憶」〔註94〕。自有了人類社會，風俗習慣就伴隨而生，在不斷剝離動物習性的同時，約定俗成為穩定的生活秩序和社會習俗。日常儀軌、習慣風俗是一股無形的道義力量，是人們在不斷繼承歷史文化傳統中形成的心理、精神慣性和道德行為操作系統，型構了人們判斷是非善惡的慣常標準。「風俗傳承中存在著的是這個民族、社會、時代的精神本體」〔註95〕，對此風俗習慣人們不一定具有自覺意識，但通過反覆操練和日常實踐，使得「俗」成為不可小覷的社會規範力量。「俗」是使人們更便捷、更妥當地處理人倫相與關係的儀軌和方式，以使人們更好地應付社會生活、生產。

〔註92〕 參見萬俊人：《挖掘地方道德知識是道德文化建設的重要路徑》，《中國社會科學報》2013 年 11 月 15 日第 B02 版。
〔註93〕 參見張士閃：《禮俗互動與中國社會研究》，《民俗研究》2016 年第 6 期。
〔註94〕 參見高兆明：《論習慣》，《哲學研究》2011 年第 5 期。
〔註95〕 高兆明：《論習慣》，《哲學研究》2011 年第 5 期。

　　禮源於俗。儘管關於禮究竟起源於何有很多不同的說法〔註 96〕，但這些說法都呼應著禮的風俗起源。正如劉師培所言：「上古之時，禮源於俗。」〔註 97〕本文從之，如本文所分析過的，儒家對習俗採取「損益」的態度，並意圖在風俗中發現理性和常道。俗是無意識的習慣，一旦人們有了自覺，並意識到這套方法並不是固定不變的，但變中有常，禮就產生了。此「常」就是人們對人與人之真實、真誠倫理關係的重視和維繫，對道德價值的覺解。對此，美國民俗學家薩納姆認為人類的生活不是來自任何偉人創造的哲學和倫理思想，恰恰相反，「世界觀、生活策略、是非、權利和道德都是民俗的產物」，他甚而認為「哲學和倫理是民俗的產物」，是從德範（mores）〔註 98〕中抽象出來的。因而，與「德範」相比，倫理「絕不是本源性的和首創性的」，「是第二位的和派生的」。〔註 99〕道德來源於習俗，都是地方性知識的構成部分，習俗、民俗是正確的生活策略，使人們的生活得以便利地開展，尤其是在應付人生生活的重大關頭時為人提供歷史積累的智慧和經驗，使其安然過關。習俗具有偶發性，且常常是價值無涉的。習俗上的「正確」做法，是基於生活上的便利和輕省。

　　與此同時，俗又是人對自然環境和自身欲望的直接回應，因而缺乏必要的節制和理性反思，處於良莠混雜的狀態。禮則是人們基於對俗的哲學理性的反思，對人際關係、人倫關係之道德品質積極提升和建構的產物，此自覺也伴隨著道德從習俗中的分化。禮俗互動的機制，使得作為「禮」的儒家倫理既不斷改造慣常的俗。「禮」脫於俗的過程正是「人文」產生的過程，禮儀的出現，「文」意識的覺醒，是儒家「人文化成」之文化倫理之產生的理論前提。如荀子對禮的出現所論述的，人無禮則不生，事無禮不成，國家無禮不寧。禮「治通」了人的「血氣、志意、知慮」等心理情感，而非流於「勃亂提僈」；使人的「食飲、衣服、居處、動靜」等日常生活和諧、合理而有節制（「和節」），而不「觸陷生疾」；使人的「容貌、態度、進退、趨行」等行為舉止優雅而有

〔註 96〕如有「風俗說」、「原始儀式說」、「史前宗教祭祀說」、「飲食分配說」、「人情說」、「禮物交換說」等不同說法。

〔註 97〕劉師培：《古政原始論》，《劉師培全集》（第 2 冊），北京：中共中央黨校出版社 1997 年版，第 54 頁。

〔註 98〕「德範」（mores）在薩納姆那裡是包含著倫理準則和有關社會福利的思想行為範式，如禁忌等蘊涵道德內涵的道德性習俗。

〔註 99〕薩納姆：《民俗》31 節、44 節。參見高丙中：《民俗文化與民俗生活》，北京：中國社會科學出版社 1994 年版。

風度，而非「夷固僻違，庸眾而野」(《荀子·修身》)。這正表明，禮雖源於俗、應於俗，但同時又對俗產生了「化」、「導」的人文化成作用。

儒家的倫理思想滲透進民間，鄉規民約、俗規裏制都被禮法的思想大大影響了，因而，儘管各地風俗在形式上呈現出多元差異，但往往透露出「同質」的內容──禮法名教思想。費孝通在其《鄉土中國》中指出，中國傳統社會是不同於西方法理社會的禮俗社會，「禮是按著儀式做的意思……不是靠一個外在的權力來推行的，而是從教化中養成了個人的敬畏之感，使人服膺。」〔註100〕禮是儒家倫理精神和道德觀念的具體化、形式化、實踐化，禮將形而上的儒家倫理觀念以非制度化、非法律化的方式內化為人們習以為常的價值觀念和行為方式。禮以一套具有象徵意義的行為程序及結構來規範、調整個體與他人、宗族、群體的關係，「由此使得交往關係『文』化，和社會生活高度儀式化」〔註101〕。社會道德、知識精英通過以禮化俗、禮俗互動的過程把儒家「人文」的觀念形態推向下層民眾，從而使世俗生活理性化、禮儀化、文明化。中國古代之所以能夠成為一個長期統一的社會，正在於社會精英的價值倡導與民間文化的價值認同之間形成了良性互動，使得統治者和精英所倡導的道德價值與民間社會的生活實踐相互合拍，從而最大限度地實現價值共識。這即是禮俗互動的過程，這個過程包含著互相聯繫的兩個方面：價值觀念的世俗化以及人倫日用的倫理化。

（二）以禮化俗，禮俗整合

一方面，禮可以化俗。「教訓正俗，非禮不備」(《禮記·曲禮上》)，移風易俗必須以禮為手段、為標準。《孝經·廣要道》引述孔子的話：「移風易俗，莫善於樂；安上治民，莫善於禮」，禮俗互動使得儒家倫理道德觀念在經過士大夫具有邏輯性的總結和闡揚之後，又能通過人文化成的過程落實為社會生活層面的風俗習慣，在日常生活中有所表現。以禮化俗，在於使俗成為合理的行為方式的積累，以成就社會善良的風俗習慣，通過「齊之以禮」從而使風俗淳化，不同於法的強制和懲罰，禮是啟發和薰陶，「由『齊之以禮』，以至『化民成俗』」，一方面可以使社會的秩序與自由得到調和，一方面可以鼓舞人的積

〔註100〕 費孝通：《鄉土中國·生育制度》，北京：北京大學出版社 1998 年版，第 55 頁。

〔註101〕 陳來：《古代宗教與倫理》，北京：生活·讀書·新知三聯書店 1996 年版，第 248 頁。

極向善的精神，此即所謂『有恥且格』。」此處之「格」被徐復觀先生解讀為感通、感動。〔註102〕儒家倫理即便再具有理論說服力，如果不能進入民間生活，也無法成為型塑傳統社會生活的力量，更不會鍛造出中國文化之為倫理型文化的特徵。「人文化成之於社會的最終現實效果，是形成了傳統中國兩千多年的禮俗社會。尊道重德、尊禮入俗，成為現實社會在『法』的規制之外的重要社會生活形態，也是民眾生活自覺或不自覺的規矩導引。人文化成所開出的文化小傳統的生活樣態，使得《三字經》、《孝敬》等典籍教育進入民眾的日常生活情態之中，『仁義禮智信』、『孝敬長輩』、「遵從父兄」、『遵守婦道』等成為鄉民生活之基本禮俗。」〔註103〕

以禮化俗在中國傳統倫理中還有一類特別現象是，對民間信仰的道德化。民間所崇拜的神明，大都是故去而對社會有特別貢獻的人。所信仰的「神」都是由人「升格」而成的。正如《禮記・祭法》中所言：「夫聖王之制祀也，法施於民則祀之、以死勤事則祀之、以勞定國者祀之、能御大災則祀之、能捍大患者則祀之」。在儒家倫理觀念中，凡是曾為民施法、以死勤事、以勞定國、禦災、捍大患等有功於民而貢獻民族、社會、國家者，就可以受到祭祀供奉而從人升格為神。如民間廣泛存在的孔廟、關帝廟、岳飛廟、文昌廟等等，都是古代的仁、義、忠、智等「德性權威」的代表，「這種以人為出發的超自然觀，不但崇拜有貢獻的人使之為神，而且也把自然崇拜的對象人格化了」〔註104〕。這種民間信仰的道德化說明，儒家倫理所倡揚的人可以通過不斷的修養，「拯溺扶危」、立德立言立功，為社會做出不朽之貢獻，成為德行表率，就可以超越人的境界，而臻於神的境界，人與神的關係並非像西方宗教倫理中那麼遠隔雷池，判然有別。以此，儒家的德性權威也成為民間宗教的「神話」傳說素材，成為儒家倫理教化的重要民俗依託。

故而，禮借用於俗積澱的程式化、凝聚性、約束性力量，不斷整合和改造俗的內核，將倫理原則和道德價值融入其中，提升、拔高俗的固有功能，從而展現出禮的教化和社會整合功用。「禮者，因人之情而為之節文。」（《禮記・坊記》）禮是對人情合理合宜的節制，將文與質相調和。要「稱情而立文」，使人更恰當更合宜地表達道德價值和真情實感，將節制、度、中、義等內涵注入

〔註102〕徐復觀：《中國思想史論集》，北京：九州出版社 2014 年版，第 260 頁。
〔註103〕奚彥輝：《中國人文化成思想的本土心理學探究》，哈爾濱：黑龍江大學出版社 2012 年版，第 15 頁。
〔註104〕李亦園：《人類的視野》，上海：上海文藝出版社 1996 年版，第 281 頁。

俗之中，特別是為俗加入「理」和「德」的倫理要素，以「審好惡、知風俗」，達到「以禮節俗」的目的。

另一方面，俗小可以治禮。俗具有靈活性的一面，源於生活處境的多變和日常生活道德場景的多樣化和移易性，因而，俗可以促進禮的變化、發展與完善，並非完全受禮的單力面影響，禮俗是相互吸納不斷磨合的過程。以下這則歷史案例則凸顯了儒家道德治理中對俗的重視，如何對待俗，也即是如何對待民。《史記》卷三十三《魯周公世家》記載：「魯公伯禽之初受封之魯，三年而後報政周公。周公曰：『何遲也？』伯禽曰：『變其俗，革其禮，喪三年然後除之，故遲。』太公亦封於齊，五月而報政周公。周公曰：『何疾也？』曰：『吾簡其君臣禮，從其俗為也。』及後聞伯禽報政遲，乃歎曰：『嗚呼，魯後世其北面事齊矣！夫政不簡不易，民不有近；平易近民，民必歸之。』」周公由伯禽和太公二者如何對待禮和俗的態度，就看到了齊、魯的治理前景和國家命運。在如何對待禮和俗的態度上，《禮記・曲禮下》有言：「君子行禮，不求變俗」。陳澔認為此句本義為「言卿大夫有徙居他國者，行禮之事，不可變其故國之俗，皆當謹修其典法而審慎以行之。」（《禮記集說》卷一）也即是說俗本身有其自發性、穩定性、地方性的一面，禮必須簡易近民，同時禮的介入和化育必須按照民眾日常生活的邏輯進展，才能持續作用於地方生活，賦予民眾個體以生命歸屬感和生活意義感，也才能成為型塑社會生活的現實力量。從禮俗互動的文化整合而論，以禮化俗並非以禮取代俗，而是因俗以行禮，以禮來統俗，從而達到禮俗合一、化民成俗的目標。如宋儒楊時所言，「五方之民皆有性也，其安居、和味、宜服、利用、備器，不可推移」，禮的目的在「因之以達其志，通其欲為之節文，道之使成俗也」，因而，不能講禮作為完全剝離於俗的高高在上的東西，禮與俗本為一事，「離而二之則非矣」〔註 105〕。

無論是以禮化俗還是俗以治禮，禮俗互動的過程表明禮與俗並非判然有別，在生活事實層面，寓禮於俗，以禮節俗，禮與俗往往緊密相連很難劃分。學者劉志琴對禮俗互動思想進行了較為充分的闡揚，並認為應該從社會事實出發，從貼近社會生活的視角考察來突破觀念史的侷限，從禮俗互動中對中國思想史價值進行重新評估。她認為禮俗的分立和互動表明，俗上升為典章制度的禮就具有了規範和強制的力量，從而要求對俗進行教化、整合，同時精英文

〔註105〕 轉引自惠吉興：《宋代禮學研究》，保定：河北大學出版社 2011 年版，第 156
頁。

化則通過以禮化俗把價值觀念推向下層民眾生活，使精英思想社會化，世俗生活理性化。這就是「禮俗整合」。禮與俗的界限進而變得不甚清晰，禮俗依存，禮中有俗，俗中有禮，雙向地增強了精英文化與民間文化的滲透。在儒家的文化倫理觀下，以禮化俗產生了教化意義，推動了精英思想的社會化、民間化。特別是宋明以降，禮和俗的界限進一步模糊，禮逐漸突破了「禮不下庶人」的傳統，儒家禮制對庶人的影響不斷趨於擴大，禮制逐漸下滲推動了「禮下庶人」的進程，尤其是「宋朝《政和五禮新儀》的頒布和實施，完成了『禮下庶人』的轉捩」〔註106〕，這也意味著宋明以降，儒家倫理不斷地世俗化、生活化，與民間生活融為一體，儒家倫理完成了其理論與現實的勾連統一。

3.3.3　禮俗中和與社會秩序的風俗美

倫理觀念和道德價值與民間生活、「過日子」的倫常形成互動共生的關係，這是中國傳統倫理學特別是儒家倫理的重要命題。中國有禮俗結合的文化傳統，以此引導和規範民眾的言行舉止，因而，不同於講究絕對法制的西方社會。民俗文化積澱著群體的生活智慧與集體意志，承載著千百年來民間社會形成的道德觀念、精神需求、價值體系等，構成了一種相對穩定且具備自治功能的群體行為規範。〔註107〕以此，儒家倫理道德積澱為日常生活方式的一部分，自覺不自覺地留存於每個中國人身上，其源頭活水乃是人的道德生活和日常倫理的相與關係。禮俗互動的機制，也即「禮」與「俗」雙向模塑的結構性關係，使得儒家倫理建構下的社會秩序具備內生性和穩定性，「禮俗本來隨時在變的，其能行之如此久遠者，蓋自有其根據於人心，非任何一種勢力所能維持。」〔註108〕社會秩序的本源在依賴禮俗所產生的道德自律，而非制度規約的他律力量。禮俗互動的道德整合機制展現了儒家文化倫理在社會秩序層面的價值目標——致中和。

倫理原則和道德規範從來不是聖人君子的單方面理論宣喻，任何具有現實感的道德理論都會重視民間自我生成的習俗規範力量。儒家倫理通過禮俗互動的機制讓我們看到，道德理論作為精英文化看似是高高在上的教化力量，但實則，作為禮的道德倫理，是從「俗」發展流變而來，經過理性反思而確立為原則、理則，而且在其經過知識精英和道德權威的系統化、知識化後，仍然

〔註106〕　參看楊志剛：《禮下庶人的歷史考察》，《社會科學戰線》1994 年第 6 期。
〔註107〕　參看張士閃：《禮俗互動與中國社會研究》，《民俗研究》2016 年第 6 期。
〔註108〕　《梁漱溟全集》（第 3 卷），濟南：山東人民出版社 1990 年版，第 119 頁。

要以「觀念下行」的方式與民眾日常產生互動互涉，交流融通，期間既有齟齬又有對話，謀求在對話、合作中相互塑造中，從自發性的日常習俗逐漸上升為抽象、系統的公共價值，公共價值又在不斷改善習俗規範中，進一步凝結為倫理關係，提升社會道德生活的品質。這其中既有精英文化的高度反思介入其中，更少不了民眾的生活智慧和集體意志的參與，以此，才能形成具有時代性和社會現實性的道德觀念和高品質的倫理關係。禮俗構成社會生活秩序的主要內容，而禮俗互動則是社會秩序的構造方式。

禮俗互動反映了儒家倫理思維中「允執厥中」（《尚書・大禹謨》）、「允執其中」（《論語・堯曰》）以及《中庸》中「執其兩端用其中於民」的思維方法。《中庸》中也曾提出，「極高明而道中庸」，朱熹解為「庸，平常也」。「夫婦之愚，可以與知焉，及其至也，雖聖人亦有所不知焉；夫婦之不肖，可以能行焉，及其至也，雖聖人亦有所不能焉。」（《四書章句集注》）中和、中庸的思維方法，也反映和型構著儒家倫理中禮與俗，人道理則與日用常行，道德理論和道德實踐的關係。將「聖人」與「愚夫愚婦」看作同樣的道德主體，具備同樣的道德思維和道德能力，因而，聖人之「禮」與愚夫愚婦之「俗」共同構成儒家倫理的整體。進一步而言，此處所言的「致中和」是對儒家禮俗互動的社會整合機制中禮和俗關係的描述。禮和俗始終是儒家倫理之社會秩序生成的核心概念。這意味著，在理想性的「禮」和現實性的「俗」之間保持必要的張力，「禮」不能高遠迂闊，同時又不能全然緊貼於「俗」、迎合於「俗」，而保持必要的導引、化成功能。「致中和」的倫理—社會秩序建構思維也指引我們重思倫理思想史與道德生活史的關係。美國哲學家威廉・詹姆斯（William James）認為，道德哲學塑造人，但日常生活中的每個人也未嘗不在每一刻塑造著道德哲學。「我們大家都在為人類的道德生活盡力，因而我們每一個人都能決定道德哲學的內容。」〔註109〕道德哲學的理性反思最終要成為型構社會秩序的觀念力量，禮俗互動的致中和思維恰恰反映了儒家倫理對這一觀念的回應。

民俗學家李亦園將「致中和」看作中國文化的終極目標和至高境界。「人際關係的和諧向來是中國文化價值系統中最高的目標，所謂以倫理立國的意思即在於此。」〔註110〕不僅倫理之用是追求人際、社會的和諧，「致中和」也

〔註109〕 William James，Pragmatism and Other Writings（NY：Penguin Books，2000），p.242.轉引自王汎森：《思想是生活的一種方式：中國近代思想史的再思考》，北京：北京大學出版社 2018 年版，第 29～30 頁。
〔註110〕 李亦園：《人類的視野》，上海：上海文藝出版社 1996 年版，第 154 頁。

是禮俗互動儒家倫理─社會秩序的目標。「由於如此深厚地存在於大小傳統的文化脈絡中，所以這一致中和、追求均衡和諧的理念始終是士大夫知識分子思維推衍的中心」，在此影響下，追求個體與家庭的和諧則是一般民眾日常生活的重心」〔註111〕追求大小傳統、道德理論與道德實踐契合的「中和之道」，以形成穩固、內生的社會秩序範型，是儒家倫理理論的社會秩序目標所在。

「人倫日用之學」的命題的出現是「致中和」倫理思維的具體展現。「人倫日用之學」是明代陽明後學孕育出的新思潮。針對其時，禮俗互動出現的非「中和」狀態，即儒家倫理在宋明理學的繁盛下，天理與人慾、禮與俗之間罅隙擴大，進而使「禮」逐步走向壓抑人性，王艮認為人慾和天理並非決然對立，而應順人慾而應天理。據此人倫日用之學疏通了天理和人慾之間的對峙關係，「天理者，天然自有之理也，才欲安排如此，便是人慾。」〔註112〕強調人慾是天理的自然表現，二者非決然對立。「人倫日用之學」所包含的具體內容是指「通過將倫理觀念寓於日用器物之中，將有型可見的器物內化為理性的東西，使之秩序化、信仰化，在這內化的過程中，器物已超越他的使用價值，成為人們溝通道體的媒介。」〔註113〕其特點是「百姓日用而不知」，所謂「百姓日用而不知者，說萬方百姓，恒日日賴用此道而得生，而不知道之功力也。」「至於百姓，但日用通生之道，又不知通生由道而來，故云『百姓日用而不知』也。」〔註114〕即注重從日用實踐提煉人倫的理念，道德原則和倫理規範並不是依靠理性的思辨推理，而是基於人人可感可通的生活經驗和公序良俗。古代的「愚夫愚婦」正是在日常生活的服食器用的設定中完成了倫理教育，在這個過程中，倫理觀念通過日用器物的倫理化融入進了生活日用之中，所謂「理在事中，事不在理外，一物之中，皆具一理。就那物中見得個理，便是上達。」〔註115〕服食器用和民俗民風在古代的倫理思想家那裡是實踐道德的手段，使百姓的生活日用倫理化，進而以倫理得以順理成章地統率生活。

臺灣學者王汎森先生曾頗有見地地指出，近八百年來東亞思想界影響最大的是宋明理學。儘管宋明理學在理氣心性方面的思想，牛毛繭絲，細入毫芒，達

〔註111〕 李亦園：《人類的視野》，上海：上海文藝出版社1996年版，第156頁。

〔註112〕 〔明〕王艮：《王心齋全集》，陳祝生等校點，南京：江蘇教育出版社2001年版，第11頁。.

〔註113〕 劉志琴：《重建百姓日用之學》，《歷史教學》2017年第6期。

〔註114〕 〔唐〕孔穎達：《宋本周易注疏》，北京：中華書局1988年版，第351頁。

〔註115〕 〔宋〕黎靖德編：《朱子語類》，北京：中華書局1999年版，第558頁。

到非常高的境界，但是「真正化作現實生活中的影響，卻很少是這些『牛毛繭絲』的東西，而往往是四書形形色色的注本，甚至是幾句簡單的口號。」〔註116〕與宏大繁複的理氣心性思想相比，「宋明理學的若干稀薄的思想元素滲到下層，成為一種勢力。透過格言、聯語、小說、戲曲的影響，為人們所日用而不知。」〔註117〕他由此認為，思想史工作者除了注意到理學家們的理論外，還應注意那些擴及人們日常生活的思想層次，如「道心─人心」、「理─欲」、「公─私」等等這些高度生活化的儒家思想塑造了人們的內心構造，在此基礎上還出現了諸多的「雜書」、俗文本〔註118〕，這些共同構成的「思想的氛圍」，它們以一種適應現實的「可行動化」方式進入人們的意識之中，左右著人們的道德選擇和生活走向，對日常生活觀念、人生的價值觀念起了很大的型構作用，「它們成為一種理想、一種語言、一種評價標準，形成一種與人生歷程彷彿性的情節與架構，決定了許許多多人生的走向，並多少決定了歷史的動向。」使得人們在日常生活中該追求什麼、該否定什麼方面形成了一個穩定的道德標準，稱之為「心習」，「心習之不同是如此隱微而重大地決定不同社會的歷史發展。」〔註119〕所謂「心習」即社會秩序的基礎，也是現實的道德建設和制度建設是否有效的前提。此種對於思想史的觀察，對倫理學而言尤具啟發意義。倫理學的理論架構最終還在於在現實層面改善個體道德狀況和社會倫理狀況，提升社會人倫關係的品質。

　　無論是風化倫理還是禮俗互動，儒家倫理與俗的關係均反映了儒家所追求的「致中和」的倫理思維，追求禮和俗在社會秩序層面所達到的「習俗美」、「風俗美」的狀態，目的在揚美俗黜惡俗使習俗在儒家「人文」的風化之下，趨於粹美，達到良風美俗的境地。董仲舒《春秋繁露》言：「德莫大於和，而道莫正於中，中者，天地之美達理也。」（《循天之道》）中和同時亦是達到天地之美的境界。其《元光元年舉賢良對策》中討論了「習俗美」的問題。認為「南面而治天下，莫不以教化為大務」，「漸民以仁，摩民以誼，節民以禮」以此能達到「其刑甚輕而禁不犯者，教化行而習俗美」的社會秩序狀態。「習俗

〔註116〕王汎森：《思想是生活的一種方式：中國近代思想史的再思考》，北京：北京大學出版社2018年版，第8頁。

〔註117〕王汎森：《思想是生活的一種方式：中國近代思想史的再思考》，北京：北京大學出版社2018年版，第19頁。

〔註118〕筆者按：在該書中，王汎森先生舉了《菜根譚》為例。

〔註119〕王汎森：《思想是生活的一種方式：中國近代思想史的再思考》，北京：北京大學出版社2018年版，第8～12頁。

美」正是禮俗互動的中和之道所達到的社會秩序，意欲將視聽言動、進退揖讓、飲食衣飾等世俗生活調理、「文」化而使之成善，是在世俗生活和超越層面所達到的「不離世而超脫」的生活秩序形態。這也是「人文化成」的儒家文化倫理價值理想。

由此，便可據此發掘考察儒家倫理之發揮「人文化成」作用的禮俗互動機制。如此以來，在當下有關倫理學的思考中深入探查價值觀念浸淫漸漬於社會、人心的可能性和現實性。梁漱溟先生曾指出，「中國問題並不是什麼旁的問題，就是文化失調」〔註120〕。並認為基於儒家倫理歷史地形成的「教化」、「禮俗」、「自力」等文化傳統是其最為重要的組成部分，而這些傳統的崩潰和失守，造成了梁先生所謂「文化失調」或「文化問題」。而要解決此問題，梁先生則倡言要建立「新禮俗」。因而，在梁先生那裡，文化問題，首先是解決禮俗問題。倫理教化的主要目的就是「培植禮俗，引生自力」。而梁先生所謂的「文化失調」問題，實則就是禮俗互動的斷裂問題，儒家文化倫理中社會秩序向度的闕如，質言之，禮與俗的互動失去了「中和」，是倫理道德與現實社會在交互性上的失衡、失調的問題。深層表現為，儒家倫理價值在近代以來面臨著深切的重組、重構的任務。但毋庸置疑，在社會秩序重建中，儒家倫理中的「人文化成」傳統及其致中和的禮俗互動機制等依然具有鮮明的現實意義。

〔註120〕 梁漱溟：《梁漱溟全集》（第 2 卷），濟南：山東人民出版社 1989 年版，第 164 頁。

第 4 章 「文化」倫理與心靈秩序

　　儒家倫理作為一種「文化」倫理，不僅注重在「俗」的場域中轉化習俗、移風易俗，追求禮俗互動之社會秩序的化成，同樣也致力於以「人文」來安頓個體，以達到心安理得、德福一致、以德為樂、安身立命的心靈秩序。心靈秩序與社會秩序互為表裏構成儒家人文化成之文化倫理學的兩面。正如柏拉圖曾在其《理想國》中將智慧、勇敢、節制看作是實現城邦正義所需的精神力量一樣，虛脫、空乏的心靈秩序也無法支撐好的社會秩序，心靈秩序一旦空乏、失序，風俗就會傾頹，制度更會因其徒有其表而失效，心靈秩序的健康是社會善治的前提和基礎。與社會秩序相稱，儒家倫理更是形成了理性化、長效化的世俗主義倫理類型的心靈秩序和意義世界。

　　如前所述，儒家的「人文」承接於「天文」而又特別區別於「神文」，凸顯了其理性主義的立場和視角。對關乎人的心靈秩序的部分尤為看重，通過此「人文」化成「心靈秩序」。「心靈秩序」中最重要的是「意義」問題，意義是確立心靈秩序感、目的感和有效感的關鍵。如丹尼爾・貝爾所言，「每個社會都設法建立一個意義系統，人們通過它們來顯示自己與世界的聯繫。這些意義規定了一套目的……這些意義體現在宗教、文化和工作中。」在這些領域裏如果喪失意義就造成一種茫然困惑的局面。這也會使人們迫切地去追求新的意義，「以免剩下的一切都變成一種虛無主義或空虛感。」〔註1〕對倫理學而言，心靈秩序的安定所要解決的「意義」問題是回答「善何以必要」以及「德性如何可能」的道德價值生成問題。

〔註1〕　〔美〕丹尼爾・貝爾：《資本主義文化矛盾》，趙一凡等譯，北京：生活・讀書・
　　　　新知三聯書店 1992 年版，第 197 頁。

4.1 心靈秩序的倫理學聚焦

人作為一種超出「自在」的「自為」存在，是不斷在追問和確認意義中建立心靈秩序和意義世界的。「人既追問世界的意義，也追尋自身之『在』的意義；既以觀念的方式把握世界和人自身的意義，又通過實踐過程賦予世界以多樣的意義，」因而，可以合乎邏輯地「將人視為以意義為指向的存在」〔註2〕。德國哲學家卡西爾將人定義為「符號的動物」，認為只有用「符號的動物」來代替「理性的動物」，才能指明人的獨特之處〔註3〕，作為「符號的動物」，人更多是以尋求價值的方式存在的，就此而言，人也是「意義」的動物。美國人類學家格爾茨將文化定義為「就是這樣一些由人自己編織的意義之網」〔註4〕，與馬克斯·韋伯一樣，他將人看作是「懸掛在由他們自己編織的意義之網上的動物」。意義所追問的是「意味著什麼」的問題，「意味著什麼」的具體內容涉及廣義上的利與害、善與惡、美與醜，等等價值問題。〔註5〕進入儒家「人文」的境域之中，就意味著進入了「價值」之域，成為朝向儒家意義世界化成的人。

4.1.1 心靈秩序的核心問題：道德何以必要，如何可能？

心靈秩序需要一套自洽而有效的道德價值供給來不斷打消人們的道德猶疑和知行斷裂，為人們的意義感、價值感、目的感，提供生成性資源和穩固性佐證，使得道德認知和道德行動之間順暢無礙，即知即行、知行一致。在心靈秩序層面，儒家倫理就是要解決道德價值的根源性問題——主要是「道德何以必要」「德性如何可能」的問題。換言之，道德何以必要或人為什麼要有道德這樣一種追問就內涵在人作為以「意義」為指向的存在的價值維度和意義規定之內。「道德及其產生並不存在是否『為人』的問題，它本身就是人的生活所固有的價值尺度。」進而言之，人區別於其他存在的地方在於，人不僅要生存，更要生活，不僅要生活，更要過「好生活」，擁有更有「品質」的倫理關係，如此一來，「道德」就自然而然成為人的內在目的之一。對好生活、有品質之倫理

〔註2〕楊國榮：《倫理與存在——道德哲學研究》，北京：北京大學出版社2011年版，引言第8頁。

〔註3〕〔德〕恩斯特·卡西爾：《人論》，甘陽譯，上海：上海譯文出版社1985年版，第5頁。

〔註4〕〔美〕克利福德·格爾茨：《文化的解釋》，韓莉譯，南京：譯林出版社1999年版，第5頁。

〔註5〕參看楊國榮：《何為意義——論意義的意義》，《文史哲》2010年第2期。

關係的尋求，從根本上解釋了道德存在對人所具備的內在價值，也因此，道德構成人的存在、生活和行動本身的基本價值維度，是人的存在論特性。〔註6〕人作為以意義為指向的存在，就是不斷尋求意義，確證價值，並通過意義和價值提升自身存在的品質，敞開更多「可能生活」的維度，而「道德的更本質的特點，在於存在（人的存在）本身的提升或轉換，換言之，它總是以達到真正意義上的存在為指向。」意義、價值的道德維度意在揚棄人的存在的片面性、抽象性，最終落實於人存在本身的提升和完善，為人的意義存在提供了擔保，助益於人實現其多方面的發展潛能。因而，「道德既是人存在的方式，同時也為人自身的存在提供了某種擔保」〔註7〕。道德價值的維度是人的意義感、目的感的主要來源。任何倫理學都具有天生的目的論傾向，因為不解決目的何為，意義感何在的問題，就無法回答道德何以必要的問題。道德理論具有效力，至少要滿足兩個條件中的一個。其一，確保「德福一致」，或者至少是在德福一致問題上保持自洽、具備有闡釋力的理論；其二，持續的意義感供給，即人在此道德理論架構下能不斷有意義充實感，不斷有內在的道德行為動機產生。

如此一來，「為什麼要有道德」或「善何以必要」構成了確立穩固的心靈秩序的前提，如學者所言，如何處理「『人應該有道德地生活』是一種內在的人生要求，它構成了人類道德生活的存在論基礎」〔註8〕正如美國倫理學家弗蘭克納所言，「道德的產生是有助於個人好的生活，而不是對個人進行不必要的干預。道德是為了人而產生，但不能說人是為了體現道德而生存。」〔註9〕弗蘭克納此言雖不乏道德工具主義的嫌疑，但其意在強調，如果一種道德與個體無法產生意義聯結，或至少意義不明，那麼個體就會缺乏應有的道德熱情和道德動機，這種道德要麼無用，要麼就會有壓迫、阻礙人的可能，無論如何，道德首先是為了人和成全人而言的。絕對命令或道德原則的合理性基礎何在？如果無法回答人們為什麼要道德，這一倫理學的基本命題，道德問題便無法得到解決，即便人們發明出多麼完美的倫理理論和道德體系，都是與人們的實際生活不相關的理論假說。質言之，道德固然不是獲取幸福的途徑和手段，

〔註6〕 參見萬俊人：《人為什麼要有道德》（上），《現代哲學》2003 年第 1 期。
〔註7〕 楊國榮：《倫理與存在——道德哲學研究》，北京：北京大學出版社 2011 年版，導論第 11 頁。
〔註8〕 萬俊人：《人為什麼要有道德》（上），《現代哲學》2003 年第 1 期。
〔註9〕 〔美〕威廉・K・弗蘭克納：《善的求索——道德哲學導論》，黃偉合等譯，瀋陽：遼寧人民出版社 1987 年版，第 247 頁。

倫理學也不是謀求幸福的技術科學，但道德必須最終指向幸福。這是倫理學的理論前提，如果倫理學無法解決人們何以要追求善的問題，無法達成在知與行之間的順暢無礙，那麼該倫理學自身的合法性就很成問題，能不能稱之為倫理學也很成問題。

　　與之相應，幾乎所有的宗教都提出了廣泛的假設來應對德福如何一致的人生之謎。「今生行善的報應一定是快樂（天堂、極樂世界），惡果的報應一定是苦難（地獄）。一般群眾只是這樣相信，以來世為樂，或者抱著達觀的態度度過一生。」〔註10〕顯然，這一問題也是儒家倫理心靈秩序建構所要直面和解決的，但與宗教的「神文」的解決途徑相比，儒家倫理的「人文」視角對此採取了不同的解決路向。

　　究極而言，需要追問的是儒家倫理如何能在不主要依賴宗教「神文」的方式調動起人們對於知善、行善的動機，確立人道德行為的內在根據，也即，我們需要追問儒家倫理中的何種特質能安置人們的主動求德、向善的精神意旨，並使其成為一種穩定的值得欲求的東西？因為在現實層面，人們往往並不是不「知善」，而是「知善」而「不行善」的問題。孔子所「怪而歎之」的「誰能出不由戶？何莫由斯道也？」（《論語·雍也》），正是提出了這樣的倫理學元問題。「何莫由斯道？」所展現的正是孔子對這一問題的追問，孔子這一「怪歎」所隱含的正是道德這一「正道」為何不為人所接受？道德如何才能成為人內在的行動邏輯，成為人人的必由之路？作為對此一問題的補充，孔子在《論語》中還曾兩次感慨「吾未見好德如好色者也」（《子罕》《衛靈公》），如何使人「好德」？對這一問題的回答實際上正是在回答「人為什麼要有道德」這樣一個倫理學元問題，這一問題可被拆解為不同層面的相關性倫理問題，但是歸根到底是要解決人的心靈秩序問題，也即道德為什麼對人而言是「可欲」的、值得追求的，人為什麼要追求道德，就是人們即便在知善的情況下，如何行善、樂善的問題。這一問題，在任何倫理學那裡都應被視為是首要問題。

4.1.2　心靈秩序與德福之辨

　　前已言明，倫理學在面對心靈秩序建構時，是要解決道德何以必要、如何可能的問題。如果人們不相信道德會對人們實際的生活產生影響，那麼道德就

〔註10〕〔日〕丸山敏雄：《純粹倫理原論》，北京：社會科學文獻出版社1992年版，第237頁。

成了一種多餘,倫理學也將成為一門多餘的學科。此即事關倫理理論和道德學說自身的合法性。因為除了少數「先知」、「先覺」之外,在現實層面,人們做道德的事情總有一個理由,這個理由在倫理學層面首先就是道德與現實的「好」等正向價值相關,即便不是直接相關,也必須在間接上有所關聯。對此,我們需要正視德性本身的價值。

德性或美德問題之所以重要乃在於,只有形成穩定的「德性」才能彌合主體在知善和行善之間的罅隙,從主體認知和行為間架起知行一致的橋樑。「作為德性的構成,情意、理性等都包含著確定的道德內容,所謂行善的意向、知善的能力以及對善的情感認同等等,都表現為一種以善的追求為內容的精神趨向。……它從主體存在的精神之維上,為行為的善提供了內在的根據」。〔註11〕職是之故,善何以必要、如何可能的問題就轉化為,德性如何可能以及如何解決主體的德性問題。

功利主義倫理學家約翰・密爾就認識到美德或德性之所以為人所欲求,是因為美德會讓人「快樂」。「人們原本並不欲求美德,也沒有欲求它的動機,但它有利於產生快樂,特別是有利於抵禦痛苦」。正由於美德與快樂和痛苦具有這種關聯,因而人們會將美德視為一種善,「並且會像欲求其他任何善那樣強烈地欲求它。」但在他看來,美德與快樂的感受相比仍是次一級的善,那些追求美德的人或者是因為對美德的感受是一種快樂,或者因為對沒有美德的感受是一種痛苦,或者是因為兩者兼而有之。因而,「如果這種美德不能使他感到快樂,那種美德不能使他感到痛苦,那麼他就不會愛好或欲求美德了……」〔註12〕儘管,對人何以需要德性,密爾作了典型的「功利主義」式的回答。但密爾的這種回答也表明,從現實層面,似乎只有將某種「幸福」作為一種倫理理論上的承諾,德性才能在現實性上成為可能。而倫理學的至善一般被認為是幸福與德性的統一,「善的追求總是內含著對幸福的嚮往;存在的完善也以幸福為題中應有之義。如果將善與幸福截然加以隔絕,則往往將導致善的抽象化和玄虛化」〔註13〕。對此問題的解決構成了倫理學的不同派別,決定了不同的

〔註11〕 楊國榮:《倫理與存在——道德哲學研究》,北京:北京大學出版社 2011 年版,導論第 16 頁。

〔註12〕 〔英〕約翰・穆勒:《功利主義》,上海:上海世紀出版集團 2008 年版,第 38～39 頁。

〔註13〕 楊國榮:《倫理與存在——道德哲學研究》,北京:北京大學出版社 2011 年版,導論第 22 頁。

倫理類型和「道德譜系學」。宗教倫理學、道德形而上學以及儒家「文化」倫理學在解決這個問題時，具有不盡相同的答案。

「幸福」是亞里士多德倫理學的終極範疇，甚至是西方倫理學的終極範疇，這個終極範疇在西方現代倫理學那裡得到了繼承發展，以致在後世發展出了以「最大多數人的最大幸福」為鵠的功利主義倫理學。康德的義務論倫理學，即便不願意將道德建立在任何感性經驗、慕求幸福之上，以致在以決絕之姿將上帝從「前門」趕了出去後，又不免從「後門」請回上帝來作為幸福實現的保證。因為康德認識到「不可能指望在現世通過嚴格遵守道德律而對幸福和德行有任何必然的和足以達到至善的聯結。」〔註14〕但是，這也說明，任何致力於解決為道德或德性提供可能性的倫理學都必須直面幸福問題，同時為幸福的實現提供可能性。或者說，德福問題是任何有生命力的倫理學討論都繞不開的話題，我們甚至可以說「保證德福一致是倫理學的第一定律」。「一種道德理論必須有一種歸宿性的要求，以此作為這一理論的最初動因」，也即是「一種道德理論必須有一個目的論作為支撐」〔註15〕，以合理解決從知到行的過渡問題，解決「德性如何可能」的問題。「善惡因果、德福一致、德得相通是任何道德形而上學和倫理精神體系的『預定和諧』和終極理想」。〔註16〕無論其最終是否因外在因素的影響而無法實現或只能部分實現，但「德福一致」必須作為倫理學的「預定和諧」和「終極理想」，其目的不僅在於保證道德理論自身的生命力，道德理論只有將幸福問題合理收納並完滿解決才具有理論上的競爭力和說服力。也在於保證能為主體的「幾希之善」、「脆弱之善」能找到堅實的基底，在堅硬的律法他律中，為道德主體保留自律、自主之善，進而能「從善如流」。

實際上，「德福之辯」也是貫穿中國倫理的亙古常新的話題，是儒家倫理學的隱性線索。那麼儒家倫理是如何看待和解決這一問題的？本文認為，依然要回到「人文化成」的文化倫理觀，才能夠理解和解釋儒家倫理的心靈秩序建構問題。儒家倫理將德與福的相關性建立在對「福」的獨特理解上，一方面認

〔註14〕〔德〕康德：《實踐理性批判》，鄧曉芒譯，北京：人民出版社2003年版，第156頁。

〔註15〕楊澤波：《從以天論德看儒家道德的宗教作用》，《中國社會科學》2006年第3期。

〔註16〕樊浩：《道德世界：「預定的和諧」——以黑格爾道德哲學為學術資源的研究》，《南京政治學院學報》2006年第1期。

為人應該以「德」來回應「天命」，以此才能獲得「安」、「樂」之「福」，所以在德福關係問題上，儒家以「人文」的方式將德與福看作一事的一體兩面，認為安和樂才既是儒家倫理的德性境界，也是值得人慾求的終極幸福。另一方面，文化倫理觀將善與美嫁接，二者構築了一個相對知善、行善、樂善的意義圓成的審美倫理邏輯結構。安樂、美善構成人的心靈秩序。因而，儒家的文化倫理觀就至少要在德與福的關聯性以及美與善的合一性這兩個向度來進一步闡釋。

4.2　文化倫理觀的德福一致方案

4.2.1　對德福問題的兩種回應方式

　　一般而言，回應和處理德福關係問題，從大類而言，主要有宗教和人文兩種方式。以宗教方式回應德福一致，則少不了兩方面的內容：「一是以一個人格神作保證，二是肯定來世報應的觀念。」〔註17〕關於德福問題，倫理學所要直接面對的最主要挑戰是，德福無干或德福相悖的情況，即行善者無福，甚至作惡者得福。即倫理學應該如何處理那些不確定的禍端降臨——這種棘手的問題才是考驗該倫理學是否可能和可靠、徹底的標準。

　　對此，宗教的解決方式歸根到底主要有兩種。一是認為只有神或上帝才有能力保證道德和幸福的協調一致，才能使善成為可能。宗教都以各自的方式保證有德必有福的觀念。宗教的德福觀大都是從信仰層面認定和承諾人一定能夠按照自己的道德付出而配享同等比例的幸福，並且這種幸福常常被特別規定為名、利等物質性幸福。基督教倫理通過「信」、「望」、「愛」，成為上帝的選民，在天堂得救自不必說。在現代西方理性主義倫理學的代表康德那裡仍然無法擺脫這一棘手的考驗。康德雖然認為，對於一個現世中有理性的存在者而言，「幸福」是「最高的善」（super good），是「在他的一生中一切都按照願望和意志在發生，因而是基於自然與他的全部目的、同樣也與他的意志的本質性的規定根據相一致之上的。」〔註18〕一方面，這種「最高的善」具有神聖性，只有上帝才能達到。另一方面，康德倫理學還有一個「至善」或「完滿的善」（the highest good）作為道德律所設定的意志的必然客體。其不僅包括意志的

〔註17〕楊澤波：《從德福關係看儒家的人文特質》，《中國社會科學》2010 年第 4 期。
〔註18〕〔德〕康德：《實踐理性批判》，鄧曉芒譯，北京：人民出版社 2003 年版，第 171 頁。

意向與道德律的完全符合的「最高的善」，也包括與德行的比例相匹配的物質幸福。儘管康德強調道德不依賴感性的欲望作動機，但畢竟「至善」作為實踐理性的必然客體，要求與德行相應的物質幸福，換言之，與德行相匹配的物質「幸福」是「至善」的構成性要素，因而，德行與相應的幸福應該有必然關聯。因而超自然的上帝「必須為了至善而被預設」﹝註19﹞。所以歸根到底，「上帝」即便是一種理性的信仰，也是出自道德的需要，為了造就和促進「至善」，不僅是保證意志的意向與道德律完全符合的「最高的善」的實現，同樣也是保證有德之人必然能夠按照比例享受物質幸福。這說明了在德福問題上，康德倫理學始終無法擺脫基督教倫理的文化根底，即便康德的道德形上學最終也無法徹底合理地解決德福問題，而不得不求助於基督教倫理傳統的「上帝」。

另一種同樣影響巨大的是佛教倫理。佛教倫理則是通過設定來世、業果、因緣等來將德福的關聯不斷後移、推遲、拉長。佛教的「前世」、「今世」、「來世」「三世說」一方面將德福的關聯盡可能地在時空上擴延，又通過因緣、業果等設定使得人的行為的道德後果具備了穿透時空的長遠影響和永恆意義，即所謂「前世之因必有今世之果，今世之因必有來世之果」；另一方面，佛教倫理又設定「善有善報，惡有惡報」的信仰，認定「不是不報，時候未到」，使得德福因果律具有信仰的絕對性，這種絕對性構成了一種必須為善的「精神壓力」，是一種他律性力量。顯然，毋寧說，這種道德是出於一種客觀必然的「不得已」，而非一種主觀應然的「想要」，如此一來，當佛教倫理所設定的「三世兩重因果」一旦發生信仰坍塌，附隨於其上的道德信念也會隨之崩解。「皮之不存，毛將焉附」，尤其是在面對現代理性主義的「祛魅」化浪潮下，各個倫理文化傳統都面臨著深刻的倫理轉型，宗教如何拯救道德是不得不重新面對的問題，起碼不會再像傳統社會那樣理所當然。因而，將道德附著在此種絕對信仰上具有相當的危險性和不可靠性。

如前章所述，儒家倫理的「神道設教」思維實則並不排除利用宗教的德福解決方式，這也反映在中國倫理史上，當倫理式微時，宗教就會興起，而當倫理強大時，宗教就會退隱。宗教與倫理構成中國倫理學史的兩面，但與倫理不同，宗教試圖通過虛幻世界的設定來解決現世德福不一的矛盾。也應看到，在信仰的層面上，宗教與倫理也有某些相通之處，二者都試圖建立人的行為的某

﹝註19﹞〔德〕康德：《實踐理性批判》，鄧曉芒譯，北京：人民出版社2003年版，第172頁。

種因果律,與倫理是在現實的世界中獲得現實性的因果律相比,宗教是在虛幻的世界中實現這種因果律。〔註20〕

儒家倫理的理論主軸並不建立於宗教之上。儒家倫理的構造仍然是以「人文」為主要方式。而所謂「人文」的解決方式筆者以為有兩種:一種是所謂道德形而上學,一種是世俗主義倫理學立場。這兩種類型的儒家倫理同時具備且各有發展,道德形上學的解決與古代的天命信仰結合被不斷強調,這種解決在學者那裡被稱為「以天論德」,在儒學的發展史上,儒家學者試圖為孔子之仁、孟子之心尋找形上的根源,「儒家無不『以天論德』,將道德的終極源頭掛到天上。」〔註21〕我們當然可以將宋代「新儒學」的「天理」觀也歸到「以天論德」的道德形上學範疇中去,且不失為一個成熟完善的道德形上學。但本文認為今天更需要回溯儒家的世俗主義德福觀,對儒家倫理作出一種非形而上學的解釋〔註22〕,以此來重新反觀儒家世俗主義倫理傳統,在此「祛魅」的世俗主義、理性主義浪潮下,這種非道德形上學立場不但有可能提供另一種關於德福一致的解釋,對於今天道德形上學的「時運艱難」起到援助補偏的作用,而且也有可能達到我們所宣稱的儒家文化倫理觀的視角,並且深入理解儒家的文化倫理觀。

世俗主義立場同樣試圖在道德和幸福之間建立因果關聯性或人為的因果關聯。但首先必須說明,關於儒家的世俗主義立場我們同樣仍然可以進行劃分,一種是我們所稱之為文化倫理學視野下的原始儒家倫理德福觀,一種是於今尤甚的「制度倫理學」或某種政治哲學的方式。後一種方式旨在從制度、法律層面強化德福一致觀念所具有的現實效力。

儒家早就認識到,就本質而言,道德行為和物質回報之間是有隔閡的,道

〔註20〕 參見樊和平:《善惡因果律與倫理合理性》,《上海社會科學院學術季刊》1999年第 3 期。

〔註21〕 楊澤波:《從以天論德看儒家道德的宗教作用》,《中國社會科學》2006 年第 3 期。

〔註22〕 關於在今天儒家式道德形上學的建立是否可能、如何可能,是一個重大的哲學課題,這已超出筆者的能力所及和本文的論述範圍,但是值得指出的是,與尼采「上帝死了」的宣稱類似,「天」以及後世發展出的「天理」是否存在類似的「塌陷」也未可知,但繼續將其作為儒家道德形上學的根源與基督教的「上帝」一樣面臨著嚴峻的挑戰似乎是不爭的事實。因此,如何解決儒家倫理的合法性危機,也許從儒家倫理傳統中本就具的非形而上學向度出發同樣重要,這也是本文的嘗試性回答。

德與物質回報並非同一性質的東西，無法順利達到通約。但是儒家認為物質上適當的回報的確能促使人們做好事，應該在盡可能的條件下通過制度來保證德福一致的有效性。也即是說認為整個社會在制度倫理上有保證道德主體德福一致的必要性，並盡可能通過倫理學的價值引導建立好的制度，以保證德福一致的外在環境條件。如同法律有使作奸犯科者得到懲戒的作用，道德則必須具備使有德者獲得幸福的功能，至少是在理論上。

《呂氏春秋·察微篇》中子貢贖人不受金與子路受牛的故事正說明了儒家亦不乏有「制度倫理」思維以確保德福一致。孔子認為子貢贖人不取金的做法雖然顯示了子貢的高風亮節，但會導致沒有人再願意去做「贖人」這種道德行為，並不值得鼓勵。而同時，子路因拯救溺水者而受牛卻可以激發拯溺者的積極性，促使這樣高尚的道德行為得到廣泛的接受和遵循，對於形成良好的社會風氣具有引導和勸善的作用。

上述故事是否真實自待另言，但值得注意的是上述故事的確與孔子曾提出的「以德報德」和「以直報怨」的思想在精神實質和思想內核上具有高度一致性。《論語·憲問》載「或曰：『以德報怨，何如？』子曰：『何以報德？以直報怨，以德報德。』」可見，孔子明確反對混淆好壞是非善惡的做法，這不啻為一種「鄉愿」行徑，之所以如此是因為「以德報怨」打破了「德福一致」的倫理學第一定律，極有可能使行善者不得其應得，作惡者卻受到鼓勵，製造出大量的「鄉愿」型人格，從而使社會風氣滑向是非不分、善惡混淆的境地，是一種反道德、反善惡的虛無主義態度。〔註23〕而且確保德福一致的思想在後世更有其發展，如《中庸》中更有「大德者，必得其位，必得其祿，必得其名，必得其壽」的說法。可見，原始儒家意圖通過功名利祿等現實幸福要素來建立勸德行善的現實機制，即力圖通過理論落實為制度確保德福一致。在今天「制度倫理」成為保證德福一致的現實機制尋求時，也應該看到儒家倫理中的理論資源。對此，有學者曾以「還物取酬」為例提出「常人道德」〔註24〕的概念，通過上述追溯，我們有理由相信，「常人道德」的理念實則是儒家倫理「以德報德」思路在現代社會的合理延伸。

〔註23〕孔子的這種看法同樣可以從《論語·子路》裏的這則對話證實。子貢問曰：「鄉人皆好之，何如？」子曰：「未可也。」「鄉人皆惡之，何如？」子曰：「未可也。不如鄉人之善者好之，其不善者惡之。」
〔註24〕參看肖群忠：《論常人道德——以還物取酬為個案分析》，《倫理學研究》2007年第4期。

4.2.2 德福觀與「命」觀的轉變

　　儘管儒家倫理中不乏宗教向度的德福一致解決方式，更有以制度保證德福一致的現代「制度倫理」思維的源頭，但在孔子那裡主要還是體現為本文所言的文化倫理觀下的德福觀。

　　事實上，在儒家之前已經有許多關於德福觀的表述。西周時期的《尚書》最早對德福問題進行了論述。其中有許多不乏通過天道的神秘力量來保證福禍與德性的匹配、統合德福的論述。如「天道福善禍淫，降災於夏，以彰厥罪。」（《湯誥》）「惟上帝不常，作善降之百祥，作不善降之百殃」（《尹訓》）「惟天無親，克敬惟親。民罔常懷，懷於有仁。」（《太甲下》）「天作孽尤可違，自作孽不可逭。」（《太甲中》）「天難諶，明靡常。常厥德，保厥位。」（《咸有一德》）同樣，《周易‧文言傳》也有「積善之家必有餘慶，積不善之家必有餘殃」之說。

　　可以看到這種德福觀，將天命是否眷顧與人自身的德行努力聯繫起來，人逐漸開始意識到吉凶成敗與當事者的行為密切相關，在「憂患意識」〔註25〕的促動下將更多的注意力置於人自身的道德努力上，逐漸擺脫事神致福的盲目性依賴。在《國語》中就有這樣的記載：「夫德，福之基也，無德而福隆，猶無基而厚墉也，其壞也無日也。」（《國語‧晉語六》）將德看作是福之基，無德而有福就會有禍患。「德」觀念的產生使得德福之間的偶然性聯結產生了某種必然性，即福的實現不再完全依賴神秘力量的撥弄，「不是體現為為宇宙和人類安排了一個必然性的鏈條，而是根據事物的發展和人類的狀況隨時加以控制、干預和調整。」〔註26〕

　　《尚書‧洪範》篇則提出「五福六極」的觀念，對當時的福禍要素作了總結。「五福」被看作是：「一曰壽，二曰富，三曰康寧，四曰攸好德，五曰考終命。」「六極」則被界定為：一曰凶、短、折，二曰疾，三曰憂，四曰貧，五曰惡，六曰弱。」用「五福」來鼓勵百姓，用「六極」來警戒百姓。值得注意的是在這五項福的內容中，有四項是談的是物質利益，如三項是關於物質性價值的福（壽、富、考終命），一項是物質性價值和精神性價值兼有（康寧：身

〔註25〕 參見徐復觀：《中國人性論史‧先秦篇》，北京：九州出版社 2014 年版，第 20頁。

〔註26〕 陳來：《古代宗教與倫理》，生活‧讀書‧新知三聯出版社 1996 年版，第 192頁。

體健康和心靈安寧），一項關於精神價值的福（攸好德），可見，早在西周時代的倫理傳統中對於福的定義，也並不全然從物質性價值角度來看待「福」的問題，而是同時注重人們的心靈安寧和精神道德價值。特別是將「康寧」、「攸好德」作為福的重要向度來理解，恰恰反映了先民已認識到道德價值的追求以及心靈秩序的穩固在人們幸福生活過程中的重要比重和位置，是「福」之構成中不可缺失的結構性要素。相較而言，「六極」因素中，精神心理層面的「憂」與道德價值上的「惡」也構成對人生的消極性價值因素，從負面影響「福」的享有的多少和薄厚。對此韋政通先生評論道：「在中國最早的經書裏，就已把『福和善』連在一起，這就把超世俗的幸福劃了一個範圍，也指引了一個目標。」〔註27〕就此而言，「福」的概念從一開始，就不是外在於「德」的，「德」被納入「福」的深層結構中。

所以我們固然可以將儒家倫理之前的這種德福觀看作是宗教式的解決方式，但應該看到其「超迷信的意義」，「某種宗教的沒落或伸長，完全看它遇著人類知識的抵抗時，能否從迷信中脫皮出來，以發展超迷信的意義。」而西周天命論德福觀正是從迷信中「脫皮」轉化出來的，是關於德福觀的「人文」式解決的奠基。《詩經》中有「下民之孽，匪降自天，噂沓背憎，職競由人」（《小雅·節南山·十月之交》）的說法，說明周人已經逐漸意識到社會災難的原因在人的行為而非完全出自無常之命。「是對於現實生活中的人文的肯定，尤其是對於人生價值的肯定、鼓勵與保障，因而給與人生價值以最後的根據與保障」〔註28〕。同時，也應看到《詩經》中仍有「昭事上帝，聿懷多福」（《大雅·文王》）以及「永言配命，自求多福」（《大雅·文王》）等堅定的天命論德福觀表達，說明對西周時期對福禍的來源依然沒有絕對清晰的認知分野，處在「自求」與「天命」交織混雜的狀態。

正是在這種混雜中，從西周末年開始，「命」觀發生了轉變，「西周之末，或東周之初，始出現命運之命」，「命運之命」與以往的與人格神相關的「天命」、「帝命」不同，二者明顯的區別在於，「天命有意志，有目的性」，而「命運」則並無明顯的意志和目的性，「只是一股為人自身所無可奈何的盲目性的力量」〔註29〕。也即是說，儘管命運雖然與天命相同，同樣表現出不能為人所知

〔註27〕 韋政通：《中國的智慧》，中國和平出版社1988年版，第57頁。
〔註28〕 徐復觀：《中國人性論史·先秦篇》，北京：九州出版社2014年版，第20頁。
〔註29〕 徐復觀：《中國人性論史·先秦篇》，北京：九州出版社2014年版，第35頁。

的神秘性和無可奈何性，但與人格神掌控下的天命、帝命的定向性、針對性「懲佑」相比，命運之命呈現出的「盲目性」卻與宗教性的人格神無有關聯。「盲目性」的命運與「定向性」的天命之間開始深化和擴展了對「命」的單一理解，即對命只作人格神掌控下的「天命」理解，而意識到，有些福禍並非出自人格神的「懲佑」，但就是發生了。所以德福的一致與不一致，並非全操之於天命的掌控。這一轉變也說明，即便可以分別將一些禍福的緣由分別歸屬到人的主觀性上，但由於對盲目性的命運的「發現」，在德福一致與不一致之間仍然有一些難以消解的緊張關係。這也意味著即便是具有德性、表現出善行仍然無法建立起有效的求福避禍的絕對通道。

兩種「命」的分野也為儒家對德福觀的理解奠定了基礎。因而，儒家倫理所承接的正是這樣一個棘手的現實，一方面承認有德之人未必有福，另一方面也想辦法對無根由的盲目性「命」（命運之命）作出自己的有效說明，兩者合起來所要解答的根本問題則是人為什麼要有道德——何以必要、如何可能？

4.2.3 天命即德，以德定福

從孔子開始，儒家倫理同樣意識到了命的兩種區分：天命與命運之命。

「子罕言利，與命，與仁。」（《論語・子罕》）孔子很少談論利，而贊同命和仁德〔註30〕，《論語》中提到「命」的有 21 處之多，孔子本人的直接論述到「命」的也有 8 處〔註31〕，足見孔子對命的重視。而關於命的具體說法，孔子也有微妙的差異。

一方面，孔子明確表達了天命觀。孔子說「天生德於予，桓魋其如予何？」（《論語・述而》）實際所談論的正是「天命」之意。對此有所佐證的是「道之將行也與？命也。道之將廢也與？命也。公伯寮其如命何！」（《論語・憲問》）孔子在面對挫折危難時，總是以「天命」自任，並提出作為君子要「知天命」〔註32〕、「畏天命」，從此來看，孔子的確繼承了西周的天命說，此天命是定向

〔註30〕 關於此句朱熹在《四書章句集注》中引用程子的話解釋：「計利則害義，命之理微，仁之道大，皆夫子所罕言也。」對此錢穆提出異議，認為《論語》言仁最多，言命亦不少，並皆鄭重言之，烏得謂少？」認為此處「與」非連接詞，而是贊與的意思。本文從之。見錢穆：《論語新解》，生活・讀書・新知三聯書店 2012 年版，第 200 頁。

〔註31〕 此處只包括孔子所言的天命、命運之命，而除去其他人關於命的論述以及有關命的「法令」、「命令」之意的論述。

〔註32〕 見《論語・為政》：「五十而知天命」；《論語・堯曰》：「不知命，無以為君子也。」

性的為人格神所掌控的神秘力量，孔子理所當然地認為有仁德就會自有天命的加持。

另一方面，孔子也看到了命所具有的盲目性的一面。在看到弟子伯牛不幸染上惡疾，命不久矣之時，孔子不禁感歎「亡之，命矣夫！斯人也而有斯疾也！斯人也而有斯疾也！」(《論語‧雍也》) 認識到有仁德的人也會遭遇厄運和不測。這說明，孔子看到了不同於「天命」的「命運之命」，這種命與神無干，更與德無干，是盲目的，無法預料的。此處的德福之間的張力是永遠無法克服的，德福不一是不得不承認的現實。

但正是對「命」的這種雙重性認識和把握，使得孔子並沒有走向虛無主義和懷疑主義，而是更加堅定了仁德與命運之間的統一，尤其是強調了德的內在價值，重新界定了德與福的邊界，而不能籠統地對二者的相關性概而論之。質言之，孔子認為的確存在著這兩種命，對此應該有所區分和覺察，並採取不盡相同的方式面對。

一方面，在面對盲目之命時，不因偶然不測的厄運和挫折懷疑德性的價值。「在陳絕糧，從者病，莫能興。子路慍見曰：『君子亦有窮乎？』子曰：『君子固窮，小人窮斯濫矣。』」(《論語‧衛靈公》) 面對子路憤怒的質詢，孔子用君子「窮而不濫」作答，這是孔子面對不測、盲目之命的回應。孔子認為君子的確會遭遇厄運窘境，這裡的「窮」只是盲目性的命運偶然，並非因君子的德性所致，因而並不能因此而懷疑德性的價值，而反倒是小人，一旦遭到厄運就會立即放棄道德操守。

另一方面，孔子依然相信德與福的深契關係，德即便不能帶來明顯的好處，但仍然可以免除禍患。這一思想蘊含在孔子的這一論述中：「人之生也直，罔之生也幸而免。」(《論語‧雍也》) 意即不正直的人之所以能生存，只不過是因為僥倖避免了禍害罷了，也即，不正直終難免禍害，而只有保持一貫的正直才可以從根本上免除禍害。此處可見，孔子已認識到，道德、正直實際上是能夠免除禍害的。從這裡可以看到，孔子所持有的德福觀已經初露端倪，即德福的深契關聯不見得是短期的、事實性的，更可能是長遠的、價值性、信仰性的。這種看法的確依然有天命德福觀的影子，但由於孔子已經認識到盲目之命會撥弄人，所以顯然，在孔子這裡對德福的理解已不限於天命德福觀的理解了，通過對命的分解，孔子已經努力試圖在道德和幸福之間建立了一些穩定的因果關聯性。以下對此理解加以具體分析：

其一，天命即德。對命的理解背後是對德的緊扣和重視。孔子德福觀認為對行為的自律和德行的修持比「畏天命」更重要，至少和「畏天命」一樣重要。表面上，孔子提出要「知天命」、「畏天命」，並不斷以「天命」自任自持，但實則，孔子的天命觀背後，是對「天生德於予」的信仰，是倚賴天命確立對道德生命的確立和護持。因而，「知天命」所要達到的效果是對自身德性使命的覺解，「畏天命」則更現實地表現為對道德的敬畏，是以，孔子言「君子有三畏：畏天命，畏大人，畏聖人之言。」將畏大人和聖人之言置於畏天命之後，「大人」、「聖人之言」皆是德性之成，仁德所聚，是德的代表。因而「君子三畏」所表達的是對「道德之畏」，是借天命的「畏」而轉化移植為增益提升對仁德的「畏」。足見，「天命」在孔子那裡只是德藉以寄居的形骸，德才是天命的內核。如此一來，看似不可控的「天命」，實則是源於對道德的信仰和持守，因而並非因為有天命因而有道德，而是因有道德從而具備了天命，將「天命」轉化為「德」就在不覺間發生了。

其二，以德為福。通過探查，我們可以斷定，儒家倫理並不特意專以幸福為目標，尤其是不以物質性的幸福為目標，幸福在儒家倫理的理解中是德性的附帶性後果。儘管，孔子未必不認為德行可以帶來現實的好處，如《論語・為政》中，對弟子子張學干祿，孔子告誡道：「多聞闕疑，慎言其餘，則寡尤；多見闕殆，慎行其餘，則寡悔。言寡尤，行寡悔，祿在其中矣。」在此，孔子認為如果言語的錯誤少，行動的懊悔少，總而言之能做到「為政以德」，俸祿也就在其中了。可見，所謂福在儒家那裡與利一樣，是一種德的伴生性結果，無需強調，自在德性和德行其中。這從《論語》通篇沒有「福」字也可以看出。在與貧富、衣食、禍福等有關通常意義上的幸福要素相比對中，常常出現的是「道」。「人能弘道，非道弘人」（《衛靈公》），「君子謀道不謀食，……憂道不憂貧」（《論語・衛靈公》），「士志於道，而恥惡衣惡食者，未足與議也。」（《論語・里仁》）以此，儒家倫理實則降低了對幸福的物質性理解，其所倡言的福一方面當然表現為對「不幸」的預防，另一方面則是將德的存續和實現本身開掘為幸福的有機構成部分。

因而在對孔子儒家倫理關於德福一致的解決中，既包含了對「命」的分解，又包含了對「福」的重新界定。

一方面，由於命運之命的偶然性和盲目性，任何有關德福一致（無論是社會整體的德福一致還是個體自身的德福一致）的確切因果連接都會被證明是

虛妄的或是籠統的，尤其是當「福」被狹義化規定為幸運的降臨或物質、名利上的即時性獲得時，就更是如此。正如學者所言，無論是在個體的生命事實層面還是在社會的統計學層面而言，德福背離與德福一致的比例同樣多。〔註33〕也即是說，從實質而言，道德與幸福（尤其是物質幸福）本身並不是一碼事，一個屬內，一個在外，分屬不同的領域。孟子對此曾做過清晰的表達，將「德」看作「求在我者」將「福」看作「求在外者」，其言，前者「求則得之，捨則失之，是求有益於得也」，後者則「求之有道，得之有命，是求無益於得也」（《孟子・盡心上》）。孟子認為，人是可以有道德的，人能有道德是主體能夠把握的，但他並不認為可以有德就必然可以有福，因為求德在己，求福在外。

此處，儒家倫理將命分為偶然性、盲目性的命運之命和為天所賦的定向性、道德性「天命」。「死生有命，富貴在天」（《論語・顏淵》），死生和富貴都取決於人無法把捉的偶然性、盲目性之命運。儒家倫理通過對命進行分解，認為與其著力於不可捉摸的命運之命，汲汲於富貴、戚戚於貧賤，倒不如將自身為天所賦予的道德之命（「天命」）、「天生之德」擴充發揮實現，求仁而得仁。在此，我們似乎發現了孔孟之間的某種連續性，即孟子正是將孔子天命之德內在化、心性化、定名化為仁義禮智的四端之心。「富而可求也，雖執鞭之士，吾亦為之。如不可求，從吾所好。」（《論語・述而》）此舉表明，孔子認為以其道求富如果可以，誰都不會拒絕，但由於「求富」有賴於外在的命運機緣等因素，也有「不可求」的可能，所以唯一能保證福的穩妥實現的只能是「從吾所好」。在此，孔子所「好」的，恐怕只能理解為德了。認為對德的實現本身就是幸福，而且這種幸福求之在我，得之在己。因而，對於德福一致的宗教性解決，儒家大都不甚重視，這反映在「善為易者不占」（《荀子・大略》），「祭祀不祈」（《禮記・禮器》）等面對神秘主義時的理性態度。

另一方面，將福內在化，以德來決定福的性質。這從孔子的關於富、貴等物質性幸福的論述可以看出。面對子貢「貧而無諂，富而無驕，何如？」的詢問，孔子答曰：「未若貧而樂，富而好禮者也。」貧或富，都有偶然的因素和機緣，不能來界定福，更不能因此來與道德相掛鉤，孔子此句意在說明，貧富與道德是兩碼事，貧富並不會影響道德的實現。「富與貴是人之所欲也，不以其道得之，不處也；貧與賤是人之所惡也，不以其道得之，不去也。」（《論語・

〔註33〕 參見張俊：《德福配享作為一種道德信仰——兼評王海明先生的德福觀》，《道德與文明》2012 年第 3 期。

里仁》）所以，外在的「富」與「貴」並不能直接影響到內在的道德，相反，富與貴的獲得要以是否「以其道得之」為標準。外在不能決定內在，內在卻能決定外在。德在福先，但福未必在德後，但並不意味著德沒有價值，「君子去仁，惡乎成名？」如果沒有道德，君子便喪失了君子之為君子的規定性，也就不成其為君子了。因而，對於儒家的君子人格而言，只有德才具有內在性、絕對性價值，福只具有外在性、次生性價值。在「邦有道，貧且賤焉，恥也；邦無道，富且貴焉，恥也」（《論語・泰伯》）的論述中，德福之間的關係就更為明朗，換句話而言，邦無道時，貧且賤，邦有道時，富且貴，才不用以之為恥，這也才是一個合乎儒家德福一致觀的結論。邦的有道和無道從根本上限制和界定著富貴貧賤，而富貴貧賤的價值完全取決於邦的有道和無道。

可以看到，對兩種命的區分和道德對幸福的規定性，對儒家倫理而言是一個「一體兩面」的過程。在此過程中孔子完成了儒家倫理德福一致的理論實現，完成了道德（德性和德行）能否配享幸福、配享什麼樣的幸福的德福觀的核心問題。對道德和倫理而言，配享幸福必須成為一種價值信仰，所以問題的核心不在於德福在事實上是否一致，而在於如何使德福在價值上成為應然，儒家德福觀則認為，有德之人能得到和享受道德上的滿足和快樂，這種滿足和快樂不是物質上的，雖然也並不排斥物質上的，但首先是德性上的滿足和快樂。正如學者所言：「如果像現代人對價值那種效益主義式的瞭解的話，『德』與『福』的結合是一個偶然的事件，因為『德』與『福』並沒有內在的關係。」但「就儒家的系統而言，『德』與『福』的結合乃是必然的。當然，這裡所謂的『福』是指內在的價值而言。」〔註34〕因而儒家的所謂的「福」就不是通常意義上的福。

4.3　安樂的心靈秩序是儒家德福觀的要旨

通過以上論述，我們有理由相信，儒家倫理的德福觀與通常所說的德福觀在意趣和立基上不盡相同，這主要體現在對「福」本身的界定上，即與偶然性、盲目性的「幸」、「福」等外在性「福」相比，儒家倫理更為強調作為求之在我的內在價值的「福」，這個內在價值的「福」在筆者看來就是「安」和「樂」。

〔註34〕石元康：《從中國文化到現代性：典範轉移？》，北京：生活・讀書・新知三聯書店 2000 年版，第 119 頁。

4.3.1 安而無怨

有許多學者均注意到「心安」對於儒家倫理的重要意義。唐君毅將「反求諸己，行心所安，依仁修德」〔註35〕作為孔子思想的特徵。「孔子老年以『心安』為判定『仁』或『不仁』的情感標準。」〔註36〕

「安」在《論語》中大致有三層內涵。其一是棲居處的安住、安居之意。如「君子食無求飽，居無求安」（《學而》），「居處不安」（《陽貨》）；其二是指社會民眾在生活上的安穩、安定、太平狀態，如「不患寡而患不均，不患貧而患不安」，認為「安」是最重要的政治價值，因而為政者最重要地就是要「修文德以來之。既來之，則安之」，（《季氏》）要「修己以安人，修己以安百姓」（《憲問》），即便是堯舜都無法使百姓產生安定感和太平感。此處要特別注意的是孔子尤為強調「老者安之」（《公冶長》）的價值，這意味著對老人而言，生活的安穩感要比其他人更為重要。其三，則是本文所特別強調的道德精神上、心理上的「安心」、「心安」、「安然」狀態，是經過反思之後的道德平寧狀態。

本文特別認為，「安」實則是孔子所奠定的儒家倫理所特有的道德範疇，是道德主體在道德實現上的一種安然自若、無假外求的道德滿足狀態，這種狀態也可以剝離掉物質上的「安」而獨成為道德上、精神上的「安」。「安」在道德和精神上也可以被劃分為兩個密不可分的層次，其一是安，其二是無怨。由安而無怨，由無怨而安，二者相生相濟。

先以「安」言之，在《論語》中有四個段落，三個層次相互連貫統一的意涵。

一是，孔子在其「觀人之法」中提出了「安」：「視其所以，觀其所由，察其所安。人焉廋哉？人焉廋哉？」（《為政》）由觀察一個人的行為（「所以」）到探察一個人的行為途徑和方式（「所由」），最後到深察一個人的動機、意趣（「所安」），錢穆先生認為「視」、「觀」、「察」遵循著「淺深之次序」，「由跡以觀心，由事以窺意」〔註37〕。關於此處的「安」，朱熹解釋為：「安，所樂也。所由雖善，而心之所樂者不在於是，則亦偽耳，豈能久而不變哉？」（《四書章

〔註35〕參見唐君毅：《中國哲學原論‧導論篇》，載《唐君毅全集》（卷12），臺北：臺北學生書局1985年版，第536頁。

〔註36〕景懷斌：《心理層面的儒家倫理》，北京：中國社會科學出版社2017年版，第66頁。

〔註37〕錢穆：《論語新解》，北京：生活‧讀書‧新知三聯書店2012年版，第33頁。

句集注》）可知，「安」主要是心理上的動機和意向，是主體在從事行事時所持有的初心和心意，是「指其行為之意態與情趣言」〔註38〕。

二是，孔子在面對宰我對「三年之喪」太久的疑問時，責問宰我，父母喪期未過三年，「食夫稻，衣夫錦，於女安乎？」（《陽貨》）這則故事大可以看作是對孔子所言之「安」的運用。孔子在此處用「於女安乎」來質問宰我，實則是在質疑和追問宰我對待父母喪禮到底持何動機，通過「察其所安」，孔子認為宰我「不仁」。因為宰我所列舉提供的理由都是外在的〔註39〕，且能夠安於錦衣玉食而於心而安，卻從沒想到「子生三年，然後免於父母之懷」的父母之愛，絕口不提三年之喪是為了更感恩、更恰當地回報父母之愛，宰我所持有的態度在孔子看來是不夠仁德的。所以，針對弟子宰我關於「三年之喪」的道德根據之問，孔子提出了「心安之為仁」的原則，這與宰我所認同的「後果」原則和「時宜」原則有明顯不同。與此兩個外在的後果和時宜相比，孔子更在意的是要回歸禮俗人文之源頭和基礎，「強調『心安』這一道德情感在我們日常的道德德性之培育與道德行為之評判過程中的優先地位和根本地位」，「心安」在孔子那裡是「禮教、禮儀、禮俗的道德形而上學基礎」〔註40〕。

三是，「安」所描述和強調的是道德動機的「純粹性」問題。即道德行為要以道德本身為動機，不能夾雜別的外在條件。此即孔子所說的「仁者安仁，知者利仁」（《論語·里仁》）。此處，「安仁」，是「安居仁道中」（錢穆）之意，孔子認為與居住在安穩的地方類似，也須將心安放在穩妥的地方，這個地方便是「仁」，「里仁為美，擇不處仁，焉得知！」（《里仁》）里仁與安仁意義相同，即將仁視為能安居久處的心之居所。《論語·述而》中的另一條關於「安」的出處，則是形容孔子的：「子溫而厲，威而不猛，恭而安」。足見，「安」或「心安」是仁者的狀態，是在道德上的內省不疚，無憂無懼狀態。孔子提出「仁者安仁」正在於將道德永遠看作目的本身，而非僅僅是手段。道德本身作為樂趣，才能具有內在價值。孟子所言的「君子三樂」中，「仰不愧於天，俯不怍於人」（《孟子·盡心上》）也可以被理解為是對孔子意義上的「安」的描述。荀子言「仁義德行，常安之術也，然而未必不危也；污僈突盜，常危之術也，然而未

〔註38〕 錢穆：《論語新解》，北京：生活·讀書·新知三聯書店2012年版，第33頁。
〔註39〕 宰我提供的理由是：「君子三年不為禮，禮必壞；三年不為樂，樂必崩。舊穀既沒，新穀既升，鑽燧改火，期可已矣。」（《論語·陽貨》）
〔註40〕 王慶節：《道德感動與儒家示範倫理》，北京：北京大學出版社2016年版，第39～40頁。

必不安也。故君子道其常，而小人道其怪也。」(《荀子‧榮辱》)雖然，仁義德行會讓人「安」但常常也意味著危險，即便如此，君子仍是要通過「仁義德行」的路徑來達到「心安」的目的，而非走歪門邪道，「污侵突盜」那只會讓人獲得暫時的「安」，但更多的時候是危險的，因而非君子的「常道」。君子只有通過「仁義德行」的常道才能最終獲得「心安」。

「無怨」則是「安」的同義消極表達，《論語》中的「怨」被皇侃解釋為「恨」，怨為怨恨、譏諷、責怪、厭惡等意志情緒，是因遭際上的德福不一而積鬱產生的消極性對抗、抵抗情緒，所以「反德為怨」，怨是德性的反面，是背德的言行。孔子提出「無怨」應該與春秋時期盛行的「怨天」思想極為相關〔註41〕。「無怨」也大體包含兩個相互對應的層面：

一方面是不怨天尤人。孔子謂「貧而無怨難，富而無驕易」(《論語‧憲問》)。孔子觀察到當人處在德福不一時，特別是在面對貧困等物質艱難時，很難不產生抱怨、怨恨的情緒。相比而言，富裕卻不驕傲卻簡單得多。惟此才愈發顯現出在面對困苦時依然堅守道德，無怨無悔的可貴。「問管仲。曰：『人也。奪伯氏駢邑三百，飯蔬食，沒齒，無怨言。』」(《論語‧憲問》)管仲面對粗茶淡飯到老也沒有一句怨言。孔子感歎，「莫我知也夫！」，並解釋道「不怨天，不尤人。下學而上達。知我者，其天乎！」(《論語‧憲問》)

在對伯夷、叔齊的評價中，孔子稱之為「古之賢人也。」但子貢出於對伯夷叔齊餓死首陽山的德福不一，懷疑他們會因此有所悔恨，孔子卻評價道：「求仁而得仁，又何怨。」(《論語‧述而》)孔子也藉此表達他寧願求仁、安仁，也不願意輔佐無道的衛君。孔子沒有將仁與通常意義的富貴等量齊觀，而是將仁本身視作一種目的，是一種「求仁而得仁」的福，是人因道德的完滿而展現出「無怨」進而「心安」，無怨無尤，最終呈現出自然安適的狀態。

另一方面是不為他人所怨。由無怨而安，也由安而無怨，二者同樣一體兩面。此種狀態並非個體所獨享的一種孤獨清淨狀態，而是儒家推己及人的忠恕之道，只有在倫常關係中不斷反躬自省，自反自訟，在德性修養上「做得好」，才能不被人所怨，這正是所謂「躬自厚而薄責於人，則遠怨矣。」(《衛靈公》)孔子甚至將道德的至高境界——「仁」，解釋為無論在邦國之中還是家族鄉里

〔註41〕 《詩經》當中大量詩句反映了疑天、怨天成為西周末年的思想主流。此判斷也
參見楊澤波：《從以天論德看儒家道德的宗教作用》，《中國社會科學》2006 年
第 6 期。

都不為人所怨憤、責怪。「仲弓問仁。子曰：『出門如見大賓，使民如承大祭。己所不欲，勿施於人。在邦無怨，在家無怨。』」（《論語‧顏淵》）「在邦」、「在家」都強調了「無怨」始終不脫離社會人倫關係中。所以，伯夷、叔齊之所以很少為人所怨（「怨是用希」），正在於「伯夷、叔齊不念舊惡」（《公冶長》），因而會被孔子視為「賢人」，是「求仁而得仁」的人。因其無怨，終能得仁。

無論無怨、還是安，抑或是孔子所言的「泰」[註42]，都代表著儒家倫理在德福關係之中自足自適不假外求的完滿和順狀態。「在上位不陵下，在下位不援上，正己而不求於人，則無怨。上不怨天，下不尤人。」（《禮記‧中庸》）君子因其不怨天尤人、更因其無怨於他人，「居易以俟命」，而非「行險以徼幸」，在內在和外在都處於「無入而不自得」的心安狀態，這種心理狀態被孔子用另一範疇「樂」加以特別強調。

4.3.2 樂以忘憂

樂是一種心理上的快樂情緒和情感體驗。從個體的角度看，有生理的快樂，亦有心理的快樂，抑或還有「身─心之樂」；從整體來看，有個體的獨樂也有群體的共樂。

身之樂是對人之身體物慾滿足後的美好感覺和享受所帶來的感官快樂，是由人生來就具備的苦樂感受性造就的，與人的思想活動無關。而且身之樂以個體為單位、無法傳遞，更因建立在物質條件之上所以無法無限制地得到滿足，更會因爭奪滿足身之樂的物質資源而引起無休止的鬥爭。

心之樂則與人對自身之外，諸如他人、文化以及精神性現象等事物的理解、評價有關，據此可被分為求知之樂、人倫之樂以及信仰之樂等多種類型，分別意味著理解的渴望被滿足的自得之樂；被他人關懷、尊重以及關愛他人、助人之樂；信仰之樂則意味著生命價值和生活意義之獲得與覺解的快樂。心之樂最大的特點是不依賴物質條件，可分享而且會因為分享而被放大和延展。

身─心之樂則介於身之樂與心之樂之間。此種樂首先需要有生理（身）條件，但同時也有觀念、思想（心）的作用。典型的如音樂、繪畫等藝術欣賞，既要求感官敏銳耳聰目明，又要求觀者具備一定的學習能力和思想的能動參與，才能領會藝術作品的意蘊和深義。不同的身心之樂對身心因素的比例要求和關係結構不同。身心之樂最普遍的表現是愛情，相愛者是身心的完美結合，

[註42] 子曰：「君子泰而不驕，小人驕而不泰。」（《論語‧子路》）

既表現為身之樂的肌膚之愛，也表現為心之樂的精神契合，既具物質性又具精神性。〔註43〕對「樂」的這種結構區分對我們瞭解儒家意義上的「樂」具有啟示意義。

首先，儒家強調好善之樂。《論語》的開篇便表達了一種儒家之「樂」，「學而時習之，不亦說乎？有朋自遠方來，不亦樂乎？人不知而不慍，不亦君子乎？」（《學而》）學而時習，或是演習禮樂的身—心之樂或是求知之樂，與自遠方結伴而來的同門之友、交流切磋學問的快樂，以及不因別人不瞭解自己而平添不快樂的自得之樂。這些樂無疑都表達了一種道德上的樂。足見，儒家倫理所倡言的樂既有純粹求知上的樂，亦有蹈仁踐義上的身—心之樂，儘管如前所述儒家並不反對物質性的身之樂，但在其所指的樂中並不強調純粹生理上的身之樂。這從《論語》中其他關於樂的描述中也可看出。孔子稱頌顏回之賢：「一簞食，一瓢飲，在陋巷。人不堪其憂，回也不改其樂。」（《雍也》）孔子亦自評為：發憤忘食，樂以忘憂，不知老之將至云爾。」（《述而》）

孔子盛讚顏回在生活條件極為艱苦的情況下「人不堪其憂，回也不改其樂」，仍能找到和維持心之樂，不為外在的世俗所認定的幸福所規定和左右。同時，孔子又自述「樂以忘憂，不知老之將至」，在此，樂就不再是與感官感受緊密相關的身之樂了，因為已經達到發憤忘食的地步，即「樂」並非「有待」的外在價值帶來的快樂，而且這種被後世稱為「孔顏之樂」的心之樂，甚至超越於物質性的身之樂，達到了「忘食」、「忘憂」、「不知老」的地步。同時「樂」也不再是一般的情緒現象，而成為一種道德修養境界，顯示出儒家倫理在面對和處理德福如何統一的問題時，面對命運的撥弄和不確定性時，完全將主動權掌握在自身的「道德天命」中，將德性追求本身規定為樂的終極保證，也即，即便「德」無法帶來特定的外在之「福」，卻最終會獲得德性自身所自足的樂。這種樂是其他外在之樂所無法比擬的。

其次，儒家之樂是一種倫理之樂。「有朋自遠方來，不亦樂乎！」所傳達的正是友朋之間結伴學習相知相契、切磋砥礪的快樂。這在孔子所贊成的「曾點之樂」中就表現的更為明顯：「莫春者，春服既成；冠者五六人，童子六七人，浴乎沂，風乎舞雩，詠而歸。」（《論語·先進》）孔子此處所樂的正是師生之間和樂相處所產生的倫理之樂。所以，無論對孔子還是對顏回而言，「樂」

〔註43〕以上關於「樂」的分類參考了陳少明：《論樂：對儒道兩家幸福觀的反思》，《哲學研究》2008 年第 9 期。

絕非個人的自得其樂、孤獨之樂，已經指向對他人是否快樂的倫理關懷，是人與人相與的仁之樂，也是廣義的人倫之樂、倫理之樂。儒家之樂的精神向度有深厚的倫理內涵〔註44〕。

宗教的德福觀其最基本的命題便是「善有善報，惡有惡報」，但從儒家的人文視角來看，這點如何保證是很值得懷疑的。儒家一方面非常重視孔顏樂處，告訴人們只要真心成德，一定會得到精神之樂，另一方面又從不斷定，保證只要努力成德就一定能夠得到物質幸福，只是勸導人們修身以俟命，得之為命，失之無怨。在儒家那裡德福一致是無法從外在的物質性獲得那裡得到保證和確認的，因為既然承認了盲目而不確定的命運的存在，那就意味著確認了這一點。但儒家為德福一致找到了一種確定性的解決方式，就是孔子、顏回式的德業相勸、聞過則改的切磋琢磨之樂，道德提升之樂，人與人相與之樂，歸根到底是一種徜徉在其樂融融之天倫、人倫中的倫理之樂。這反映了儒家以「人文」的方式，將德福統一的主動權回收到主體身上，「萬物皆備於我，反身而誠，樂莫大焉」（《孟子・盡心上》），如此，方能理解「子路人告之以有過則喜」（《孟子・公孫丑上》）的意味，即改過遷善本身構成了人的至上樂趣，在倫理關係的相互砥礪中獲得進德修業、成德成人的樂趣，這是儒家倫理所言的「樂」。

除此之外，孟子認為人對「樂」具有共同的體驗和感受，「口之於味也，有同耆焉；耳之於聲也，有同聽焉；目之於色也，有同美焉」（《孟子・告子上》）。因此提出「理義之悅我心，猶芻豢之悅我口。」（《孟子・告子上》）與人的感官之樂相類，人們的「心之官」亦有同樂。理義道德具有愉悅人心，使人快樂的作用，正如美味能滿足人的口腹之欲一樣，二者在產生能使人快樂的功能上是相同的，儘管快樂的屬性不同，人們在對樂的追求上具有一致性，追求禮義之樂是人性、人心的深層需要。這就為儒家倫理的德福統一奠定了心理學基礎。

成德行善本身就是一種樂，成德行善之為一種樂，乃在於成德向善指向一種群體之樂和倫理之樂。對此，孟子也曾提出，「君子有三樂」也可以看作是對孔顏之樂的補充說明，其言「父母俱存，兄弟無故，一樂也。仰不愧於天，俯不怍於人，二樂也。得天下英才而教育之，三樂也。」（《孟子・盡心上》）此三種樂皆是有關人倫關係的「樂」，在孟子看來「王天下不與存焉」，即便

〔註44〕 參看陳少明：《論樂：對儒道兩家幸福觀的反思》，《哲學研究》2008 年第 9 期。

是「王天下」與之相比，也要次一等，因而在倫理之樂中能「樂而忘天下」（《孟子‧離婁上》）。只有在人倫關係的相與之道中才能感覺到人倫之樂、倫理之樂。

基於此，孟子更將儒家之樂界定為「同樂」與「眾樂」，而非「獨樂」與「少樂」，並從政治的觀點建議統治者應該與民同樂、共樂，「獨樂樂」不如「與人樂樂」，「少樂樂」不如「與眾樂樂」（《孟子‧梁惠王》，後者在樂的強度和廣度上都更加體現儒家之樂的本義。「樂以天下，憂以天下」，「樂民之樂者，民亦樂其樂；憂民之憂者，民亦憂其憂。」（《孟子‧梁惠王下》）這就更加顯示出儒家倫理之樂的所側重「倫理」性和群體性維度。

最後，從消極性方面看，儒家之樂也意味著「不憂」。樂與不憂經常聯繫在一起，不憂也構成了達成樂的重要途徑。「去憂存樂」是儒家倫理的重要指向。「人不堪其憂，回也不改其樂。賢哉！回也。」（《論語‧雍也》）「發憤忘食，樂以忘憂」（《論語‧述而》）「仁者不憂」（《論語‧子罕》）憂樂在儒家倫理中並提並不是偶然的。無論是《詩經》中的「憂」[註45]還是《論語》中的「憂」，「憂」都「包含對時下困境的憂愁、憂傷，更包括對未來前景的憂慮或擔憂。」[註46]「憂」並不同於「苦」、「哀」，即並非將苦樂、哀樂並舉，而是將憂樂並舉，人所憂慮的總是經過預判而未經驗證之事，因而「憂」並非僅指心理上的哀傷愁苦，更是哲學、倫理學意義的憂患、遠慮，具有指向未來的意義，是對未知所持有的困惑、擔憂。物質上的不足謂之「貧」，精神所追求者謂之「道」，「君子憂道不憂貧」（《論語‧衛靈公》）。

孔子言「知者不惑，仁者不憂，勇者不懼。」（《子罕》）此處「不憂」所關切的不是對自己德福不一的「小憂」，不是暫時的「一日之憂」，《荀子‧子道》載孔子回答子路「君子亦有憂乎？」的問題。孔子答曰，君子「有終身之樂，無一日之憂。」因為「君子，其未得也，則樂其道；既已得之，又樂其治。」小人則「有終身之憂，無一日之樂也」，意味其未得則憂不得，得之又恐失之。君子無論得或未得，都處於「樂」的境地，這是君子的終身之樂。君子之不憂，乃在於君子得與不得都始終有「得道」作為終身之樂的可靠保證，小人則相反，沒有以德為前提，得或不得都處在患得患失的憂慮之中，終身都不會感受到

〔註45〕如：「知我者，謂我心憂；不知我者，謂我何求？悠悠蒼天，此何人哉！」（《詩經‧王風‧黍離》）憂在此詩中反覆出現 3 次之多。又如：「心之憂矣，其誰知之？其誰知之，蓋亦勿思！」（《詩經‧魏風‧園有桃》）

〔註46〕陳少明：《釋憂》，《學術月刊》2016 年第 10 期。

樂。如果君子有憂的話，所「憂」皆在「大憂」，「不憂」的是個體的利害得失的「小憂」。

在另一方面，儒家雖重視「樂」，但又極為強調「樂而不淫」、樂而不流，「樂得其治」。因道德之樂絕非一種狂喜、過分之樂，更因其在樂中始終有憂相伴相隨，這就是對關乎「道之不行」的未來前景的「大憂」。儒家雖則希望能「樂以忘憂」（《論語・述而》），但終不能「去憂」。孔子自己就曾言「君子憂道不憂貧」（《衛靈公》），並認為「德之不修，學之不講，聞義不能徙，不善不能改，是吾憂也」（《述而》）。顯然無論是憂道，還是憂在德性上的停滯不前，都是道德之憂。可見，孔子所希望忘或去的只是個體的私憂，卻終不能對關乎道德的「大憂」釋懷。因為「大憂」所涉及的是關懷他人甚至是更廣闊的公共價值。徐復觀先生對儒家在樂與憂之間的張力作了說明，「因為儒家的樂，是來自義精仁熟」但是仁義本身又含有對人類不可解除的責任感，所以憂與樂是同時存在的〔註47〕。這種「憂」則是「憂患」之憂，保有憂患，才能有「安樂」，孟子謂「生於憂患，死於安樂」。可見，儒家君子之「憂」區別於「人不堪其『憂』」之「憂」，不是對私欲、私利、個人境遇、得失的擔憂，不是患得患失之憂，因而「樂以忘憂」是要忘掉己身之憂，這種憂會影響到樂。換言之，儒家並不憂己身之患，正如莊子對孔顏之樂所作的發揮一樣，「知足者，不以利自累也；審自得者，失之而不懼；行修於內者，無位而不怍。」（《莊子・讓王》）儒家之憂並不是對自己的利益得失福禍的憂愁，這點是莊子所代表的道家與儒家之相同的地方，但儒家所不同的是優人憂世之患。這點遭到了莊子的嘲笑，認為儒家並不是真正的樂以忘憂，因為還存在優人、憂世的一面：「彼仁人何其多憂也？」「今世之仁人，蒿目而憂世之患。」（《莊子・駢拇》）

4.3.3　安樂的心靈秩序及其「人文」屬性

在此，讓我們重返心靈秩序的問題。在對道德何以必要，德性如何可能這一心靈秩序建構的核心問題上，文化倫理觀以心「安」和情「樂」這一「人文」立場作出了回應。與其他倫理學理論一樣，儒家同樣以「德福一致」來回應。只是在儒家那裡，「德福一致」具有特別的規定性。儒家德福觀一方面將以往的「命」觀析解為天命和偶然的命運，繼而將「德」天命化，因而「德」是人注定要實現的「天命」，從而將偶然性的命運排除。《詩經・周頌・清廟》謂「秉

〔註47〕徐復觀：《中國藝術精神》，上海：華東師範大學出版社2001年版，第35頁。

文之德，對越在天」，將德看作人的存在方式；另一方面，將「福」內在化，即「福」主要表現為對天命之德的實現，而非外在的物質獲得。仁德的實現會帶來內在而持久的「福」——安和樂。此「福」的實現與偶然的命運無干，同時也反過來成為主體德性的源泉和動力。「安而無怨」，「樂以忘憂」同時構成德性何以必要如何可能的理由，也構成了文化倫理觀的心靈秩序。

德福不一是現實生活的常態，「君子為善，不能使福必來；不為非，而不能使禍無至」（《淮南子・詮言訓》），王充的「性命兩異」說更是將德與福看作兩類不同性質的事物：「夫性與命異，或性善而命凶，或性惡而命吉。操行善惡者，性也；禍福吉凶者，命也。或行善而得禍，是性善而命凶；或行惡而得福，是性惡而命吉也。性自有善惡，命自有吉凶。使命吉之人，雖不行善，未必無福；凶命之人，雖勉操行，未必無禍。」〔註48〕儒家從未肯定地說有德之人必然能得到幸福，但這並不意味著道德就一定會帶來苦的結果，相反，儒家認為存在一種心境之安和情感之樂，這種樂構成幸福的主要方面。道德固然要常常做出犧牲，付出代價，但只要是出於善良的心性，就一定會得到道德上的樂趣和幸福。孔顏之樂即是這種道德幸福。這種道德幸福區別於外在的物質幸福，甚至外在的物質幸福的缺乏也並不會影響到這種道德幸福。這種道德幸福是純粹精神性的。這種幸福是「求之在我者」，是道德之心得到滿足的內心狀態。

文化倫理觀所建構的心靈秩序不同於宗教對德福一致的解決方式。任何宗教信奉超自然力量作為賞善罰惡之正義主宰的存在，規定了天堂地獄、靈魂不滅、因果報應、來世報償等教義信條，將其作為勸善誡惡的主要方式，試圖為人們的道德行為提供德福一致的可能，為心靈秩序提供神聖和敬畏的基礎。儘管儒家也不乏有宗教色彩的解決方式，但這種方式如神道設教一樣，歸根到底也是「人文」的，而非「神文」的，《禮記・祭統》中的這段話明確表達儒家「祭祀」的人文性：「賢者之祭也，必受其福。非世所謂福也。福者，備也；備者，百順之名也。……是故，賢者之祭也：致其誠信與其忠敬，奉之以物，道之以禮，安之以樂，參之以時。明薦之而已矣。不求其為。此孝子之心也。」

祭祀「自中出生於心也」，看似是為「事神以致福」，但通過祭祀所追求和達致的「福」並非世俗意義上的福，而是調順現實人的倫理關係的一種「裝置」設定和對不測的預備，其意在通過禮達到「上則順於鬼神，外則順於君長，內

〔註48〕王充：《論衡》，北京：中華書局1954年版，第11頁。

則以孝於親」的現實目的。通過「心怵而奉之以禮」的操演來防止所有可能的、潛在的不測，從而使百事皆順的一種祈願，從而表達自身的誠信忠敬之心，而非有求於神，使祭祀主體自身「內盡於己，而外順於道也」。顯然，「祭祀」這一看似最具宗教性的活動在儒家那裡也被自覺為「人文」而非「神文」「鬼事」。

「人文」之區別於「神文」的方式正在，儒家並不渲染死亡之後地獄的恐怖，通過超自然的外在力量來勸善抑惡，也不許諾通往極樂世界的門票，而是立足於人內在的安樂之「福」的實現從主體的道德實現上來確保德福一致，與宗教神秘主義的神佑鬼懲和來世救贖無干，在現世層面通過「天命即德，以德定福」的德福觀來建立心靈秩序。同時，從德福觀的現實效果而言，也只有德性和德行所帶來的內在的安樂才是最為穩固和長久的「回饋」。因安而樂，由樂而安，安和樂就是儒家倫理對德性所保證的「福」的「獎勵」，也構成德性之所以可能的道德動力機制。

心安情樂的道德動力機制完全是出於個體對道德的理性接納和情感認同。心「安」指道德認知層面對善的理性認可和知性接受，是保證道德行為是出於對其行為後果的了然於胸和了然於胸後的自覺自願，安於行德、向善，是因道德自身的內在價值而展開道德行為。相比於心「安」，情「樂」則似乎更側重情感層面的認同和道德信仰的堅定確立。孔子言「知之者不如好之者，好之者不如樂之者。」（《論語·雍也》）知善、好善和樂善，構成道德行為的三個層次。知善未必能行善，好善未必是出於善本身，或者僅僅把善作為一種手段，或者出於偶而為之的突發興趣，仍不免使善與自身相分離，只有形成穩定的道德之樂，以善為樂，才能從情感上與善渾然一體，出於善並為了善，才是儒家道德之樂的至境。同時，也只有真正達到以善為樂的境界，才能真正不以偶然命運的干擾或是外在處境的好壞來決定道德本身的價值。因而在孔子看來「不仁者不可以久處約，不可以長處樂。仁者安仁，知者利仁。」（《論語·里仁》）錢穆先生解釋道：「處境有約有樂，然使己心不能擇仁而處，則約與樂皆不可安。」〔註49〕在此，仁德為長久的安樂之福奠定了絕對的保證，安與樂是樂善行德的必然結果，也只有仁德之人，既可以在承受困苦之境而無怨，也可以因其仁德而保持長久的道德之樂，其穩固心靈安樂的狀態，不會時過境遷。故，荀子言：「故人莫貴乎生，莫樂乎安；所以養生安樂者，莫大乎禮義」（《荀子·強國》）。禮義道德就直接成為心安情樂的直接來源，不假外求。

〔註49〕錢穆：《論語新解》，北京：生活·讀書·新知三聯書店 2002 年版，第 77 頁。

　　安樂也是儒家在面對外在偶然之命運、環境的改變時，安住此心、樂其所安的態度。《論語・子罕》載：「子欲居九夷。或曰：『陋，如之何？』子曰：『君子居之，何陋之有？』」顏回也因其簞食瓢飲居「陋巷」而受孔子稱讚：「人不堪其憂，回也不改其樂」。可見，君子因為具備穩固的德性，就既不會為簡陋的外在生活條件所干擾，任何外在的環境、條件都不能阻礙德性，反而是德性所確立的人生態度能夠面對環境和改變環境之「陋」。君子擇仁而處，「里仁為美」，也會使外在的「陋」顯示出內在的「仁」和「美」。

　　安樂的心靈秩序構成後世儒家，特別是宋儒的重要精神倫理資源。北宋邵雍築「安樂窩」，吟「安樂歌」，以「安樂先生」自謂。周敦頤更是令二程「尋仲尼顏子樂處，所樂何事？」（《二程遺書》卷二上）對孔顏所樂何事，朱熹首開其道，最為詳精。朱熹認為，就道德與樂的關係而言，並非以仁為樂，或以道為樂，即仁或道並不是達到樂的手段，而是人若不經由仁或道，就不能達到真正的儒家之樂的境界。「非是樂仁，唯仁者故能樂爾。是他有這仁，日用間無些私意，故能樂也。」（《朱子語類》卷三十一）可見，在朱熹對樂的理解中，只有道德之樂是不夾雜私欲的純粹之樂，是「先仁後樂」，而非「為樂而仁」，只有在真誠地體仁履德的過程中才會產生此「樂」，「這須是去做工夫，涵養得久，自然見得。」（《朱子語類》卷三十一）所謂的「樂」並非世俗之樂，而是「心安理得」的樂。「是以『仁』持『樂』，以『義』求『樂』，以『禮』比『樂』。」〔註50〕此種樂是仁者之樂，是道德之樂。換言之，「德」自身即是「福」，化成德性的過程就是充滿樂的。

　　由德福一致所關涉到的心靈秩序問題探討到儒家倫理範疇中的安樂，是為了尋繹儒家文化倫理對心靈秩序「化成」的人文性基點，即，至此我們所要揭櫫的是文化倫理心靈秩序建構的核心在於確保個體行善的必要及可能性根據。不同於宗教將德福一致的實現置於人格神的對幸福（特別是物質性幸福）的保證上的解決方式，儒家倫理則將道德如何可能何以必要的理據放在安樂——這一「人文」價值的基礎上，安樂也構成了儒家倫理文化觀的主體根據和動力。道德之所以構成儒家的絕對價值乃在於道德本身即意味著一種至上的「樂」，個人的樂感體驗構成了道德之可能的潛在動力，在德福一致的「倫理學第一定律」中，既構成了前提又構成了可能。因而，在儒家的仁德—安樂的

〔註50〕景懷斌：《心理層面的儒家倫理》，北京：中國社會科學出版社 2017 年版，第66 頁。

德福結構中，「明德是動因，也是尋求的結果；至善是動因，其實也是追尋的結果」〔註51〕。德與福互為因果，仁德與安樂互為因果。

這一建立在人文基礎上的心靈秩序，將善的實現和福的保證掛靠在道德樂感上，而非神秘不可知的人格神上，這恰是儒家倫理有待繼續闡釋和挖掘的地方。福既然不能是一種現實的功利承諾，那麼福，首先意味著一種心靈的安定感、樂感。正如周敦頤曾提出的「尋樂順化」、「順樂達化」的觀念，儒家倫理通過「樂」來確保道德實現的基本保證，並最終將道德目的引向「樂」的審美倫理。孔子所闡發的「成於樂」、「游於藝」以及「知之—好之—樂之」的德性等級，這些都說明，由「樂」與「藝」所展現的「樂之」的主體心靈秩序狀態是儒家倫理「化成」之終端，「樂」也是原典儒學作為「人文化成」之「文化」倫理學的原初本懷。所以，樂對儒家倫理而言具有獨特的意義，「嚴格說來，倫理學上的快樂主義者也不講美學問題；但是，孔子和儒家所說的樂，作為一種心靈體驗，確有美學性質，或有審美意義。」〔註52〕這意味著「樂」可以成為連通儒家倫理學與美學的中介。換言之，儒家所提供有關德福一致的解決思路之人文性在於，通過將善的實現和德性的可能性與美學意義上的樂相「嫁接」，這種思路一方面建立在儒家倫理對善的生活和德性圓成本身即是一種幸福外，還將審美的絕對性之樂納入到儒家倫理的範疇之中，將審美之樂與德性之樂看作是一種樂。從而將德福一致的命運偶然性確立為一種主體心靈秩序的天命必然性，奠定了文化倫理心靈秩序的「人文」之基。

〔註51〕周慧：《傳統儒家倫理思想中的德福之辯》，《倫理學研究》2015 年第 1 期。
〔註52〕蒙培元：《心靈超越與境界》，北京：人民出版社 1998 年版，第 174 頁。

第 5 章　「文化」倫理的理論特質

　　我們已將儒家倫理初步視為一種「文化」倫理，並闡揚了「文化」的旨意以及文化倫理的理論前提，並對儒家以「人文」化成社會秩序和心靈秩序的現實機制作了說明。

　　儒家人文區別於「神文」，以禮樂之文為主要內容，而禮樂之「文」分別向善和美敞開其意義。因而，在社會秩序層面以禮化俗、禮俗互動追求的化民成俗的「習俗美」、「風俗美」，以形成良風美俗，在心靈秩序層面以「人文」達致德福一致的心靈秩序，此一狀態也展現了安樂的人格之美，樂感美。這些都表明文化倫理觀的建立，在於如何理解儒家的「文」所隱含的禮樂、美善之綜合意蘊，同時這些理解，都使儒家倫理區別於現代西方倫理的類型，而自成一種獨特的倫理類型──文化倫理。本章主要對文化倫理的特質作一初步釐清。

5.1　美善相樂的價值特質

　　儒家倫理固然是一種以道德和善為其目標的「倫理學」，但在儒家倫理範疇中，美和善並不決然分離，美和善相即不離互融互涉融貫為一，是儒家倫理的典型特點。《禮記・樂記》言：「禮減而進，以進為文；樂盈而反，以反為文。」鄭玄注曰：「文，猶美，善也。」（鄭玄《禮記注疏》）作為儒家倫理所倡導的禮樂之文既具有審美意義又具道德意義。「就中國古人對詩、禮、樂的理解看，我們很難分清它到底是屬於美學還是倫理學的問題。」[註1] 美與善不可相互

〔註 1〕劉成紀：《中國古典美學中的「美」與「德」》，《光明日報》2018 年 06 月 25 日第 15 版。

取代，即美的未必就是善的，另一方面則說明善必然是從美出發的善，美對於道德之善而言具有奠基性和先發性。正是因此，自孔子以降，中國儒家向來主張以審美教育涵養道德教育，即以美儲善。善和美共同構成「文」的倫理——審美境域。

5.1.1　禮的審美意蘊與樂的道德價值

禮樂構成了儒家之「人文」的內容。儒家的「文」內在地將美善看作是一體兩面的事物，二者在價值上具有同構性和可通約性。深具審美性是儒家倫理的一大特點。韋政通先生曾比對了作為中西方兩大倫理傳統的主要創立者的蘇格拉底和孔子之間的不同，認為雖然二者都以處理道德問題為主，但蘇氏處理的方法是智性的，孔氏處理的方法卻是直覺的。「後者更接近一種藝術的精神」。而且孔子和蘇格拉底在人格形態也不盡相同，這更可以從孔子的生活中更具有藝術情趣這一點來甄別。無論是孔子聞韶樂後的「三月不知肉味」，還是讚賞「曾點之志」，無一不表示孔子對藝術的情趣，並賦予藝術以極高的道德內涵和使命。「孔子說：『興於詩，立於禮，成於樂。』假如『興』，『立』，『成』是代表人生的不同階段的話，那麼孔子理想的人生，實是與藝術相終始。」〔註2〕

原典儒家倫理面對的核心現實問題是如何將周代以來日漸凋敝化、形式化的禮樂之文的傳統重新煥發光彩。孔子感歎的「禮云禮云，玉帛云乎哉？樂云樂云，鍾鼓云乎哉？」（《論語·陽貨》）正在此意。禮和樂構成周代之文的核心內容，但在孔子看來，「郁郁乎文」的周代『禮樂相濟』傳統遭到了破壞，不僅樂已游離出其原有之規約，而淪為只能為諸侯奢侈之用的單純審美形式，禮也因起不到應有的教化作用，而僅上升為純粹的思想觀念。孔子所面對的正是這一歷史窘境，因而提出要回復到禮與樂和諧為一的歷史傳統，進而提出了善美合一的思想。〔註3〕

（一）禮的審美意義

在儒家倫理的使用中，「禮」的概念具有多個層次的內涵。從倫理道德意

〔註2〕 參見韋政通：《中國文化概論》，長春：吉林出版集團有限責任公司2008年版，第142～143頁。

〔註3〕 參見劉悅笛：《從倫理美學到審美倫理學——維特根斯坦、杜威與原始儒家的比較研究》，《哲學研究》2011年第8期。

義而言，禮可被看作禮儀和禮義內外兩個方面。首先是外在的禮儀，是道德行為的「文飾」和「展演」程序，其次是作為內在仁義道德的「禮義」，也被稱為「理」，《禮記‧樂記》強調「禮也者，理也」。禮的內外兩重含義都既具有道德意蘊又具有審美意蘊。禮意味著審美的人格化以及人生的審美化。美不僅是自然美、藝術美，美更表現為精神美和道德美。日本美學家今道友信將精神美稱為「最高價值的美」，其認為「考察美，絕不會只限於藝術方面。實際上，無疑往往是在考察人類的最高道德。」〔註4〕與通常意義上的自然美和藝術美相比較，禮的審美意義毋寧說是一種「道德美」。

一方面，禮儀節文具有審美意義。《孟子‧離婁上》言，「仁之實，事親是也；義之實，從兄是也；智之實，知斯二者弗去是也；禮之實，節文斯二者是也；樂之實，樂斯二者，樂則生矣；生則惡可已也，惡可已，則不知足之蹈之手之舞之。」孟子明確地認為，禮的實質是調節和修飾內在仁義之德的文飾，樂的實質則是促發人們對仁義道德的好、樂情感，對道德善的領悟和踐行就會產生「情不自禁」、「手舞足蹈」般的快樂。「禮」在荀子那裡是一個核心倫理範疇。荀子也對禮的審美價值和審美意蘊進行了闡發：「禮者，斷長續短，損有餘，益不足，達愛敬之文，而滋成行義之美者也。」禮首先是達到「愛」和「敬」之道德內容的「文」，其目的在「滋成行義之美」，就是使道德行為在表現善的同時產生一種「美」，換言之，即禮對行為有修飾、美化的作用，既與情感愛敬憂戚的順暢表達有關，又與言行舉止的從容有度有關。使得「行義」、行善的行為具有美的屬性呈現。禮在荀子的解釋裏是作為愛和敬之道德情感和道德理性的「文」，是情理合一的行為的藝術，實則，荀子此處意義上的「禮」已是禮樂合一的「文」。禮即可以看作是對人的行為的文雅化和群體活動的形式化、儀式化，是一種行為適中、表現得宜的行為美學。孔子言：「禮之用，和為貴。先王之道，斯為美。」（《論語‧學而》）禮的節文不是為了束縛人，其價值在對個體和群體的「和」，既是對個體人心的和順，和外在行為的美化，更因其對人群產生的協調融通的作用，而展現為一種和美。以禮為美，終是以「和」為美。禮是對容貌態度行為的修飾，「容貌態度進退趨行，由禮則雅，不由禮則夷固僻違，庸眾而野。」（《荀子‧修身》）正如蔡元培先生所言，「禮

〔註4〕〔日〕今道友信：《關於美》，哈爾濱：黑龍江人民出版社 1983 年版，第176頁。

之本義在守規則，而其作用又在遠鄙俗」〔註5〕。禮歸根到底，是對人脫離動物性、粗鄙狀態的「文」化、雅化、高尚化的努力。因為西周的禮樂制作是使人「文」化，從本質上來說是對人的雕琢和美化，「無偽則性不能自美」（《荀子‧禮論》），「君子之學也，以美其身。」（《荀子‧勸學》）日本學者今道友信將禮的這一方面功能概括為「一種優雅和模範行動的體系」與「舉止文雅的藝術」〔註6〕。

李亦園從人類學的角度對禮儀在中國人道德生活中的作用作了分析，他認為中國人的道德是借行動來表達的，「道德倫理不是理論的存在而是實踐的行動」，「中國人的生活中不論是宗教的或非宗教的，神聖的或世俗的，隨時隨地都要舉行儀式，借儀式行為以表達其對人際關係的肯定，所以對儀式的正確性與否甚至比實際行為還要講究。……借表演行為以譬喻人生，借行動來表達其文化理想以及內心的意願。」〔註7〕足見，禮儀、儀式是內在的道德的意願和行為的動機外化、程式化為一套「表演行為」，因而，道德上內在的好、善，就體現在是否遵循外在固定的禮儀模式，禮儀模式上按照所認定的正確的規格「表演」，很大程度上就是符不符合道德、是否道德的標準。行為的正確性、道德動機的正確性都附隨在禮儀方面是否得當、不逾禮。因而，「八佾舞於庭」的季氏，在孔子看來「是可忍也，孰不可忍也？」（《論語‧八佾》）

借由儀式來詮釋倫理道德，在對他人的倫理行動和儀式表達中，禮儀的「表演」「使參與者以及表演者都因之而投入新境界，其引導與轉移的力量，經常是超出想像之外的」〔註8〕。如此一來，在道德行為的展演中，人們通過對共同儀式的互動表達，進而產生一種倫理連帶感、道德集體感體驗，不僅表達了道德的內核，更在儀式中完成了道德的昇華和再造，使得人倫關係跨入一個新境界或新階段。作為道德外顯的禮儀、儀式，所產生的道德昇華、倫理凝聚力，就自然呈現為一種接近「審美」的道德體驗，與審美具有了共同性，或者毋寧就可以將之看作是一種審美活動。

另一方面，禮所表達的仁義本身就是一種美。人們通常將德、善都稱為美，

〔註5〕高平叔編：《蔡元培教育論著選》，北京：人民教育出版社 2011 年版，第 604 頁。
〔註6〕〔日〕今道友信：《東方的美學》，蔣寅等譯，北京：生活‧讀書‧新知三聯書店 1991 年版，第 96 頁。
〔註7〕李亦園：《人類的視野》上海：上海文藝出版社 1996 年版，第 180～181 頁。
〔註8〕李亦園：《人類的視野》上海：上海文藝出版社 1996 年版，第 182 頁。

德是一種「心靈美」,「善」則表現為美言美行。孔子在《論語》中共有 14 次提到美,至少有 10 次美當作德、善來解。如「里仁為美」[註9]之語,將內在的仁心仁德看作是一種「美」,「君子成人之美」、「有周公之才之美」、「尊五美,屏四惡」等語都與善心、善行、德性、德行相關。《詩經》中也多有仁、美並稱的出現,如「洵美且仁」(《鄭風・叔于田》)、「其人美且仁」(《齊風・盧令》)等。屈原的《離騷》中亦有「紛吾既有此內美兮,又重之以修能」。這些說法之間可相互參照印證,足見,在先秦,仁、美並稱且相互關聯,進而將仁、善稱為「內美」,美善互換通用。而且「美德」一詞的構造,即意味著以仁義道德為主要內容的禮義本身就是一種美。

在孟子對於「美」的闡發中,美是一種善的充盈狀態。「可欲之謂善,有諸己之謂信,充實之謂美。」(《孟子・盡心下》)顯然這種充盈是以「善」、「信」為其內容的,換言之,美是善、信的道德充盈狀態。漢代趙岐注曰:「充實善信,使之不虛,是為美人,美德之人也。」(《孟子注疏》)善、信構成了人之「美」的主要內容和核心內涵。張載則解釋道:「可欲之謂善,志仁則無惡也;誠善於心之謂信;充內形外之謂美……」(《正蒙・中正》)。而且孟子以反問的方式確證了仁義為美:「齊人無以仁義與王言者,豈以仁義為不美也?」(《公孫丑下》)

荀子對「美」的解釋是君子在道德禮義修養上的「全」和「粹」,「君子知夫不全不粹之不足以為美也」(《荀子・勸學》),這裡的「美」是道德修養上的充實完整、純粹精深的境界,是由道德修養所達到的人格美。人身上的「美」主要體現為德性、人格健全之美,君子身上所體現出來的理想人格形象是善與美的結合。

《禮記・樂記》講:「德者,性之端也;樂者,德之華也;金石絲竹,樂之器也。詩,言其志也;歌,詠其聲也;舞,動其容也。三者本於心,然後樂器從之。是故情深而文明,氣盛而化神,和順積中而英華髮外,唯樂不可以為偽。」「德」是人性的開端和基礎,樂、詩、歌、舞等美和藝術都根源於此人性的道德之基,所以,「情深」是「文明」的基礎,只有「和順積中」自然才能「英華髮外」。

[註9] 此處的「里」多被當作居住解,即「居仁為美」,仁所指的內心的仁道、仁愛,即孟子所言「仁,人之安宅也」(《孟子・離婁上》),仍不妨礙「仁」被儒家視為「美」。

道德具有美的內涵和形式，人格德性亦或是道德行為都能引起人的價值評判，這種評判既可以是道德判斷也可以是審美判斷，具體的、可感的道德形象、道德行為，展示了人格之美好，或人際社會關係之和諧，這種道德的和諧狀態也未嘗不是一種與「自然美」「藝術美」並列的「道德美」。錢穆對《詩經》中的「美目盼兮，巧笑倩兮」解釋道：「其美不在目與口，乃在盼與笑，更在盼與笑者之心。使在盼與笑不真不善，則亦無美可言。」對「窈窕淑女，君子好逑」也同樣認為「窈窕非色，乃其行，其心，其德。」並認為「中國人論美，在德不在色。」〔註10〕

足見，在儒家倫理中，德或善成為審美的對象，道德價值也成為審美價值的重要內核構成。道德價值的缺失往往會降低甚至消解審美價值，反之道德價值值的充盈，會提升審美價值，並且其自身就展現為一種審美價值，如美德、美言、美行，僅僅是因為道德價值就被冠以「美」，也即善具有獨立的審美價值，而美卻不必具備善的價值。

（二）樂的道德價值

禮與樂構成儒家之「人文」的整體，而在文化價值的建構上，儒家之樂（le）則更具體地展現為對「樂」（yue）的道德價值的發覺和重視。儘管儒家禮樂並稱，禮樂在事實上常常不可分，並且常常以禮代樂，二者確有區別。春秋時代在人文教化上禮之所以取代樂，原因在於禮的規範性是表現為敬與節制，既容易為一般人所意識到，同時也是容易實行的。與之相比，「樂的規範性則表現為陶鎔、陶冶，這在人類純樸未開的時代，容易收到效果；但在知性活動已經大大地加強，社會生活已經相當地複雜化了以後，便不易為一般人所把握，也是一般人在現實行為上無法遵循的。」〔註11〕

但這並未影響「樂」（yue）之作為儒家倫理的核心範疇在價值世界建構中的作用，這種作用是通過與上所闡明的儒家倫理之樂發生關聯而產生的。「音樂之樂的出現，的確晚於快樂之樂。音樂之樂之所以用快樂之樂來表示，可能因為樂之根本是要讓人得到快樂。」〔註12〕關於音樂與儒家倫理之樂的關係，荀子曾闡揚道：「夫樂者、樂也，人情之所必不免也。……故人不能不樂，樂

〔註10〕錢穆：《現代中國學術論衡》，長沙：嶽麓書社1986年版，第261頁。
〔註11〕徐復觀：《中國藝術精神》，上海：華東師範大學出版社2002年版，第2～3頁。
〔註12〕李天虹：《性自命出》，武漢：湖北教育出版社2003年版，第83頁。

則不能無形，形而不為道，則不能無亂。先王惡其亂也，故制雅頌之聲以道之，使其聲足以樂而不流，使其文足以辨而不諰，使其曲直、繁省、廉肉、節奏，足以感動人之善心，使夫邪污之氣無由得接焉。」(《荀子‧樂論》)

音樂是儒家倫理之樂的一部分，是倫理之樂的樣態化、形象化表達，也是倫理之樂所達到的身心、人己和順之樂的象徵。樂訴諸於樂（yue）的形式，使樂的情感合理地表達，賦予其道德價值，樂（yue）同時又反過來發動人的善心，使人遠離邪污之氣。儒家之樂雖不限於「樂」（yue），但樂（yue）確實深刻地體現了儒家之樂的內在之蘊。樂是由樂（yue）達致的審美境界，樂（yue）即是樂（le）。音樂之樂與身心之樂具有一致性。「君子以鍾鼓道志，以琴瑟樂心。……樂者，所以道樂也」(《荀子‧樂記》)，樂是用來表達樂的途徑和載體。「中國舊時的所謂『樂』（岳）它的內容包含得很廣，音樂、詩歌、舞蹈本是三位一體可不用說，……所謂『樂』（岳）者，樂（洛）也，凡是使人快樂，使人的感官可以得到享受的東西都可以廣泛地稱之為樂，但它以音樂為代表是毫無問題的。」〔註13〕

因而，儒家倫理之樂（le）與音樂實為相通之事。《論語‧述而》載孔子聞韶的「極樂」經歷：「子在齊聞韶，三月不知肉味。曰：『不圖為樂之至於斯也！』」而之所以如此，是因為韶樂既盡美又盡善的雙重屬性〔註14〕。質言之，儒家倫理認為音樂作為一種審美活動，在深層次上是與倫理之善深契、與人倫之理相勾連的。孔子認識到要讓人們「好德如好色」，而且「好之者不如樂之者」，換言之，只有樂才是道德穩固可靠的動力機制，也即道德本身內含著一種樂，這種樂是持久地寄居在倫理中的安樂。荀子則看到，既然樂是人情之所不免，即人注定要在樂中，樂是人的規定性，人不能無樂，因而更應以主動性、建構性的態度，將樂形而為道，以雅樂、正樂等傳達正面情感的音樂化民、導民，以免為無道之樂所亂。因而樂（le）具體化為樂（yue），「樂教」也得以成為儒家人文化成的主要途徑之一。

《禮記‧樂記》言：「樂者，通倫理也。」樂的倫理功能在「合」與「同」。《禮記‧樂記》中言：「禮者，殊事合敬者也，樂者，異文合愛者也。」「樂者

〔註13〕郭沫若：《中國古代社會研究 青銅時代》，見《郭沫若全集》（歷史編第一卷），北京：人民出版社 1982 年版，第 492 頁。
〔註14〕「子謂韶，『盡美矣，又盡善也。』謂武，『盡美矣，未盡善也』。」(《論語‧八佾》)

為同，禮者為異。同則相親，異則相敬。」禮和樂具有不同的道德作用，與禮通過區分高低貴賤以達到相互敬重（「殊事合敬」）不同，樂，則主要通過不同的藝術形式和手段來使人們相互親近，禮重視的是道德理性，樂重的是道德情感。與禮所具有的區分上下高低貴賤等級的功能進而使人相互敬重相比，樂能通過不同的藝術形式的情感共鳴感染、擢升人的倫理凝聚感，使人們相互親愛，產生「上下和」、「無怨」、「合父子之親，明長幼之序」。

具體而言，在儒家倫理中，樂具有相互聯繫的兩方面功用。

在個體層面，樂可以「治心」，使君子「樂得其道」，從而「以道制欲」，進而「情深而文明，氣盛而化神」、「和順積中而英華髮外」（《禮記·樂記》）。樂不是滿足欲望的工具，而是具有分辨是非善惡，進而導人向善的作用，「非以極口腹耳目之欲也，將以教平民好惡而反人道之正也。」（《禮記·樂記》）可以使個體產生一種德性飽滿的美好狀態。「樂」具有感通性，「夫聲樂之入人也深，其化人也速。」（《荀子·樂論》）禮樂並非為滿足人的聲色耳目之欲，而是通過樂的感通力量，而使人知善明惡，歸於正道。通過情感的由感而動，使民產生由內而外的養成德性，促就德行，「反情以和其志」、「比類以成其行」「剛毅」、「慈愛」。「夫歌者，直己而陳德也。動己而天地應焉，四時和焉，星辰理焉，萬物育焉。」（《禮記·樂記》）

在社會層面，「聲音之道，與政通矣。」（《禮記·樂記》）與亂世之音、亡國之音相比，治世之音樂的共通感可以產生「上下和」「無怨」「合父子之親，明長幼之序」（《禮記·樂記》）的平和融洽的社會狀態。樂可以感動進而產生統合人心的作用。《周易·繫辭上》已有「鼓天下之動者存乎辭」之語，「夫歌者，直己而陳德也。動己而天地應焉，四時和焉，星辰理焉，萬物育焉。」（《禮記·樂記》）學者認為，樂之所以能統合人心，是因為其脫胎於上古巫術的古代藝術，具有一種天然的「共通感」，「成為保存集體意志、集體無意識的『集體心象』（collective representations），因而與宗教信仰、倫理規範交融，其共通感更側重於共屬感，即對所在共同體的歸屬感。這種古代審美的共屬感仍保存在現代社會的傳統節日、禮儀中。」〔註15〕換言之，樂從上古巫術的演化中保留了其凝聚集體共屬感、歸屬感的情感力量。

孔子晚年「從心所欲」的境界，也可以用『樂』來概括。之所以有此判定，集中反映在孔子「興於詩，立於禮，成於樂」（《論語·泰伯》）的論述上，儒

〔註15〕尤西林：《審美共同感與現代社會》，《文藝研究》2008 年第 3 期。

家倫理雖然是禮樂並重，但最終卻將樂安放在禮的上位，「認定樂才是一個人格完成的境界，這是孔子立教的宗旨。」〔註16〕而且由於詩經常是要用音樂的形式歌唱出來的，歌〔註17〕的主要內容就是詩，所以「詩在當時是與樂不分的。孔子的詩教，亦即孔子的樂教。」〔註18〕人格的道德成長是用歌詩的方式興發人的道德情感，並且最終歸於「和樂」的境界。即在儒家那裡人的道德生命始終都伴隨著「樂」。關於樂的道德價值，孟荀對此亦有所繼承光大，《孟子・盡心上》云：「仁言，不如仁聲之入人深也。」《荀子・樂論》亦說：「夫聲樂之入人也深，其化人也速。」都強調通過德音、仁聲而產生導善、向善的效果，以樂致善。唐君毅先生說：「《禮記》之論禮樂之原，皆直在人文之始創處立根，以見此禮樂之文之始創，乃純出於人情之自然。」〔註19〕

此外，樂以致善的儒家文化倫理觀，在宋儒，尤其是朱熹那裡更是得到了發揮〔註20〕。朱熹認為「樂」「可以養人之性情，而蕩滌其邪穢，消融其渣滓」（《四書章句集注》），所謂「渣滓」有兩方面之意，其一即「私意人慾未消者」；其二，「不出於自然而不安於為之之意」（《朱子語類》卷45），即，渣滓使得人在面對道德境況時，仍不免夾雜別的動機，不能安於行善，不是出於自然而然的道德情感和動機將善作為目的。質言之，不能做到以善為樂。只有「樂」可以融化渣滓，「聞樂就可以融化了」（《朱子語類》卷45），在樂中，善與樂的渾然天成。「於樂處便是誠實為善」（《朱子語類》卷24）只有這種樂以致善的審美境界，才是從心所欲不逾矩的道德自由之境。「樂」已使儒家倫理具有美學意蘊，進而以美促善，以善為美。正如徐復觀先生所總結到的，「由孔門通過音樂所呈現出的為人生而藝術的最高境界，即是善（仁）與美的徹底諧和統一的最高境界」〔註21〕。

〔註16〕 徐復觀：《中國藝術精神》，上海：華東師範大學出版社 2002 年版，第 2〜3 頁。

〔註17〕 孔子很重視「歌」，《論語》中曾有兩處表達了此意。其一是「子於是日哭，則不歌。」（《論語・述而》）其二是「子與人歌而善，則必反之，而後和之。」（《論語・述而》）

〔註18〕 徐復觀：《中國藝術精神》，上海：華東師範大學出版社 2002 年版，第 4 頁。

〔註19〕 唐君毅：《中國哲學原論（原性篇）》，北京：中國社會科學出版社 2005 年版，第 54 頁。

〔註20〕 關於宋儒，特別是朱熹的美學思想，潘立勇作了詳細考察，參看潘立勇：《朱子理學美學》，北京：東方出版社 1999 年版。本部分論述對其亦有所參考。

〔註21〕 徐復觀：《中國藝術精神》，上海：華東師範大學出版社 2002 年版，第 24 頁。

5.1.2　審美與道德的價值感通

儒家倫理追求的是價值感通，價值是一種廣義上的「好」（good），「『好』作為正面的價值，似乎具有更本源的特點。」〔註22〕「好」在道德領域上表現為善，在審美領域中表現為美，善和美都指向人的存在的完善，主體「既通過感性等需要的滿足來實現其生命的潛能，也須在主體間的交往過程中以道德實踐等方式確證其類的本質並提升其人格境界。」〔註23〕也即，美或善的「好」總是相對於人的特定需要而言的，因而，都是價值上的「好」。在儒家倫理中美與善在價值上往往也是感通的，有時候二者被直接等同，如「君子成人之美，不成人之惡」（《論語·顏淵》）中「美」就是善。美和善價值上並無絕對隔閡，二者常常相替互換。

程顥曾以醫學上的「麻木不仁」來比喻道德感的闕如和喪失，「醫家以不認痛癢謂之不仁，人以不知覺不認義理為不仁，譬最近。」〔註24〕所描述的正是對「仁」的知覺的喪失，「仁」是對道德義理能有所知覺。以此，對儒家倫理而言，最終要的是要警惕對道德無感的「麻木不仁」，從另一方面就是尋求如何才能保存、擴充人的「道德感」的問題。「孔子的哲學問題，可以說就是在要求人與人間的如何相感相通，人與人能相感相通，則人間便是一和和融融的人間。儒家所重視的禮樂，也不過就是達到一和融人間社會的一種工具。」〔註25〕人與人的相感相通，首先是要達成在道德感、價值感上的相感相通。禮樂美善具有價值感通和「和融人間」的作用。

在儒家倫理中，同屬價值感的道德感與審美感具有千絲萬縷的聯繫。有學者提出道德感動和美學感動之間具有同一性。「無論道德感動還是美學感動都無疑是一種價值感動，是一種由『好東西』所激發的感動。」〔註26〕如何看待道德感和審美感之間的關係，審美感和道德感如何轉化、感通、互動是儒家倫理中很特殊的一環。

孔子很重視審美感與道德感的相通性。「子在齊聞《韶》，三月不知肉味。

〔註22〕楊國榮：《倫理與存在》，北京：北京大學出版社 2011 年版，第 72 頁。

〔註23〕楊國榮：《倫理與存在》，北京：北京大學出版社 2011 年版，第 74 頁。

〔註24〕〔宋〕程顥，程頤：《二程集》第 2 集，北京：中華書局 1981 年版，第 33 頁。

〔註25〕韋政通：《中國文化概論》，長春：吉林出版集團有限責任公司 2008 年版，第 97 頁。

〔註26〕王慶節：《道德感動與儒家示範倫理學》，北京：北京大學出版社 2016 年版，第 24 頁。

曰：『不圖為樂之至於斯也！』」(《論語‧述而》)《韶》樂帶給孔子一種超越「肉味」之生理體驗的高峰審美體驗。儘管《武》樂在審美上也達到了很高的水準，但終因「盡美矣，未盡善矣」，而遜色於《韶》樂。《韶》樂之動聽不僅是由於韶樂所具備的藝術性和審美性，而在於《韶》樂在內容上所宣揚的禮樂教化、歌功頌德思想比《武》樂所宣揚的述功正名、耀武揚威要更具道德價值。足見，《韶》樂的道德價值產生了更高的審美體驗，從而使得道德價值本身同時具備了審美性。這說明道德價值蘊含了審美價值，至少是增益了審美對象的審美價值，所以，道德價值是否在審美活動具有崇高的地位，「關鍵要看這種道德價值能否切實地給人帶來審美體驗」〔註27〕。

儒家倫理將道德感和審美感看作建立在同樣一種「好」的道德情感上，並試圖格通審美感和道德感，將人在對待美好事物（美色、美景等）審美感延伸擴充到道德感上，為道德感找尋堅實的道德基礎。孔子之言「吾未見好德如好色者也」，其所追問和尋求的就是，如何能使人的道德感（「好德」）能夠如同審美感（「好色」）般具有堅定、直觀的意向性，甚至上升為一種不假思量、率性而為的自然情感。事實上孟子也曾提出這個問題，孟子用類比的方式提出正如美色是人目之所同美，理義是人心之所同然。孟子認為「目之同美」與「心之同然」，將「目」和「心」都視為人的感受器官，因而在對同一件事物的感受性上是等同的。儒家從一開始就默認無論是目之美感與心之「理義」（善感）是「人之所同然」，所以很重視如何將人對美色的喜好，延伸擴展到對道德善的喜好，形成如審美一樣堅定的道德感。「人但得好善如好好色，惡惡如惡惡臭，便是聖人。」〔註28〕因為「好善如好好色，意味著對善的肯定和認同，已如同自然的情感。一旦形成了如上的情感趨向，則自我對行為的選擇便能超越勉強，達到從容中道的境界。」〔註29〕

總體而言，美和善，在儒家哲學中，無論在儒家歷史的進程中，還是在哲學家的體系中，都沒有出現明顯的分化，「既沒有出現智性與情感的二分，也沒有出現知、情、意的三分。」〔註30〕在道德心理結構和審美心理結構上，美和善分享著完整的知情意統一的心理結構。也正因此，孔子認識到了情感

〔註27〕 余開亮：《儒家倫理美學如何可能》，《孔子研究》2016 年第 5 期。
〔註28〕 王陽明：《傳習錄》，《王陽明全集》，上海：上海古籍出版社 1992 年版，第 97 頁。
〔註29〕 楊國榮：《倫理與存在》，北京：北京大學出版社 2011 年版，第 143～144 頁。
〔註30〕 蒙培元：《理性與情感》，北京：中國社會科學出版社 2002 年版，第 13～14 頁。

體驗對道德認識的昇華作用，並「著意通過情感體驗來實現知識和道德的貫通」〔註31〕。這從孔子的一些論述就可以看出來。如「見賢思齊焉，見不賢而內自省也。」(《論語·里仁》)，「賢」與「不賢」的事實判定中，迅速提升出「思齊」和「自省」的應然性道德價值，足見在儒家倫理中沒有道德知識和道德行為之間的割裂，這其中最重要的機制便是「道德情感體驗」。在情感體驗中事實和價值、價值和行為之間豁然貫通。

美和善在價值上的同屬性。孟子說：「可欲之謂善，有諸己之謂信，充實之謂美，充實而有光輝之謂大，大而化之之謂聖，聖而不可知之之謂神。」(《孟子·盡心下》)錢穆認為：「孟子此條，歷言人生理想諸境界。……一言一行善，而充實之，斯為美。孔子曰：『未見好德如好色者』，色固有美而德更美，更可好。」〔註32〕在孟子的此段論述中，「美的對象和美的感受，已超出了有形的、物質的東西，而向著人的心情、言行、人格性，即向著精神的、倫理的東西擴大、推移。由於其人格的崇高，就被美稱為聖人、君子，由於其行為的崇高，又可褒美味志士仁人。」〔註33〕顯然，在儒家倫理中，從未將美和善分開而論，善的「充實」就是一種美，審美的對象顯然已經超出了有形的「色」，而達向「善」的道德價值領域，用來指稱善的充沛狀態。值得注意的是孟子此處提到了「大」、「聖」、「神」的價值範疇，這三者超越了「善」、「信」、「美」。「大」作為一個價值範疇，通常被形容為一種高超的人格境界。學者認為「大」可以與美互訓，但『大』有時又意味著比『美』具有更高的價值。」〔註34〕如孔子曾稱讚堯：「大哉，堯之為君也！巍巍乎！唯天為大，唯堯則之。……煥乎！其有文章。」足見，「大」既是一種審美評價又是一種道德評價，是道德人格所展現出的廣博寬厚的審美境界。聖和神更是道德與審美同時具備的基礎上能產生「化」的作用，以致達到一種「不可知之」的境界。

從心理感受的發展歷史維度而言，審美的共同感和倫理的共屬感曾是一種心理體驗，審美活動所造就的審美共通感與倫理共屬感是相互關聯互涉的。

〔註31〕景懷斌：《心理層面的儒家》，北京：中國社會科學出版社 2017 年版，第 213、214 頁。

〔註32〕錢穆：《現代中國學術論衡》，長沙：嶽麓書社 1986 年版，第 27 頁。

〔註33〕〔日〕笠原仲二：《古代中國人的美意識》，北京：北京大學出版社 1987 年版，第 57 頁。

〔註34〕〔日〕笠原仲二：《古代中國人的美意識》，北京：北京大學出版社 1987 年版，第 55 頁。

審美共通感直接地繼承了前現代共同體的共屬感尤其是倫理感，而且在審美共通感中已沒有了古代共同體的蒙昧崇拜與身份等級，而是以個體想像為自主的精神共鳴，足見，審美共通感已經完成了對前現代倫理或宗教共同體的共屬感的現代性轉化。因此，近代英國經驗派（如休謨）將內化的「道德感」、「同情」都混同為美感，當代西方倫理學中亦存在著對情感主義的特殊依賴，這種種都表明了審美共通感與倫理共屬感的嬗變關聯。〔註35〕美和善的基點都是情感，情感使得美和善的相互調換成為可能，情感是美和善溝通聯結的中介和橋樑。正是通過情感，美與善「感而遂通」。

從儒家倫理而言，審美感和道德感的互通互動一直存在。美感和道德感因其「感通」因而可以產生互動。「興發」、「比類」、「涵泳」等既是美學範疇也是道德範疇。孔子言「興於詩，立於禮，成於樂」（《泰伯》），特別強調了「興」的作用，「興」能夠「引譬連類」和「感發意志」，是主體的精神情感有所感奮而興發、昇華。朱熹對「興於詩」注解道：「興，起也。詩本性情，有邪有正，其為言既易知，而吟詠之間，抑揚反覆，其感人又易入。」對於初學者而言，具有「興起其好善惡惡之心，而不能自己者」（《四書章句集注》）的作用。自然和藝術之美對道德和善具有興發、滋養和化育的作用。「興」的方式，是一種帶有很強主觀傾向與情感態度的思維方式，它通過聯想感悟、類比引申等方式來達到「舉一隅以三隅反」、「聞一以知十」、借題發揮的目的，「興發感動」也被認為是古典中國詩詞最重要的美學價值的基礎〔註36〕。詩本於性情，包含正邪的「感性敘事」，能為人所易知易入，故能在抑揚頓挫的吟詠之間，很快「興發感動」，當人們在進行審美判斷的時候，道德判斷也同時發生了，觸發人的善惡是非之心，由審美感連通道德感，實現了美感與道德感的融通與共契。

美感和道德感的互通互動還集中體現在第二章中已初步述及的「比德論」中。其將自然的美感與道德的價值相聯繫，是儒家美善相濟的具體道德—審美相融的範例。在中國文化裏，自然中的山、水、天、地等自然中形形色色的事物，都無不在作為審美對象的同時也作為道德的對象而被賦予道德價值。不僅美與善在心靈上可以互通，且美的對象亦即象徵善。如孔子可以從形形色色的水的美妙姿態中，體會到各種善；從歲寒中，「然後知松柏之後雕也」。植物的美學姿態也被後世賦予道德意涵，「梅令人高，蘭令人幽，蓮令人淡，牡丹令

〔註35〕 參看尤西林：《審美共同感與現代社會》，《文藝研究》2008 年第 3 期。
〔註36〕 參看葉嘉瑩：《迦陵論詞叢稿》，北京：北京大學出版社 2008 年版，第 1 頁。

人豪，松令人逸，桐令人清，柳令人感。」比德論即是從美的對象體會到善。
將植物有情化，德性化、人格化了。「在儒家心目中的宇宙萬物，是洋溢著生
機、生意、生德的。所以孔子的『逝者如斯夫，不捨晝夜』之歎，照末儒解釋，
就是孔子體會到宇宙的浩浩道體了。這是道德的宇宙觀，同時也是藝術的宇宙
觀。」〔註37〕在儒家的道德生活世界中，美的對象常常也是道德的對象，美與
善是互惠互補的。「美的對象，美的事物，例如自然界的雄偉的山峰，澎湃的
海岸，明媚的花鳥；社會生活中的豪邁的勞動場面，英勇的戰鬥情景，英雄的
崇高形象，之所以無不給人以或壯美或優美的種種情感感受，正在與它們是人
們的社會實踐的具體的生活體現。」〔註38〕

　　「比德論」顯示了儒家的道德審美觀，即一種把道德品質作為美的特徵來
欣賞的觀點〔註39〕。儒家對自然界的欣賞是一種道德審美。但這也並不意味著
美自身價值的隱匿，而只是強調道德自身作為一種美的自足性，將道德作為一
種審美是儒家倫理的創建。比德論的道德審美觀，使得儒家傾向於用道德範疇
來描述自然事物的美，因而，儒家倫理中，審美範疇和倫理範疇常常相互交叉，
彼此重合。「在中國文化精神裏，美與善的截然區分，頗不容易。一幅美的畫，
令人悠然神往，當這種自棄忘我的心境出現時，謂其為美，誠然；謂其為善的，
似亦無不可。」〔註40〕

5.1.3　美善相樂構成「人文」的價值內核

　　以上論述表明，作為儒家「人文」之內容的禮樂都兼具審美和道德價值。
美善相樂，共同構成儒家的「人文」價值。

　　一方面，禮和樂從其價值表現而言都既具道德意蘊又具審美意蘊，另一方
面，審美和道德在儒家倫理傳統中並無價值隔膜，二者「感而遂通」。因而儒
家的「文化」從一開始就意味著道德—審美、美—善兩個交錯契合的價值向度。
荀子將儒家倫理美善合一的特質表達為「美善相樂」。其言「樂行而志清，禮
修而行成，耳目聰明，血氣和平，移風易俗，天下皆寧，美善相樂。」（《荀子·

〔註37〕韋政通：《中國文化概論》，長春：吉林出版集團有限責任公司2008年版，第
　　　　144頁。
〔註38〕宗白華：《美學散步》，上海：上海人民出版社1981年版，第188頁。
〔註39〕倪培民：《儒學的最高目標：道德抑或藝術人生》，《道德與文明》2018年第3期。
〔註40〕韋政通：《中國文化概論》，長春：吉林出版集團有限責任公司2008年版，第
　　　　143〜144頁。

樂記》）荀子分述了禮和樂的功能，闡發了美與善之間的關係。樂所解決的是「志」即道德動機的問題，樂能有效地興發主體的道德意向，將知善轉化為行善的意志力。禮所針對的是「行」即道德行為的問題，是更好地落實主體善的動機和意向，使其動機和結果合一。禮和樂構成道德生活的兩面，共同解決了道德上知與行的問題。禮是善，樂則是美。美善相樂，囊括禮樂的「文」，自始至終都包含著善與美兩個密不可分的層面，不僅禮和樂各自都兼具美善的屬性，其合稱「文」更追求的是禮樂融合、美善合一的價值指向。所以，美和善在儒家倫理中具有一致性和連貫性，二者密不可分且都共同歸附於人文化成這一總體目的。

也可以說，美與善構成「人文」價值中互動互成的結構性關係。儒家倫理既強調美對善的生成和涵養作用，認為美是走向善的中介，同時也強調善向美的二次生成，象徵。對此，學者從儒家美學的角度認為，對傳統儒家倫理而言，美一方面在源發意義上成為人性向善生成的內部動因，另一方面也是道德外化的形式。也即是所謂「以美儲善」或「以美導善」，最終所生成的仍是一種以審美作為標識的道德形象。「美與德的關係，在中國古典美學中可以表述為首先以美育德、繼之以德成美的連續性過程。」〔註41〕

首先，美是善的起點和中介。儒家倫理從一開始就不是就善而論善，就道德而說道德。從儒家倫理的展開——「興於詩」所透露的倫理信息而言，儒家認為善首先應該具備一種讓人能夠產生「好之」的質素，這個質素在儒家那裡就是「美」，美具有一種善的感召力，善雖然自身也具備，但並未像「美」那樣具有直觀的吸引力。如學者所直言的，「沒有美，善就沒有意義；沒有感動人的生活，規範就沒有意義。」〔註42〕如何使人「好德如好色」，如何為規範、道德、善尋找一種引人入勝的途徑和通道，儒家找到了「美」。如沃森庫爾所總結的康德之美學觀：「美促成我們獲得對道德上的善的一種直觀。」〔註43〕儒家倫理借助藝術與道德的融合，以詩教、禮教、樂教等形象化、情感化的形式，來達成人道的教化。「樹風聲，流顯號，美教化，移風俗」（《隋書・經籍志一》）。將外在的道德規範和倫理規則化約為內在的情感認同和自我滿足，使

〔註41〕劉成紀：《中國古典美學中的「美」與「德」》，《光明日報》2018 年 06 月 25 日第 15 版。

〔註42〕趙汀陽：《論可能生活》，北京：中國人民大學出版社 2010 年版，第 215 頁。

〔註43〕〔德〕W・沃森庫爾著，艾四林譯，王玖興校：《美作為德性的象徵——論康德倫理學和美學的共同根源》，《哲學譯叢》，1993 年第 2 期，第 41 頁。

人在不知不覺中「化性」達成道德上的善。

　　蔡元培先生曾基於傳統儒家倫理的內在機理在 20 世紀初提出「以美育代宗教」的命題。在 1917 年到 1919 年，先後發表《以美育代宗教說》、《文化運動不要忘了美育》。他認為古代儒家教育中所倡導的「六藝」（禮、樂、射、御、書、數）教育，「蓋自數之外，無不含有美育成分者」〔註44〕，美育之所以能陶養人的感情，使人純潔高尚，消除人我之見、利己損人的念頭，「蓋以美為普遍性，決無人我差別之見能參入其中。……美以普遍性之故，不復有人我之關係，遂亦不能有利害之關係。」「附麗於崇閎之悲劇、附麗於都麗之滑稽，皆足以破人我之見，去利害得失之計較，則其所以陶養性靈，使之日進於高尚者，固已足矣。」〔註45〕以此，純粹的美感就可以替代宗教的作用。不僅如此，蔡先生還認為，與宗教的「強制性」、「保守性」和「有界性」相比，美育是「自由的」、「進步的」和「普及的」。因而，應提倡「純粹之美育」，使其剝離於宗教。「美育之附麗於宗教者，常受宗教之累，失其陶養之作用，而轉以激刺感情。蓋無論何等宗教，無不有擴張己教，攻擊異教之條件。」〔註46〕蔡先生之拒絕宗教，正是有感於儒家倫理傳統中美對於道德陶養的正向價值的肯定。美育既具備的宗教所產生的「消除人我之間」、「達於高尚」等同等價值的道德性益處，同時又無宗教所產生的「強制性」、「保守性」、「有界性」等附帶性消極後果。所以，美是「儲善」、「導善」的絕佳路徑。

　　美在知、情、意三個層面都具有道德功能。在認知層面，美是讓道德鮮活起來、生動起來的質素，「美德」、「美人」都構成一種善的美學形象，是內在的道德修為所展現的外在形象，構成人們之熱愛善、追求善、踐行善的初始動機。質言之，美的外顯性和形象性，有利於達成對善的初步認識和理解。在情感層面，如前所言，對美的情感和對善的情感具有共通性，美所產生的是「以情動情」的效果，是人們從審美的直觀情感感受中，經過沉潛、涵泳而達到道德上的陶冶和體貼。「仁者樂山」、「智者樂水」，亦可以說，「樂山者能仁」、「樂水者方智」，從山的博大沉穩中體會到「仁」，從水的靈動活泛中感受到智。最

〔註44〕　高平叔編：《蔡元培教育論著選》，北京：人民教育出版社 2011 年版，第 604頁。

〔註45〕　蔡元培：《中國倫理學史》，長春：吉林出版集團股份有限公司 2017 年版，第182 頁。

〔註46〕　蔡元培：《中國倫理學史》，長春：吉林出版集團股份有限公司 2017 年版，第182 頁。

後，在對美的形象的認知和情感體貼中達到「好德」如「好色」的境界。在美和藝術的發蒙、滋養和化育中形成穩定的審美定見和德性操守，構成對美和善的持久性、意向性力量，由偶然的審美愉悅和道德愉悅而生成穩定的審美之樂與道德之樂——美善之樂。

其次，善也成為一種美。美善之樂的特殊性在於，善也構成了「美」，躋身為「美」的力量，達到與美同樣的價值感召力。善則成為一種審美性的善——「美善」。

在審美價值和道德價值的關係上，孔子認為僅有單純的外觀形式之美，而沒有道德價值，可以是美，但這種美如果不具備道德內涵，或者具有反道德內涵就會令人反感而難以被欣賞。道德價值如果提升了藝術體驗，那麼道德價值就可以成為藝術的內在價值，「道德價值到底是內在的還是外在的，關鍵在於這種道德價值的引入是提升了還是削弱了人對藝術的體驗。」〔註47〕納入道德價值的「美」，就不再純是一種外在形式之美，而是人在精神、心理層面所展現出的生命情態和情感和順狀態，即所謂「樂」的狀態。因而，道德價值本身會提升審美價值，且其自身也稱其為一種「美善」。

在《論語・八佾》中，孔子對審美和道德價值作了比較：「子謂《韶》：『盡美矣，又盡善也。』謂《武》：『盡美矣，未盡善也。』」《韶》樂和《武》樂都足夠美了，在審美價值上都是完備的。但《韶》樂更因其具備道德價值，所以在審美價值上又要高於《武》樂。如此以來，在孔子的儒家審美中，「道德價值是藝術價值的有機組成部分，它的高低直接影響了藝術品價值的高低。」〔註48〕換言之，有道德缺陷的作品，會因其道德缺陷損害到它的審美價值。審美之樂與道德之樂在儒家倫理中是相即不離的統一體。

王育殊先生和王慶節教授在其書中〔註49〕都先後提到過魯迅的《一件小事》，並以之作為「道德審美」的例子，說明了魯迅在其看到人力車夫扶起老婦人那感動的一幕，這一幕構成了對「崇高的審美感受」的注解和印證。康德同樣認為，親眼看見一個寒微平民的品節端正，成為敬重的對象，使我「自愧

〔註47〕余開亮：《孔子論「美」及相關美學問題的澄清》，《孔子研究》2012 年第 5 期。
〔註48〕余開亮：《孔子論「美」及相關美學問題的澄清》，《孔子研究》2012 年第 5 期。
〔註49〕分見王育殊：《道德的哲學真義》，北京：中國社會科學出版社 2008 年版，第170～171 頁。王慶節：《道德感動與儒家示範倫理學》，北京：北京大學出版社 2016 年版，第 1 頁。

弗如」，能夠「在我面前顯露出一條可以挫沮我的自負的律令」〔註50〕。毋寧說，這是一種「道德之美」。美國美學的開創者桑塔耶納就提出「美善」的範疇，用以描述這種審美性的善。其認為，缺之美德會在那些教養良好的人中引起一種本能的厭惡，「這種反應本質上是審美性的」，因為這種厭惡不是基於思考和仁慈，而是基於「本能的敏感」。這種審美敏感也可以被稱為「道德的敏感」，它比苦心孤詣地培養出來的美德對社會良知更具強大的影響力，更為持久更具感染力。「它就是『美善』，是對道德的善的審美要求，也許是人性中所能結出的最美麗的花朵。」〔註51〕只不過，將道德視為一種審美對象，從道德價值中發掘出審美價值，需要更高的經過人文化成的道德—審美感受力，並不那麼容易實現。

最後，美善價值統一於人文化成的內在目的。如果說美是導入善的絕佳中介和路徑，那便會產生將「美」工具化的理解。但孔子闡發道：「志於道，據於德，依於仁，游於藝」。（《論語・述而》）在此表達中，看起來似乎志於道，據於德，依於仁等倫理道德價值恰恰又構成游於藝的前提甚至是──「手段」。「游於藝」看起來是被安置為儒家倫理的最終目標。但值得推敲的是，「游於藝」在何種層面能被視為道德的目標。〔註52〕本文認為，不應忽略「志於道」對此句話的規定意義，即，無論據於德、依於仁，游於藝都是以追尋、朝向「道」為目標的，「據於」、「依於」、「遊於」是一個並列表達，並沒有高下之分，但確有先後之別。無論如何，我們可以合理推論的是，孔子所言的道德修養所達的「從心所欲不逾矩」（《論語・為政》），確有「遊」所展現的道德自由境界，因而，無論內在的德還是仁，其所展現的是「游於藝」的美學形象。德和仁不構成一種外在的規矩、限制，相反，德與仁最終是人靠近自由、朝向道的途徑，在此，善和美，一為內，一為外，一為隱，一為顯，共同構成「從心所欲不逾矩」的「道」。在孔子所自述的道德至高境界中，「他的循規蹈矩完全是出於自然，沒有一點勉強造作。」「他的精神完全達到自覺的程度。」〔註53〕「此乃

〔註50〕康德：《實踐理性批判》，北京：商務印書館1966年版，第78頁。
〔註51〕〔美〕喬治・桑塔耶納：《美感》，楊向榮譯，北京：人民出版社2013年版，第24頁。
〔註52〕有學者正是據此，認為「儒家學說的最終目標是美學目標，而不是道德目標。」參見倪培民：《儒學的最高目標：道德抑或藝術人生》，《道德與文明》2018年第3期。
〔註53〕馮友蘭：《中國哲學史新編》（第一冊），北京：人民出版社1982年版，第169頁。

聖人內心自由之極致，與外界所當然之一切法度規矩自然相洽……到此境界，斯其人格之崇高偉大擬於天，而其學亦無可再進矣。」〔註54〕「從心所欲不逾矩」的道德境界，是融合了善與美的「文」的境界。

美和善都是儒家倫理人文化成的內在目的，都是人生的根本價值追求，因而兩者在價值上是貫通的。儒家倫理從未就道德本身來談論道德，而是從一開始就將道德放置在「人文」創制的整體視域中，這也構成中國「文化」觀念的價值基礎。由此可見，在儒家倫理的內在理路中，美並不是實現善的工具，善也並非僅僅被視為道德價值，美善同構，相與而構成一種正反合的結構性關係。將道德價值的「善」也納入到審美價值的「美」中，將善和美視為一個價值。美善相統一的禮樂之文具有「導德」和「導樂」的雙重作用，禮樂、美善之間彼此為「互樂」的關係。善與美由此被置於一種泛審美化、泛道德化的關聯之中，「其中包孕著『情』的交流與協同。」〔註55〕在此，美與善都同屬於儒家所強調的「人文化成」之內在價值和目的之中，儒家人文、「文化」價值是善與美的結構性合一關係。

5.2 「道德代宗教」的倫理形態特質

文化倫理觀的社會秩序和心靈秩序的建立，所倚賴的是主要是禮樂之「人文」。「神道」、「神文」即便有所展現，但的確只起到輔助作用。儒家倫理作為一種文化倫理，不僅已與以往文明傳統中的原始宗教相區別，而且同時也具有非西方意義上的宗教性，此是其鮮明特質之一。如果說，美善合一是其價值內核特質，那麼「以道德代宗教」的禮樂之文就是儒家文化倫理的形態特質。這一問題，雖然在此前已經通過比對「人文」與「神文」時有初步探討，但仍須在本節繼續深入討論。

民國時期「學衡派」代表人物胡先驌曾言：「吾族真正之大成績，則在數千年中，能創造保持一種非宗教而以道德為根據之人文主義，始終勿渝也。」〔註56〕此一判斷可說是開了中國文化「以道德代宗教」之論斷的先河。此後，梁漱溟先生在《中國文化要義》一書中提出了一個頗有意味的命題——「以道德代宗教」，他將此看作中國倫理型文化的核心特徵。如果說現代西方倫理學

〔註54〕 錢穆：《論語新解》，北京：生活・讀書・新知三聯書店 2012 年版，第 26 頁。
〔註55〕 劉悅笛：《從倫理美學到審美倫理學》，《哲學研究》2011 年第 8 期。
〔註56〕 胡先驌：《說今日教育之危機》，《學衡》第 4 期，1922 年。

所面臨的問題是「上帝死後」或者說在不主要依賴宗教的情況下該以何種倫理文化類型重新組織社會，確立個體人生信仰問題，那麼儒家倫理的起點或許是首先需要釐清、回溯的就是梁漱溟先生所提出的「以道德代宗教」的命題及其理論遺產。「以道德代宗教」的命題，一方面從中國文化主體性的立場揭示了道德和宗教之間的區別和聯繫；另一方面，也啟發我們要從中國文化傳統的實際出發去探索和研究中國倫理問題，對中國傳統社會裏何以能以道德替代宗教這一命題作系統梳理，更有助於我們將儒家倫理看作是一種「文化」倫理。「人文化成」的「文化」傳統與西方的宗教信仰傳統發揮了同等的作用。如何處理和看待「道德代宗教」的人文性倫理文化傳統即是深入理解人文化成的儒家文化倫理。

5.2.1　禮樂之文的宗教之用

（一）從原始宗教轉向人文宗教

梁漱溟認為文化的開端都是宗教，中國概莫能外，但是經過周孔教化之後，中國從以宗教為中心轉移到周孔教化（道德）上了。宗教問題構成中西文化的分水嶺，「西方之路，基督教實開之；中國之路則打從周孔教化來的」〔註57〕。周孔教化的核心正在禮樂之文的誕生。自此，中國文化開始與以宗教為中心的文化不同，有宗教之用，而無宗教之弊。宗教蛻變成周孔道德教化之禮樂傳統的「幫腔」（梁漱溟語）或附屬，認為這個特徵正是「中國文明一大異彩」。因而，以道德代宗教實則是「以禮樂代宗教」。

禮樂之文的誕生多被學者標識為中國文化「道德代宗教」之開展的重要轉捩點。這裡的「宗教」首先是指古代夏商以來的天帝信仰和原始宗教。徐復觀先生就將西周以降的春秋時代看作是「以禮為中心的人文世紀」〔註58〕認為禮樂之文的誕生「並非將宗教完全取消，而係將宗教也加以人文化，使其成為人文化的宗教。」〔註59〕即，禮樂之文是對宗教進行了價值轉化，而使其成為一種「人文宗教」。其開始區別於原始宗教主要體現在以下三個主要方面：

其一，從彼時起，宗教性的天、帝等人格神概念發生了「權威墜落」，「神」的原始宗教權威性、神秘性降低，天、神都成為道德性的天、神。此前，天、

〔註57〕梁漱溟：《中國文化要義》，上海：上海人民出版社2005年版，第85頁。
〔註58〕徐復觀：《中國人性論史·先秦篇》，北京：九州出版社2014年版，第42頁。
〔註59〕徐復觀：《中國人性論史·先秦篇》，北京：九州出版社2014年版，第46頁。

帝等人格神雖也可以誘發人的自覺，但由原始宗教而來的常常是面對天災人禍的恐怖情緒，以及由此恐怖情緒而來的對神秘力量的皈依，並無自覺的價值和意義。周人在傳統的宗教生活中注入了自覺的精神，「把文化在器物方面的成就，提升而為觀念方面的展開，以啟發中國道德的人文精神的建立。」〔註60〕從而使神開始「人文化」，《左傳·桓公六年》言「夫民，神之主也」，將民置於神之主。其具體還表現在人可以通過道德與神發生感通，賞罰的依據也在人的道德，「神福仁而禍淫」（《左傳·成公五年》）。人類文化固然都是從宗教開始，但若要助益於人類行為以提高向上的影響力量，就須依賴道德的自覺性。「以德配天」意識增強，禮儀道德不出於神的教誠和獨斷的論言，即不主要依賴於「人格神」的設定，而是出於人的理性自省和人情之所宜，所謂「非從天降也，非從地出也，人情而已矣」（《禮記·問喪》）。

其二，本屬宗教的禮樂祭祀活動成為人文的儀節。換言之，祭祀是因人而開展，而非為神。「祭祀，以為人也。民，神之主也。」（《左傳·僖公一九年》）將祭祀視為崇德報功、報本反始的活動，「人是通過祭祀而把自己的精神，與自己的生之所自來，及自己的生之所由遂，連繫在一起。」〔註61〕這與以往的祭祀活動已大為不同。馮友蘭亦認為早在儒家荀子那裡就已經完成將古宗教轉化為禮，將宗教轉化為藝術和道德。至少在《荀子·禮記》中，已將原始宗教修正為詩。喪祭禮在古時或為宗教的儀式，或其中包含不少迷信與獨斷的成分。但荀子「以述為作，加以澄清，與之以新意義，使之由宗教而變為詩。」〔註62〕唐君毅先生亦認為，周代之前的禮樂更注重與神靈的溝通協調，自周以降，禮樂則「更重在通倫理，成就人與人之秩序與和諧」〔註63〕。此點前文曾論述，在此之所以特意強調在於，這是禮樂的重要轉折，自此，與禮樂相關的祭祀儀式更多地成為一種人文的禮儀「展演」，旨在保持人們心靈秩序的安定，以共祀祖先的方式來維護族群倫理關係的穩固和諧，因而，祭祀已非為神事，而為人事。

其三，人文的覺醒已達至人生信仰層面。「永生」「不朽」是各式宗教為人

〔註60〕徐復觀：《中國人性論史·先秦篇》，北京：九州出版社 2014 年版，第 46 頁。

〔註61〕徐復觀：《中國人性論史·先秦篇》，北京：九州出版社 2014 年版，第 46 頁。

〔註62〕馮友蘭：《中國哲學史》（上冊），上海：華東師範大學出版社 2000 年版，第 256 頁。

〔註63〕唐君毅：《中國人文精神之發展》，桂林：廣西師範大學出版社 2005 年版，第 14 頁。

們提供的一個最動人的口號，《左傳‧襄公二四年》叔孫豹所提出的「三不朽」將立德立言立功的人文成就看作是永生不朽的前提，從而代替了宗教中的永生要求，代替了彼岸世界的訴求。不僅增強了人的歷史的意識，也將「德、言、功」等道德上的成就看作是人的不朽之源，將對不朽、永生的「信仰」牢牢地掛靠在自身的道德成就上，而非神靈的眷顧和遴選上。這是更為深邃的「人文」覺醒。

以上都展現了春秋時期的禮樂的發展所產生的倫理道德後果，就是道德逐漸脫離原始宗教，而獨立為「人文」，從原始宗教成為「人文宗教」，儒家在此基礎上，對周代已有的禮樂之文和宗教信仰作了意義轉化，以此人文作為化成的價值資源，使其重新煥發光彩。

（二）梁漱溟之「道德代宗教」說

梁漱溟意義上禮樂之文與宗教雖在根底上不同，但道德與宗教之所以能互相替代，乃是因為二者在作用上是相類的，在西方社會宗教承擔的作用，在中國則由儒家道德來承擔。在這裡我們必須瞭解梁漱溟所言的西方宗教的作用，以及為何儒家倫理能夠承擔和代替宗教在西方——確切的說是基督教在西方所發揮的作用。

西方社會由宗教所承擔的，在中國則是由道德所承擔。此「道德」並非僅僅是指個體的自覺自律，在梁漱溟看來就是「禮」。因為宗教不僅往往臨乎政治之上而且涵容禮俗法制在內，是文化的中心，遠非個體的自覺自律所可取代。道德之能替代宗教，在於其依傍於「禮」。「事實上，宗教在中國之所以被替代，在梁先生看來有兩個原因：「一、安排倫理名分以組織社會；二、設為禮樂揖讓以涵養理性。」這二者即是禮之能代宗教所發揮的作用。質言之，禮在使人走上道德之路上恰有別於宗教的方式，因此說中國以道德代宗教。〔註64〕道德之能代替宗教而發揮宗教之用，不僅是個體的道德自律本身起作用，而且還有禮俗作為「依傍」，二者共同發揮了組織社會秩序的功能。

（1）安排倫理名分以組織社會秩序的功能。一方面，梁漱溟認為宗教比道德多轉了個彎，增加了神，使得道德成為神律。與宗教型的神論文化不同，將道德付諸信仰和教徒對戒律的恪守，禮樂之人文從其肇始就以人的道德理性自決和反省自求為特徵，但同時，人文也非僅僅依靠人們各自的道德自決，

〔註64〕梁漱溟：《中國文化要義》，上海：上海人民出版社 2005 年版，第 86 頁。

全然忽視宗教他律的意義，相反，人文捨棄了宗教外在於人的神論準則，而繼承了宗教在組織社會和涵養道德的正向約束功能，即重視和依傍「禮」對人的軟性約束。在替代宗教功能中，論者往往忽略梁先生在「以道德代宗教」之後的「以禮俗代法律」一語。梁漱溟很重視「禮俗」對中國社會秩序的組織作用，「儒家之倫理名分，自是意在一些習俗觀念之養成，在這些觀念上，明示其人格理想；而同時一種組織秩序，亦即安排出來。」〔註 65〕這種源於倫理名分的組織秩序本質上是以倫理組織了社會，也即以儒家倫理觀念影響下的禮俗組織社會。就此形成的是本文第四章所論述的以禮化俗、禮俗互動的社會秩序。從其實質來看，與重視團體與個體之集團生活，進而強調公民的地位關係和權利義務不同，中國文化的解決方式是以天然的血緣倫理關係為依託而建立起來的家族生活，以道德作為調節人倫關係的主要方式。這種方式也為生命的自我超越的傾向提供了可能，在西方，這種超越於宗教信仰中完成，在中國，則是於倫理尤其是家庭倫理中實現。家庭倫理之能替代宗教，「亦即為它融合人我泯忘軀殼，雖不離現實而拓展一步，使人從較深較大處尋取人生意義。」〔註 66〕

（2）對個體而言，梁先生認為，「宗教道德二者，對個人，都是要人向上遷善」〔註 67〕。只是二者的方式不同、結果也不同。宗教具有安慰情感勗勉意志的作用，禮樂在排除其迷信因素之後亦有此作用，非但如此，禮樂還能涵養人的理性，從而超越於宗教。梁漱溟認為宗教雖有多種多樣，但宗教有其共同特徵。「一切宗教都從超絕於人類知識處立他的根據，而以人類情感之安慰意志之勗勉為事。」〔註 68〕可見，梁氏認為「安慰情感」和「勗勉意志」是宗教對個體的兩大作用。而儒家倫理順承發展而來的禮樂之文正具有這兩大作用。「大約從祀天祭祖以至祀百神這些禮文，在消極一面可說是不欲驟改驟廢，以驚駭世俗人的耳目；在積極一面，則一一本皆有其應有之情文，宜為適當之抒表。……這些禮文，或則引發崇高之情，或則綿永篤舊之情，使人自盡其心而涵厚其德，務鄭重其事而妥安其志。」〔註 69〕具體而言，禮樂之文通過陶冶情操和將情感轉移到藝術中實現起作用。「禮樂使人處於詩與藝術之中，無所

〔註 65〕 梁漱溟：《中國文化要義》，上海：上海人民出版社 2005 年版，第 116～117 頁。
〔註 66〕 梁漱溟：《中國文化要義》，上海：上海人民出版社 2005 年版，第 87 頁。
〔註 67〕 梁漱溟：《中國文化要義》，上海：上海人民出版社 2005 年版，第 108 頁。
〔註 68〕 梁漱溟：《中國文化要義》，上海：上海人民出版社 2005 年版，第 94 頁。
〔註 69〕 梁漱溟：《中國文化要義》，上海：上海人民出版社 2005 年版，第 109 頁。

謂迷信不迷信,而迷信自不生。孔子只不教人迷信而已,似未嘗破除迷信。他的禮樂有宗教之用,而無宗教之弊;亦正惟其極鄰近宗教,乃排斥了宗教。」〔註70〕其之所以排除宗教、迷信,在於禮樂的要義和真意仕於產生道德上的「誠敬」和「理性」,禮樂都是為在不同時間場合合理地表達人的各式各樣情感,而且,在梁漱溟看來,禮通常包含著樂,禮的要義和真意在於「要人沉著、鄭重、認真其事,而莫輕浮隨便苟且出之。」〔註71〕可見,禮樂之文並非全然推翻以往的傳統,而是注重在承接原始宗教中的對神靈的敬畏感和恐懼感,而使之轉化一種對人、對事的誠敬、恭敬態度。

　　而且,禮樂揖讓具有涵養個體的道德理性的作用,梁氏所謂的理性,「要亦不外吾人平靜通達的心理而已」,在別處,他又稱這種理性為情理,其實質是一種善惡感,善是一種悅服崇敬讚歎的心情;惡則是嫌惡憤疾不平的心情。〔註72〕情理或善惡感實則是經禮樂之文的長久薰陶、習染所形成的一種穩定的道德情感態度。「道德代宗教」將原始宗教轉化為禮樂教化,將道德理性展現在禮樂制度和詩禮教化之中,化解消融了宗教中與理性相悖的「愚蔽偏執之情」和「強暴衝動之氣」,此兩點正是禮樂之文作為「道德」代替並區別於「宗教」的核心區別。「得於心應於手」的禮樂之文直接作用於人的身體、作用於血氣意志,在此循序漸進的禮樂人文教化中,「人的心理情致隨之頓然變化於不覺,而理性乃油然現前,其效最大最神。」〔註73〕以祀天祭祖之禮而言,梁先生認為其是為了引發「綿永篤舊」的崇高之情,也是為了「使人自盡其心而涵厚其德,務鄭重其事而安妥其志」〔註74〕,所以,這些看似表現為宗教性的儀式實則卻與宗教儀式傳達了不盡相同的價值內核,質言之,禮樂之文的祭祀並不是真為了向神靈祖先求得什麼,並非祈向於外在,正如孔子對諂媚於神的行為所批評的「獲罪於天,無所禱也」(《論語‧八佾》),所以祭祀祈禱並非為了贖罪、得福,而是為了自身和群體的心安志妥,以梁漱溟的話而言就是「清明安和」,這是道德之區判於宗教的重要標誌。

　　對於禮樂之文之能替代宗教,梁先生總結道,「道德為理性之事,存於個人之自覺自律。宗教為信仰之事,寄於教徒之恪守教誡。中國自有孔子以來,

---

〔註70〕梁漱溟:《中國文化要義》,上海:上海人民出版社 2005 年版,第 110 頁。
〔註71〕梁漱溟:《人心與人生》,上海:上海人民出版社 2011 年版,第 227 頁。
〔註72〕梁漱溟:《中國文化要義》,上海:上海人民出版社 2005 年版,第 113 頁。
〔註73〕梁漱溟:《中國文化要義》,上海:上海人民出版社 2005 年版,第 98 頁。
〔註74〕梁漱溟:《中國文化要義》,上海:上海人民出版社 2005 年版,第 101 頁。

便受其影響，走上以道德代宗教之路。這恰恰與宗教之教人捨其自信而信他，棄其自力而靠他力者相反。」〔註75〕儒家倫理的唯一的「教條」是教人反省自求，是對人自身理性的堅信，是用人自己的理性主宰是非善惡的價值判斷。「一切哲學只在於成教」〔註76〕顯然對於人類而言，這種依賴禮樂之文所習染的理性自律的道德，與宗教他律相比是更晚近的人文覺醒，也更難以實現，西方社會也不過是在「要有勇氣運用自己的理性」的啟蒙運動以來才肇始的，就此而言，梁漱溟也認為「中國文化是人類文化的早熟」。

5.2.2 「人文化成」之為道德信仰

「以道德代宗教」命題還需要面對的是宗教所具有的「信仰」的一面。「宗教」之為宗教在於對其信仰的堅定性和無條件性。美國神學家蒂利希（也譯為田立克）認為「宗教」這個詞就其最廣泛和最根本的意義而言，「是指一種終極的眷注」，「指向人類精神生活中終極的、無限的、無條件的一面」〔註77〕。信仰即是宗教中的終極眷注，宗教是以信仰為基礎，「宗教被看成是對某種支配人們日常生活而又採取超人間形式的外部力量的信仰」〔註78〕。任繼愈先生亦言宗教之為宗教，還有它的本質部分，「本質指它所信仰、追求的領域是人與神的關係或交涉」〔註79〕。如果「道德代宗教」之說可能，那麼說明了儒家倫理中具備信仰因素。這種信仰因素如果存在，在筆者看來，應該被歸為以「美善」之價值實現為目標的「人文化成」信仰，是對人性可化、人可臻於善美，社會風俗秩序可臻於美善的「人文化成」的道德信仰，這構成儒家文化倫理的「終極眷注」。

（一）道德無法離開信仰

涂爾幹曾對西方社會中理性抬頭、宗教逐漸消匿的倫理前景產生了憂慮，他認為在道德教育和道德不斷理性化過程中，如果人們僅僅只是簡單地把所有宗教因素從道德紀律中剔除出去，而不是取而代之，那就會不可避免地遇到

〔註75〕 梁漱溟：《中國文化要義》，上海：上海人民出版社 2005 年版，第 95～96 頁。
〔註76〕 唐君毅：《生命存在與心靈境界》，北京：中國社會科學出版社 2006 年版，後序。
〔註77〕 〔美〕保羅・蒂利希：《文化神學》，陳新權、王平譯，北京：工人出版社 1988 年版，第 7 頁。
〔註78〕 賴永海：《宗教學概論》（修訂版），南京：南京大學出版社 2004 年版，第 54 頁。
〔註79〕 任繼愈：《任繼愈自選集》，重慶：重慶出版社 2000 年版，第 143 頁。

這樣的危險：「把所有真正意義上的道德因素一併取消掉。」因為，「在理性道德的名義下，留給我們的將只有一種貧乏而蒼白的道德。」涂爾幹認為，宗教中有一些支撐道德的重要因素，要避免這種危險，就不能滿足於一種道德和宗教在表面上的分離，而必須保留宗教中對道德的持存極度相關的因素，因而，必須在宗教概念的核心之中找到「那些丟失了的、被掩蓋其中的道德實在」。必須在擺脫這些宗教觀念的同時，找到它們的構成成份，確定它們的真正性質，並用理性語言來表述它們。質言之，「我們必須發現那些長期承載著最根本的道德觀念的宗教觀念的理性替代物。」〔註80〕

　　歸根到底，涂爾幹的憂慮是在道德理性化、世俗化的過程中，應當保留道德的神聖性和合法性，這種神聖性和合法性曾在對上帝的神聖信仰中借助宗教超驗的方式獲得。在以往，上帝不僅是宗教生活的核心同時也是道德秩序的最高保證。「宗教和道德都被想像成神的屬性，想像成神性的流溢」〔註81〕同時，涂爾幹還認為「作為一種精神的規訓，每種宗教也都是能夠令人以更大的信心面對世界的一種手段。」〔註82〕宗教中有引人向善、催人向上、凝聚人心增強人群團契感和自信心的精神力量，這種力量對道德的構造也至關重要。在筆者看來，涂爾幹所致力於保留的宗教中對道德具有神聖性和合法性的因素也好，保留其精神力量也好，實則都可將其歸為「終極眷注」本身──「信仰」。宗教和道德都須以某種信仰為其基礎。涂爾幹所言的「發現那些長期承載著最根本的道德觀念的宗教觀念的理性替代物」實際上就是發現宗教中有關信仰的部分，如果這部分有關信仰的神聖性被剔除和拒斥，又不能系統地用其他觀念取而代之，那麼「人們幾乎不可避免地會傾向於否認道德」〔註83〕。涂爾幹的憂慮同樣可以用來追問儒家倫理的當代性。但區別在於，儒家倫理從一開始就不需面對「上帝死了」的西方式道德後果。因為一開始，道德的神聖性和合法性在儒家那裡被「人文化成」的道德信仰所替代。

〔註80〕〔法〕涂爾幹：《道德教育》，陳光金等譯，上海：上海人民出版社2006年版，第10頁。

〔註81〕〔法〕涂爾幹：《道德教育》，陳光金等譯，上海：上海人民出版社2006年版，第11頁。

〔註82〕〔法〕涂爾幹：《宗教生活的基本形式》，渠東等譯，上海：上海人民出版社2006年版，第183頁。

〔註83〕〔法〕涂爾幹：《道德教育》，陳光金等譯，上海：上海人民出版社2006年版，第11頁。

　　需要澄清的是「信仰」並不與「理性」相對，實際上「在那些高級宗教裏，信仰是訴諸極其理性化的思維建立起來的」，信仰通常表現為宗教家通過極其理性的思辨而確立起若干的永恆價值，將其作為一切宗教活動的指針和個體生命終極解脫的必由之路。〔註 84〕只有在低級的原始宗教中才不存在真正的信仰，其對神靈的信奉僅僅是出於恐懼和功利的需要，而非對終極價值的全情投入。真正的信仰並非出於迷信或盲從，而是基於對人生的深切反省所產生的一種價值覺解。文化哲學的創始人卡西爾認為，迷信或者原始宗教與道德或者文明宗教之間的區別，在於心理狀態或者態度的不同：迷信或者原始宗教通過禁止和恐嚇引起的心理狀態是消極的恐懼；道德或者文明宗教通過理想和激勵引起的心理狀態是積極的熱情。迷信或者原始宗教是將約束和義務強加給人，依靠外在力量讓人被動地屈服；道德和文明宗教則讓人自由、自覺地接受約束和義務，依靠內在力量讓人主動地追求。〔註 85〕卡西爾所論，實為對涂爾幹之問的回答，即如何保證人對道德的自由、自覺或曰「樂善」的道德信仰，是倫理學的核心問題。

　　對超越性的崇拜和信仰幾乎伴隨著人類發展而來的歷史進程，既是文化的重要向度，也是道德生活的重要構成，是人類精神存在的表徵，表達著人類作為靈性存在對意義和價值的依賴和重視，也表明包括信仰在內的超越向度是人類永恆的主題和必備元素。在拉丁語中，「文化」（cultus）一詞原本就具有「敬神（cultus deorum）和「為神而耕作」（cultus agori）的意思。〔註 86〕而中國的「文化」觀，「人文」與天文具有連續性，但區別於「神文」，表現為禮樂，實則是對「美善」的價值信仰。「美善」雖與彼岸性的人格神無關，但仍構成一種價值的超越性向度，其所篤信的是對人文化成之「文化」的道德信仰。如果說，「信仰」是指特定社會文化群體以及生活於該社群文化下的個體，基於一種共同價值目標期待，「所共同分享或選擇的價值理想或價值承諾。」如此一來，信仰的本質就表現為一種生活價值導向的問題。在社會層面，信仰通常表現為某一社群、民族所選擇並確定的一以貫之的終極目標和

〔註 84〕　方朝暉：《從儒學的宗教性談中國哲學的特點問題》，《復旦學報》（社會科學版）2002 年第 3 期。

〔註 85〕　參看〔德〕卡西爾：《人論》，甘陽譯，上海：上海譯文出版社 1985 年版，第138～139 頁。

〔註 86〕　參見萬俊人，郭良：《網絡文化：到底怎樣認識你—關於網絡文化的對話》，《中國青年報》2000 年 9 月 3 日第 03 版。

價值理想。〔註87〕

以此信仰的規定而言，那麼儒家倫理人文化成理想作追尋的「美善」人格及其禮俗互動的理想社會秩序仍然構成一種價值導向上的「信仰」，成其為一種「道德信仰」。

（二）道德信仰的「原善」設定

學者趙汀陽曾提出一個耐人尋味的命題——「思維方式本身必須具有一個善意的邏輯結構」，認為「只有當思維方式是善的，人們才能夠不僅僅愛人，而且能夠以他人需要的方式去愛人，才能善解人意，才能理解各種比自己優越的東西。這是一個一直被忽視的然而是根本性的倫理學問題。」〔註88〕這當然是就道德主體的倫理推擴思維角度而言的，但對我們看待和重估儒家倫理思維具有啟發性，因為在某種意義上，一定的「思維方式」決定著不同倫理類型和信仰類型的不同。

前已述及，儒家倫理秉持著對人可化可成的善意思維，這種善意思維體現在信仰上，我們可將其與「原罪」說比對，借鑒李亦園先生的說法將其稱為「原善」論。可見，這種對人所進行的文化設定，會從理論基礎上影響到信仰所呈現的整體傾向和文化氣質。

人類學家李亦園曾對西方法治文化的源起進行了分析。認為這種重視法治的觀點實則與西方人的宇宙觀、特別是他們的宗教觀念有密切關聯。基督教《聖經》一開始就將人類始祖亞當與夏娃看作是因受引誘而犯罪，因而作為其子孫的所有人類也生來就成為了「有罪」的人。以現代文化學的觀點來看，「原罪」神話的意涵在於，「其實只是要表達古代西方人對『人』本質是『不能完美』的理念」，這也意味著，在古代猶太人的宇宙觀中所認定的是有缺陷之「人」。但顯然，這種認定是主觀的、單方面的，既不能證成亦不能證偽，「因此想出一套神話來肯定它，也就有『原罪』的故事。」〔註89〕在基督教倫理文化設定中，人不夠完美也不可能完美，只有上帝是完美的，這是「人神之別」的核心。

李亦園先生認為在此「原罪」說的理論背景下，也產生了其重視法律、契

〔註87〕 萬俊人：《信仰危機的「現代性」根源及其文化解釋》，《清華大學學報（哲學社會科學版）》，2001 年第 1 期。

〔註88〕 趙汀陽：《趙汀陽自選集》，桂林：廣西師範大學出版社 2000 年版，第 185 頁。

〔註89〕 李亦園：《人類的視野》，上海：上海文藝出版社 1996 年版，第 162 頁。

約的文化人類學後果。因為假定人是原罪的，也就是生來就有罪，因此是不能完美的。由於這一與生俱有的特性，所以他們向來相信人的存在注定是要接受規範律令的約束，同時人的倫理道德也必須要通過對「神」的誓約才能實現。體現為聖經中「十誡」的由來。而其現實後果則是人生活在社會中要靠「法律」、人與人之間要靠「合同」、人與公司之間要靠「契約」，而國與國之間更要靠「條約」來維持合理的關係。李先生認為這是西方人從古代一直到現代都如此重視各種法律與合同的基本原因所在。〔註 90〕

與此相應，儒家倫理雖也談論人性惡，但如前所述，孟荀都是秉持人性是可化的，荀子的人性惡論並不同於「原罪說」，而是就後天道德教化的目的而論的，並未將人看作「有罪」的存在，質言之，人並非生來是要完成「救贖」的「天路歷程」，而是以「化性起偽」的方式強調人後天的自化與教化。非但如此，而且大約到中國古代思想的中晚期，孟子的性善論更是將性惡論排除出歷史的視域，逐漸居於儒家倫理人性觀的主導地位。「實際上我們的文化觀念一向是把人看作是可以完美的，也就是一種『原善』的觀念。人既然是可以完善完美的，所以就不需要假定有一個『非人』的完美之神作為追求的理想目標。」〔註 91〕反觀西方倫理思維和宗教信仰的立基則似乎是青睞於給惡尋求一個「本體論上的基礎」，進而「創造出『絕對惡』與『根本惡』諸如此類的命題。」〔註 92〕學者分析指出，中國哲學首先是現象學的，並不借助於西方哲學所假定的本體論依據，其承認經驗世界的存在是通過相關性的運作而組織的，而相關性的運作是通過類比性的分類，而非訴諸於本質、範疇或自然類而聯繫起來的。〔註 93〕

總體而言，中國以儒家為主的思想體系裏，沒有「基本惡」與「根本惡」觀念，這反映了中西倫理致思方式的差異，中國文化中對「人」的態度始終是充滿了對人性的樂觀與尊重，給予人無限可能的期望，即便是缺陷（如荀子的「性惡」）也被看作是可以改善的，認為「性也者，吾所不能為也，然而可化也」（《荀子·儒效》），而且一經化性起偽的改善，「塗之人皆可為禹」。鼓勵人

〔註 90〕 參看李亦園：《人類的視野》，上海：上海文藝出版社 1996 年版，第 162 頁。
〔註 91〕 李亦園：《人類的視野》，上海：上海文藝出版社 1996 年版，第 163 頁。
〔註 92〕 劉悅笛：《儒家何以無「絕對惡」與「根本惡」——中西比較倫理的「消極情性」視角》，《探索與爭鳴》2018 年第 9 期。
〔註 93〕 〔美〕郝大衛《「分析」在古代中國的意義》，《英語世界中的中國哲學》，北京：中國人民大學出版社 2009 年版，第 200 頁。

們借自己的道德努力向上、向善以達脫於禽獸，抵達「成人」、聖賢的境界，在神話故事上也多以先聖先王為道德典範，自古以來所信仰的「神」都是人「昇華」而成的，在「原善」的倫理觀念或「文化的深層假設」〔註94〕的主導下，道德行為是以聖賢君子的形象與事蹟為藍本，聖賢君子作為一般人的道德典範發揮著對社會道德主體的教化和「白化」的引領作用。

在此「原善」思維下，人並無根本惡，是一個經驗性「生成」性存在，不需要依賴人格神的神聖律令的規訓，因而宗教的「神聖」觀念不甚突出，「美善」的價值理想皆在確立「人之為人」的規定性和終極性問題，信仰問題並不依賴宗教之「神聖」觀，同時也使得「人文化成」的美善價值理想和道德信仰成為可能。

（三）人文化成之為道德信仰

如此說來，儒家以「禮樂」為形式，以「美善」為價值內核的倫理學是一種典型的信仰學說，它通過對美、善價值的永恆追求來逐步確立人生的信仰。無論是梁漱溟的「道德代宗教」，還是蔡元培先生所提的「美育代宗教」，都指向的是以禮樂之「人文」作為道德理想，其內涵的美善共同構成了「人文化成」的終極價值信仰。

在此需要釐清的是如何認識這種文化倫理觀的道德信仰。因為，儒教不是普通的所謂宗教，也非普通的人格神信仰，但從其天道觀傳統而言，的確有高度的宗教性，有「極圓成的宗教精神」，而且「全部以道德意識道德實踐貫注於其中的宗教意識宗教精神，因為它的重點是落在如何體現天道上。」〔註95〕所以，似乎我們仍然可以將儒家的終極價值信仰上升為一種學者所言的「主要體現為儒家對若干超驗的終極價值——性、天、道等——的追求之上。」〔註96〕「性」、「天」、「道」這些正是傳統儒家倫理道德信仰所賴以依存的「道德形而上學」。也許，天道信仰不可避免地要面對如同「上帝死了」一樣的神聖性坍塌，這種依附於神秘天道的神聖性仍然很成問題，而且對此天道信仰構成儒家的道德形上學進行討論已超出筆者的能力，本文不予置喙，但其時運維艱確是不爭的事實。

〔註94〕 李亦園先生用語，見《人類的視野》，上海：上海文藝出版社 1996 年版，第 163 頁。

〔註95〕 牟宗三：《中國哲學的特質》，上海：上海古籍出版社 1997 年版，第 103 頁。

〔註96〕 方朝暉：《從儒學的宗教性談中國哲學的「特點」問題》，《復旦學報》（社會科學版）2002 年第 3 期。

　　本文從文化倫理的立場認為這種天道信仰毋寧說其基礎仍首先在「人文」、「人道」，其根本還在儒家倫理對西周之「文」的傳統的繼承和信仰，而其後才在後起的道德形而上學那裡被追溯為「天文」、「天道」。如前所述這實際與天文與人文、天道與人道貫通的儒家連續性倫理思維相關，而當人道、人文獨立，美、善的價值確立為儒家人文化成的終極價值理想和道德信仰，天道、天文也只是一種形式上的存在，其內核還在「人道」、「人文」，歸根到底在禮樂、美善。北宋邵雍曾作《大人吟》：「天道遠，人道邇。近人情，合天理。」短短四句，卻道盡儒家倫理的終極關切，天道之關切實在人道之確立，「近人情」方是「合天理」。禮樂之文及其內在美善之價值，構成了儒家的終極眷注，看起來是天道落實為人道，實則是人道只是借用了天道神聖的外殼。而當人道自身穩固為「人文化成」的社會秩序和心靈秩序後，人道的「神聖」性只能來自於其所追求的美善價值本身。學者杜維明認為儒家的宗教性體現在其「終極的自我轉化」的思想上，「終極」所指的是人性的最大限度的實現。「自我轉化」意味著儘管我們現在還不是我們之應是，但是我們經過修身是能夠達到人性的這種最高境界的。「終極的自我轉化」則意味著學習做人的過程是永無止境的。〔註97〕實際上，這正是儒家「人文化成」之倫理觀具備「宗教性」的緣由，——將「人文化成」作為一種道德信仰。換言之，人文化成的道德信仰的建立是對價值本身的信仰，就不再需要人格神或神秘之天道，對個體和社會的「人文化成」本身就具有永無止境性和終極性，所以自成一「信仰」，永恆和不朽都在此儒家禮樂之文所化成的感性時空世界中。

　　綜上，本文將儒家倫理之能替代宗教，具備終極眷注，乃在於其本質上將禮樂之內在價值的「美」、「善」作為道德信仰，是對人性可化、人是可化之人，人具有向善可能的信仰，也是對社會秩序通過移風易俗、禮俗互動可達風清氣正，風俗淳美的信仰，文是儒家美善價值所體現的禮樂，化是途徑與方法，成意味著最終達成的人和社會的善和美的狀態。

5.3　文化倫理的類型學特質

　　本文認為就儒家倫理所展現出的一系列特質而言，並不能簡單地將儒家

〔註97〕杜維明：《論儒學的宗教性——對〈中庸〉的現代詮釋》，武漢：武漢大學出版社 1999 年版，第 107 頁。

倫理歸類為規範倫理學或美德倫理學，亦或規範與美德的結合等某種現代西方倫理類型，應按照其自身的理論脈絡，從「人文化成」的古典「文化」觀來理解和解釋儒家倫理譜系的道德類型。萬俊人教授曾提出「道德類型學」（typology of morality）的概念，認為人類的道德源於不同的文化來源和價值譜系，可以從不同的角度或層面來對各個义化傳統中的倫理文化進行類型區分，「對道德倫理的瞭解必須首先是歷史的和文化譜系學的」〔註 98〕。因而倡議將「道德類型學」〔註 99〕作為我們反思道德文化多樣性的理論方式。儒家倫理在其大類上一般會被歸類為規範倫理學、美德倫理學，亦或是規範與美德的結合。類型學「特質」往往也是就比對意義而言的，此節僅就西方規範倫理學與美德倫理學各自的特徵與儒家倫理進行核心比對，以呈現儒家文化倫理區別於這兩大類西方倫理類型的核心特質。

5.3.1　現代西方規範倫理的理論困境

包括功利主義和義務論、社會契約論等在內的現代倫理學構成了主要的現代性道德類型。但是，實際上，「從更廣闊的意義上看，西方現代自由主義者們所辯護和證明的所謂『現代性倫理』只是自我封閉的，它並沒有能夠建立起與其他非西方文化傳統的對話，更不用說以某種親近的姿態去承認其他文化傳統的合法性了。」〔註 100〕因而，實際上在有關儒家倫理的當代闡釋中存在著或多或少難以囊括，甚或是無法簡單比對的問題。

其一是，近代西方的現代性倫理導致「美德」甚至「人」本身在倫理學中的淡化甚至消失。規則、規範似乎成為現代倫理學的主要論題，這種理解的消極結果是顯而易見的，如果沒有有美德的人作為倫理的前提，作為規則的內在主體基礎，規則將會形同虛設，繼之而來的社會規制只會更加密不透風。現代普世主義規範倫理學推到極致，就正如某種「底線倫理」所理解的，「我們會談論乃至贊同今天道德規範的內容幾乎就接近於法律，遵守法律幾乎就等同於遵守道德」。〔註 101〕不僅道德規範、倫理規則都成為不可能，倫理學自身存在的合法性也會成為問題。倫理學的論域似乎就剩下一些乾巴巴的倫理教條和道德規則，卻無法回答人們為什麼要遵循這些教條和規則，也就是教條和規

〔註 98〕 萬俊人：《人為什麼要有道德》，《現代哲學》2003 年第 1 期。

〔註 99〕 萬俊人：《比照與透析》，廣州：廣東人民出版社 1998 年版，第 401 頁。

〔註 100〕 萬俊人：《比照與透析》，廣州：廣東人民出版社 1998 年版，第 402 頁。

〔註 101〕 何懷宏：《一種普遍主義的底線倫理學》，《讀書》1997 年第 4 期。

則何以具有引導人們向善的動力、遵循向善的主動性。「現代倫理學的根本錯誤就在於把倫理學所需要的問題條件壓縮得太少，它僅僅以『利益』作為倫理學問題的條件。而我們已經看到，在由利益所定義的『生存空間』里根本不可能有倫理學問題……」。〔註102〕

正如社會學家涂爾幹（E.Durkheim）曾批評的那樣：「道德學理論，被簡化為關於義務、善行、權利等觀念的爭論。這種抽象的觀念不能構成一門科學，因為這種觀念的目的是解釋道德應該如何如何，而不是研究道德的規則是怎樣存在的。」〔註103〕這點已為麥金太爾深察，在《追尋美德》中，麥金太爾完成了他對理性主義普適倫理的分析和診斷。麥金太爾對於理性主義所造成的「後啟蒙時代」之道德知識碎片化的診斷表明，「一種學院式或學究式的道德知識只能是灰色的，無法真實反應豐富多彩的道德生活世界。」〔註104〕道德首先是一種實踐理性和意志能力，倫理學的終極旨趣是道德主體的人格完善和道德行為的實現。倫理學將未經受教化的「偶然所是的人（man as he happens to be）」教化為「實現其本質性而可能所是的人（man as he could be if he realized his essential nature）」視為根本目標。倫理學就是一門使人們能夠理解他們是如何從前一狀態轉化到後一狀態的科學。關乎「如何把潛能變為行動、如何實現我們的真實本性並達到我們的真正的目的。」〔註105〕

以此，當人的道德生活似乎被壓縮為「遵守規則」、「服從法律」，倫理學所一貫聲稱的「幸福」、「人是目的」、「成己」、「成人」等「人文」向度的缺失理應為此負責。

其二，忽視了倫理文化傳統的內在譜系的延續性。在看到現代社會與傳統社會之間的斷裂性一面的同時，也應注意到其在倫理文化傳統上連續性的一面。麥金太爾認為「一切道德總在某種程度上縛繫於社會的地方性和特殊性，現代性道德作為一種擺脫了所有特殊性的普遍性的渴望只是一種幻想。」〔註106〕現

〔註102〕趙汀陽：《論可能生活》，北京：中國人民大學出版社2010年版，第23頁。
〔註103〕〔法〕迪爾凱姆：《社會學方法的規則》，胡偉譯，北京：華夏出版社1999年版，第22頁。
〔註104〕萬俊人：《正義為何如此脆弱——悠齋靜思下的哲學回眸》，北京：經濟科學出版社2012年版，第162頁。
〔註105〕〔美〕阿拉斯戴爾·麥金太爾：《追尋美德》，宋繼傑譯，上海：譯林出版社2011年版，第67頁。
〔註106〕〔美〕阿拉斯戴爾·麥金太爾：《追尋美德》，宋繼傑譯，上海：譯林出版社2011年版，第160頁。

代性倫理類型是否能夠應付一系列層出不窮的道德、精神危機仍是個未知數，但其高度依賴「組織化」、「法制化」、「規範化」的「建制化」道德卻是不爭的事實。「作為一種特殊的生活情感、一種文化心理的積澱、一種基本價值理念，道德的許多方面或意義卻為古代人與現代人、甚至是為西方人與東方人所共享」〔註 107〕，與現代性道德類型對現代社會「法制化」的及時回應一樣，對倫理文化傳統之連續性的理解依然構成一種文化和歷史的真實，至少從傳統社會所存在的各種道德文化類型和其所散發的特殊「氣質」而論，現代道德類型是不足以囊括道德文化存在的多樣性的事實的〔註 108〕，在面對同樣的道德問題，不同的倫理文化傳統具有不盡相同的解答方式，我們沒有埋由將所有倫理文化類型都「化約」、「合併」為一種類型，並用這種類型去框定其他類型，並視之為一種「落後」、「非現代」。顯然，在面對道德難題和精神危機上，各個倫理文化傳統都具備同等的有效性，任何一種道德類型都不具備天然的「優先性」。值得思考的是道德類型的多樣性同樣是一種文化的多樣性，同屬於全球性的倫理文化資源庫，對道德類型生態的整體而言具有彼此平衡、互為鏡鑒的「生態平衡」意義，以防止為人類歷史所積累的多樣道德文明被替換為「一種」，這種道德文化的單向度「特化」發展常常意味著價值霸凌的危險。「從人類學的立場和方法來反觀當代倫理學的研究狀況，可以發現，普遍理性主義的研究立場和抽象思辨的研究方法不能呈現多樣化的倫理文化和道德生活的現實面貌，不能客觀地分析和理解地方性道德知識的價值。」〔註 109〕無論如何，道德仍然首先要將其作為一種地方性知識來處理，儘管其表現出某種「普世」的可能，但也只能首先將其看作地方性，其「普世性」只能退居「地方性」之後。依此理解，「倫理學之作為『學』，就既不是依附於西方啟蒙倫理學的產物，也不是依附於西方德性倫理學的遺物，而只能是倫理思考見之於倫理生活的結果，只能是不同文化環境中的民族對於相同的倫理處境作出反映的智性收穫。」〔註 110〕

　　實際上現代倫理學最大的問題是「如何達到一個完滿的人生」被「我為什麼應該道德」這樣的問題所取代，後者被西方現代道德認為是「終極的問

〔註 107〕萬俊人：《比照與透析》，廣州：廣東人民出版社 1998 年版，第 403 頁。

〔註 108〕需要指出這與文化相對主義、倫理相對主義無關。

〔註 109〕孫春晨：《面向生活世界的倫理人類學》，《哲學研究》2011 年第 10 期。

〔註 110〕任劍濤：《倫理學的誕生——現代性倫理學與中國傳統倫理言述的學科定位》，《開放時代》2002 年第 5 期。

題」〔註 111〕。在這種道德觀下，對錯、應該不應該的基礎在於「契約」或「效益」。如果沒有訂立一個「契約」或這件事不能帶來什麼「功利」或「效益」，則道德上的「應該」是沒有根據和基礎的。「任何一道德行為或行為準則，若要被認為是道德上的『應當』，就必須建立在道德行為主體對此行為的自願同意基礎之上。」〔註 112〕顯然，在這種「道德觀」的指引下，人們之所以道德，道德的理由只能是「不得已而為之」或「遵守規則」，於是「公正」就成為道德的唯一主題。道德哲學的任務則相應的變為「建立或制定一組道德規則」，而關於德性問題或人生幸福完滿的古典道德觀念就壓縮為對這組規則的服從。因而，現代式的道德觀與傳統道德觀的核心區別是將道德所統轄的範圍縮小到只關涉到人與人之間利害衝突的場合。道德領域的問題在相當程度上即被等同於公正（justice）問題。「德性，在現代道德世界裏，只被減化為單數的德性。這個德性就是一種服從道德規則的性向（disposition）。」〔註 113〕

有學者曾對此總結道，「現代道德哲學」意義上的「道德」，實際上發端於一種非常特殊和地方性的倫理看法，這種倫理思維「把道德義務和律令視作織造倫理生活的全部素材，把服從義務和律令當作倫理生活的全部內容。它所構想的倫理生活形式，風格基調是『西方的』，在時間上發端於基督教倫理生活形式在日常倫理生活中佔據支配性地位的那個時刻，從此跨越歷史延續下來，直到基督教世界觀本身已經被現代科學世界觀所取代，還仍然作為一種殘存物，遺留在 17 到 19 世紀的現代西方世界中，並且隨著現代西方世界的崛起和擴張，進入世界的其他文化地區。」〔註 114〕

這種現代性倫理思維方式，將道德生活看作是一種通過一系列行動來踐履戒律、義務和律令的過程。有德、道德的生活已經很大程度上被窄化為「守法」、「遵守規則」，但正如學者曾質問的「假如倫理學的建議只是一些教訓人的規範而不是指向一種有魅力的生活，那又有什麼意義？又怎麼能夠讓人們感興趣？人們不感興趣的事情又怎麼會去做？」〔註 115〕顯然，在道德類型學

〔註 111〕 參見石元康：《從中國文化到現代性：典範轉移？》北京：生活·讀書新知三聯出版社 2000 年版，第 108 頁。

〔註 112〕 王慶節：《道德感動與儒家示範倫理學》，北京：北京大學出版社 2016 年版，第 140 頁。

〔註 113〕 石元康：《從中國文化到現代性：典範轉移？》北京：生活·讀書新知三聯出版社 2000 年版，第 111 頁。

〔註 114〕 張曦：《「做」倫理學：現代道德哲學及其代價》，《哲學研究》2018 年第 2 期。

〔註 115〕 趙汀陽：《論可能生活》，北京：中國人民大學出版社 2010 年版，第 213 頁。

上過於依賴西方啟蒙倫理學以來的「現代倫理學」現成劃分方式，而忽略了本該具有的「歷史主義」和「特殊主義」向度，不免對儒家倫理造成了切割式、窄化式理解。而且在當下中國似乎陷入了一種道德無窮「後撤」、「下移」，「底線」不斷被突破的「道德軟弱症」，人們普遍將所有道德要求看作是「道德綁架」，並因之產生了一種「不拿道德說事」、「不談道德」的時代情緒。我們有理由相信這種病灶必須首先從倫理學理論自身來反思。規範倫理、律法主義的倫理思維與此有千絲萬縷的聯繫。顯然，與律法主義的制度規約相比，倫理學必須要有高於規則的視域和應然性之維，訴諸個體的內心信念和價值應當，因而，應該弱化以普遍性的法律規管為範型，以尋求倫理底線為特徵的規範性倫理理解之維。王慶節教授正是在此意義上提出，道德「應當」首先是「示範性」應當而非「規範性」，「唯有先成為示範性的應當，然後才有可能成為具有規範作用的應當。」〔註116〕而且他將「儒家倫理」視為「示範倫理學」而非「規範倫理學」。筆者認為，這個視域最可行的是與一種更高的信仰和價值相掛鉤。或者寄居於宗教信仰的超脫之中，或者寄居於美善的價值信仰之中。後者則是本文提倡儒家文化倫理觀的主要意義。

5.3.2 美德倫理無法涵括儒家倫理

儒家倫理會被認為是「美德倫理學」的一個重要支流。因為似乎無論怎麼看，在儒家那裡，「德性主義」的訴求似乎無論如何也不能否認。的確，我們必須承認儒家倫理中有非常接近西方「美德倫理學」類型的內容，或者說「儒家倫理包含著『美德論／德性論』層面」〔註117〕。不過同樣值得注意的是現代西方美德倫理學的興起有其特殊的理論和現實社會背景。18 世紀以來，現代西方道德哲學逐漸為康德的義務論倫理學和功利主義倫理學這兩大規範倫理學理論所統御，儘管二者區別甚大，前者側重動機，後者側重後果，但就其所強調的律法主義道德思維和建立在規則基礎上的道德理論而言，二者卻相類，因而都被稱為普世主義規範倫理學。這種類型的倫理學最被詬病的缺憾是忽視了德性或品格，造成了「規中無人」的現代性倫理後果。「現代社會是個『喻於利』而且見利忘義的小人社會，為了給小人社會建立秩序，制度問題變

〔註116〕 王慶節：《道德感動與儒家示範倫理學》，北京：北京大學出版社 2016 年版 149、150 頁。

〔註117〕 參看李義天：《美德倫理的道德理由及其基礎——關於亞里士多德主義與儒家倫理的比較》，《道德與文明》2016 年第 1 期。

成了首要問題」。因之，現代倫理學都成為廣義上的規範倫理學。「現代社會的弊端已經積累到了幾乎完全毀掉了生活的幸福的地步，人們在空虛的快樂中飲鴆止渴，幸福和德性的問題才捲土重來。」〔註118〕美德倫理學正是基於普世主義規範倫理學所面臨的種種困境應運而生的。20 世紀中葉以降，以安斯庫姆（G.E.M.Anscombe）、弗蘭克納（William Frankena）、麥金太爾（Alasdair MacIntyre）等學者為代表，先後表達了對以規則為主導的現代道德哲學的不滿，倡言復興美德以補偏救弊，美德倫理學呈現出了「復興」之勢，被視為現代普遍主義規範倫理學相抗衡的倫理學理論，美德倫理學的重啟開創了西方倫理類型學的新局面，提供了理解道德的多樣性的倫理文化視域。

其中以麥金太爾對「亞里士多德」式美德倫理的闡釋最為人所知。麥金太爾從道德歷史主義和特殊主義立場出發，對現代性規範倫理學提出了反思，認為「只有對於擁有正義美德的人來說，才可能瞭解如何去運用法則。」〔註119〕提出要追溯亞里士多德式的「美德倫理」傳統。

基於儒家倫理與亞里士多德美德倫理的某種親緣關係，今天我們會以理所當然的態度將儒家倫理劃歸到麥金太爾意義上的「美德倫理學」範疇，但正如麥金太爾本人所明言的「我所提出的就的確是對儒家與亞里士多德美德理論之間問題所在而做的一種亞里士多德式的闡釋（儘管亞里士多德主義者會拒絕這種解釋）。儒家對此問題所在無疑會有迥然不同的闡釋……」〔註120〕即，我們不能滿足一種對儒家倫理所作的「亞里士多德式的闡釋」，而應該提供一種「儒家立場的闡釋」，給出一種基於儒家倫理文化「特殊傳統語景中的連續性闡釋」〔註121〕。所以，將儒家倫理劃歸到「美德倫理」的範疇，儘管是一種「方便從事」，且某種程度上看起來是一種「說得通」的闡釋辦法。但仍應看到，用西方式特別是亞里士多德意義上的美德倫理來「框定」儒家倫理存在不少的不對稱性和排異性，事實也證明，即便是看似具有相同類型的倫理道德理論，在不同的倫理文化傳統和道德知識語境中的進展上也有不盡相同

〔註118〕趙汀陽：《論可能生活》（第 2 版），北京：中國人民大學出版社 2010 年版，修訂版前言，第 8～9 頁。

〔註119〕〔美〕麥金太爾：《追尋美德》，上海：譯林出版社 2003 年版，第 152 頁。

〔註120〕〔美〕麥金太爾：《不可公度性、真理和儒家與亞里士多德主義者關於美德的會話》，轉引自萬俊人：《現代性的倫理話語》，哈爾濱：黑龍江人民出版社 2002 年版，第 210 頁。

〔註121〕萬俊人語，見《現代性的倫理話語》2002 年版，第 212 頁。

的表現方式和價值內涵。就正如萬俊人教授所指出的，「雖然我們也可以把中國儒家，特別是先秦時期的原始儒家倫理歸結到傳統美德倫理的範疇，但實際上，它所具有的文化氣質和價值向度，甚至是道德語詞的語義（『所指』）、語用（『能指』），與古希臘中期的美德倫理卻有著顯著的差別。」〔註122〕

　　以此儒家倫理主體性立場角度，萬俊人教授曾給出了儒家美德倫理區別於亞里士多德美德倫理學的三重「視差」：美德主體的概念視差、美德評價的標準視差以及美德實踐的方法視差。〔註123〕本文在此觀點的基礎上加以概括說明，以進一步申言儒家倫理不同於美德倫理學的特質。

　　其一，在亞里士多德美德倫理學中，相應的其美德主體是特殊化的個體，將美德落實在個體身上，且始終將「我」或「自我」置於其目的上的主體性、優先性，個體存在具有價值本體地位，他人、社會關係則相對就具有了「手段」價值。相較而言，儒家倫理對美德評判是「外得於人，內得於己」（許慎《說文解字》），即美德是要在「人我關係」〔註124〕中理解，「關係性」、「他人」在儒家美德中更具價值本體的意義。在儒家倫理那裡美德主體的「關係性理解或關係語境」始終是儒家倫理的「前提預制」。「孔子和傳統儒家談論美德倫理的基本語境是人倫關係（interpersonal relationship）而非古希臘的個人實踐（personal praxis）。因而在孔子和傳統儒家這裡始終缺乏一種作為獨立實體的『個人』或『個體』的主體性概念。」而且在儒家的美德體系中，與人倫關係相關的協調型、相互性美德如仁、義、忠、孝、禮等要比智、勇、敏、惠等重要，且居於主導地位，後者偏向個體自為的美德則要居於次要或從屬地位。也即，儒家倫理中，美德的實踐和實現雖然動機出於自我，但成就美德最終是指向他人、關乎他人的，而在亞里士多德的幸福主義目的論美德倫理那裡，成就美德的動機是個人自我的，而且其實踐也是朝向個人自為的。所以，亞里士多德意義上的美德倫理學「似乎具有自我中心的傾向」〔註125〕。具有美德的人

〔註122〕萬俊人：《人為什麼要有道德》（上），《現代哲學》2003 年第 1 期。

〔註123〕參看萬俊人：《儒家美德倫理及其與麥金太爾之亞里士多德主義的視差》，載《現代性的倫理話語》，哈爾濱：黑龍江人民出版社 2002 年版，第 209～248 頁。

〔註124〕焦國成教授在其《中國古代人我關係論》中認為，「人我關係」是理解傳統倫理和中國古代倫理學最關鍵的探究路徑，「人我關係」則是儒家倫理學最根本和普遍的道德關係形式。見焦國成：《中國古代人我關係論》北京：中國人民大學出版社 1991 年版，導論。

〔註125〕黃勇：《成人：在成己與成物之間》，《哲學分析》2011 年第 5 期。

是真正自愛的人，與日常意義上關心財富、榮譽和肉體享受的自愛者不同，具有美德的自愛者是「公正地、有節制地或根據某種其他美德來行動的人」其所關注的是使自己最真實的自我得到實現。而儒家倫理則明顯包含成己—成物—成人三個層面。

這同樣也表現在儒家之「德」與亞里士多德意義上的「arete」（virtue）的不同上。亞氏認為「每種德性都既使得它所屬的那事物的狀態好，又使得那事物的活動完成得好……人的德性就是既使得一個人好又使得他出色地完成他的活動的品質。」〔註126〕歸根到底，美德是與具體事物的功用、個人的特殊角色的作用相配應，是使其在某一方面或某一品質上表現的出色或優秀，進而完滿地實現其目的。與「功能的卓越發揮」相關，更被具體地「用來指那些卓越的公民在城邦生活中表現出來的公民的美德或品質」〔註127〕。毋寧說，德性在亞里士多德那裡是使個體的功能發揮得好的一種「技藝」，是實現幸福本身的技藝。在幸福這一終極價值目的面前，美德只具備外在的手段性價值。儒家倫理之「德」則是一種對自己好同時也對他人好的品質。「德」是個關係性範疇，如梁漱溟先生所說的「互以對方為重」為美德。至少從春秋中期開始，「德」就已逐漸被用來說明人的品德、操守〔註128〕，「德」自確立以來，在中國傳統倫理中一直被訓為「得」〔註129〕。所謂「外得於人，內得於己」的雙向關係。

其二，亞里士多德美德倫理將「成就」作為評判德性的最終根據，德性就意味著個體的特性角色的發揮及其實現。儒家沒有像古希臘亞里士多德倫理學一樣設定一個以個體的幸福（eudaimonia）為鵠的道德學說，儒家雖然認為

〔註126〕〔古希臘〕亞里士多德：《尼各馬可倫理學》，廖申白譯，北京：中國人民大學出版社 2003 年版，第 45 頁。

〔註127〕〔古希臘〕亞里士多德：《尼各馬可倫理學》，廖申白譯，北京：中國人民大學出版社 2003 年版，譯注者序，第 26 頁。

〔註128〕晁福林：《先秦時期德觀念的起源及其發展》，《中國社會科學》2005 年第 4 期。

〔註129〕歷史學者晁福林認為從商代開始人們的觀念就是以「得」為「德」的，德就是有所增益、獲取、得到、恩惠之意。「德」最早是指得於天和先祖恩惠和眷顧（殷商時期），後來指得於制度（周代），最後是自得於心，且最終落實為「內心之德」。見晁福林：《先秦時期德觀念的起源及其發展》，《中國社會科學》2005 年第 4 期。而關於「德者，得也」的解釋也見諸許多先秦文本，如《管子·心術上》：「德者得也，得也者，其謂所得以然也」；《禮記·樂記》：「禮樂皆得，謂之有德。德者得也。」

幸福重要，但幸福只是德性的自然產物或必然後果，不是不值得追求，而是他會隨著德性而相伴生。而且對於幸福本身的理解也不同。即，德性雖不以幸福為前提，但德性必定會導向幸福。不僅如此，德性倫理也只是儒家倫理學的一部分，而非全部。陳來先生注意到儒家倫理與規則倫理學以及麥金太爾的美德倫理學的不同。「在孔子的論述中，強調『君子』人格的整體作為人生追求的目的。」〔註130〕注意到了《論語》中的肯定式、倡導式的論說方式，「如果人的行為可以分為道德、不道德、非道德、超道德的話，則《論語》中大量的語句都體現著比基本『道德』要求更高的人生理想，包含著『超道德』（超義務）的性質。」〔註131〕且這些更高的、超道德的要求大多是以「君子」、「士」應如何的方式表達的。這表明，孔子並不強調普通大眾應該遵循什麼特定的道德義務和道德規範，而是將「君子」的理想人格和道德品質作為一個典範。君子是一個「整全」人格，並認為這種士君子式的理想人格已非狹隘的德性倫理所能包括，其超越了德性倫理的形態。因而不能用「美德倫理」來以偏蓋全孔子所開創的儒家倫理，陳來認為孔子不是在當代美德倫理學的意義上討論「美德」，因為「孔子倫理學雖然包含了承繼傳統而來的德行論面向，但其整個思想已經超越了德性倫理的形態。」〔註132〕

其三，儒家美德倫理同樣重視仁和智對於道德實踐的重要意義，但仁和智並非一種「行為技術」，而是儒家道德的基本德目。而在亞里士多德那裡，德性似乎是一種「中間命中」的中道行為技術，會給行為選擇者帶來最合意最完滿的價值效果，同時其道德缺乏道德情感向度。亞里士多德所強調的「理智德性」也是一種技術化的德性。亞里士多德的理智德性與倫理德性是不同的兩種德性，前者是可教化的，後者則是自然形成的，不可改變的。兩種德性都以追求「幸福」為鵠的。而在儒家美德倫理，以「德」攝「智」，德智合一，以人格修養的境界或價值理想為鵠的。在亞氏那裡，倫理學的目的是「幸福」，這種幸福生活是理性靈魂體現德性的活動，是由人的內在理性和本質性的目的決定的，德性之所以重要乃在於其是幫助我們達到和實現符合內在理性的本質生活目標所不可缺少的卓越品德。這一切當然是由亞里士多德的「幸福」目的論導致的，「由於亞里士多德強調內在理性生活的本質目的性，它對道德情

〔註130〕 陳來：《從思想世界到歷史世界》，北京：北京大學 2015 年版，第 44 頁。
〔註131〕 陳來：《從思想世界到歷史世界》，北京：北京大學 2015 年版，第 42 頁。
〔註132〕 陳來：《古代德行倫理與早期儒家倫理學的特點——兼論孔子與亞里士多德倫理學的異同》，《河北學刊》2002 年第 6 期。

感的重要作用似乎顯得不夠。」〔註133〕以此而言，儒家的「德性」不僅涵蓋了亞里士多德意義上的德性，而且使得德性表現為一種穩定的意志、情感趨向。如作為儒家德性之本的「孝」就是一種情感性的德性，是由對父母的自然情感所凝練的道德，而非亞里士多德意義上的「中間命中」技術，而且我們無法在亞里士多德的美德倫理中找到「孝」的對應德性。

職是之故，無論從宏觀的理論氣度上，還是微觀的德性概念上，亦或是從其理論目的性上，我們都無法完整地將儒家倫理不加曲解地納入到西方倫理學範式之中去，即便是學界廣泛承認的「美德倫理學」，對儒家倫理也不免有以偏概全之尤。這種比較的意義不在於以尋章摘句的方式將兩者等同合併，而在於確立將儒家倫理作為一個獨立道德類型來處置的信念。而且至少從歷史文化傳統而言，儒家倫理並沒有產生像亞里士多德美德倫理意義上的歷史斷裂，具有連貫的傳承性，並且是一個注重向日常道德實踐開放的倫理學。黃進興先生曾言，「中、西哲學比較的困難，與其說是形式論證的差異，毋寧說基本預設或概念的差異為多。」〔註134〕因而，這種比較也僅僅具有相對的價值，旨在說明，僅僅通過表面的比對，用美德倫理來概括儒家倫理至少失之輕率。總體上來看，將儒家界定為「美德倫理」或「德性倫理」的做法實則大多是用美德倫理的內涵來框定儒家倫理，而這種框定本身會屏蔽、「排異」出有關儒家倫理特質的一些重要理論資源，「如果不能逐步從自己的文化中爬梳出一些適切的現代語言和概念，恐怕很難真正把握傳統文化的特徵及其現代涵義」。如果僅訴諸西方文化以解釋中國文化，其結果，則令中國文化淪為西方文化的『萬花筒』，到處都可以看到西方文化形形色色的『跡象』，而現代中國思想也就變成近代西方思潮的『風信雞』，東西南北隨風飄搖了。」〔註135〕對儒家倫理作現代倫理學上的類型劃分無疑就是陷入到了這種謬誤。同時也提醒我們需要從儒家倫理自身中尋求一些獨特性的概念來說明儒家倫理的特質。

〔註133〕 王慶節：《道德感動與儒家示範倫理學》，北京：北京大學出版社 2016 年版，第 42～43 頁。

〔註134〕 黃進興：《優入聖域：權力、信仰與正當性》（修訂版），北京：中華書局 2010 年版，第 32 頁。

〔註135〕 黃進興：《優入聖域：權力、信仰與正當性》（修訂版），北京：中華書局 2010 年版，第 18～19 頁。

結語 「文化」倫理觀的理論內蘊
及其延展意義

　　本文認為只有從「人文化成」的古典「文化」的視域出發，才能真正從儒家倫理主體性角度全面鉤沉儒家倫理的理論和現實關懷，也才可能接近儒家倫理的本來面目。文化倫理觀也構成對儒家倫理所提供的一種本土詮釋，具有其理論價值和延展性意義。

　　第一，文化倫理觀將美的價值和審美向度納入到倫理學之中，甚至有美學學者稱其為審美倫理或倫理美學〔註1〕。文化倫理學天然囊括著儒家的美學向度，而審美向度在儒家倫理中的重新開啟，意味著儒家倫理學不是規範之學，也不只是美德之學，而是「美人」、「美風俗」之學。

　　現代學科劃分，美學與倫理學、美與善之間似乎存在明晰的疆界，但原始儒家那裡，在本文所倡導的「文化」倫理學視域下，兩者卻是若合符節，彼此混融的，其一體性要遠遠大於分離性。一方面，「美」在儒家哲學中已溢出了「自然美」、「藝術美」的現代美學範圍，而將「個體人格」、「社會風尚」甚至文明類型都納入到了「美」的範疇裏。所以，人格之美、社會風尚之美、華夏文明的禮樂文明之美實際上所描述的也是高度的文明狀態所呈現的美感，這種「文明」所呈現的美感具有「示範」性的感召力量，因而也具備感化、教化之功。表現在，在個體層面，個體的心靈秩序，既是知善且安於行善的理性節制，又在此基礎上將以善為樂，上升為「好德如好色」的美學境界，成就人生

〔註1〕 如就筆者所掌握到的材料，美學學者劉成紀、劉悅笛、余開亮等學者都持此觀
　　　　點。此不詳述。

命精神的「充實而有光輝」，鞏固為善美的人格。人格善就是人格美，既是一種道德人格也是一種審美人格。「君子之學也，以美其身」。(《荀子‧勸學》) 禮樂之中的美與善的價值融合為一，旨在以此「人文」為據，「化成」全而粹的「德操」，「不全不粹之不足以為美也」，儒家的德操既包含著內在的德性之善，又展現外在的人格之美，「成人」則內含著善與美的雙重向度，「德操然後能定，能定然後能應。能定能應，夫是之謂成人。」(《荀子‧勸學》) 表現在社會層面，社會秩序也展現為風俗美。追求禮與俗的互動融通，在揚美俗黜惡俗使習俗在儒家禮樂秩序的風化之下，脫離於驕奢淫逸的野風陋俗，社會百姓在呈現出「文質彬彬」的精神風貌，展現出較高的文明水準的同時，風俗趨於粹美，達到「刑甚輕而禁不犯者，教化行而習俗美」(董仲舒) 的理想的社會秩序。

「人文化成」之「文化」倫理觀視域的打開，更深刻的啟示在於，我們不能僅僅通過以「善」為目標研究儒家倫理學，「美」、「樂」、「和」、「文」等通常被視為審美範疇的概念，在儒家那裡也是一個倫理學範疇，美和善共同構成儒家「人文化成」的「文化」向度。以道德感受和體驗為中介，藝術和道德有機的交融，實現人的化育和道德境界的攀升。通過樂的中介圓融，使人感受道德之境，格通美與善的價值隔閡和學科疆界。現代學者多注意到道德與藝術在中國文化中的同等重要性，並成了一大共識。錢穆先生曾言：「文學必在道義中，而道義則求其藝術化。……此非中國之文化特質乎？」〔註2〕徐復觀則指出：中國古典文化「實有道德、藝術的兩大擎天支柱」〔註3〕，方東美認為「中國哲學家之思想，向來寄於藝術想像，託於道德修養」〔註4〕。李澤厚則更是將中國傳統文化與西方「罪感文化」相區別，概括其為「樂感文化」，是「在人生快樂中求得超越」，「這種超越即道德又超道德，是認識又是信仰。它是知與情、亦即信仰、情感與認識的融合統一體……既具有理性內容又保持感性形式的審美境界。」斷言「審美而不是宗教，成為中國哲學的最高目標」。〔註5〕

〔註2〕 錢穆：《中國文化特質》，見胡道靜主編：《國學大師論國學》(上) 上海：東方出版中心 1998 年版，第 140 頁。

〔註3〕 徐復觀：《中國藝術精神》，上海：華東師範大學出版社 2001 年版，自敘，第 2 頁。

〔註4〕 方東美：《生命理想與文化類型》，北京：中國廣播電視出版社 1992 年版。

〔註5〕 李澤厚：《中國古代思想史論》，北京：生活‧讀書‧新知三聯書店 2008 年版，第 327 頁。

文化倫理觀的優點在於，既不將儒家偏於善的規範之學，又不將其導向偏於美的審美之學，而是認為美與善對儒家倫理而言同等重要，儒家倫理之融通美學，並重審美與道德，以善為美、以善為樂，美善相樂，從而消融了單純規則、規範對人的硬性規制，使得外在於人的道德規範、道理法則能夠經過禮樂之「人文化成」，而得以為人的理性所接受，情感所認同。「興於詩」、「立於禮」、「成於樂」的道德進階次序也說明，不僅禮的規範在成為道德主體之前，必須以「詩」的形式使其興發道德情感、堅定道德意志，同時在確立形成禮的規範性、秩序性後，必須經由樂的陶熔、陶冶，「足以感動人之善心」（《荀子‧樂論》），才能促成道德的最終完成，使道德真正為人情感所認同和接受，成為人的內在目的和道德情操。審美的超功利性，天然地通向一種健康、樂觀、高尚的道德情操。審美雖不是道德，但卻天然孕育並涵養著道德。〔註6〕所以，儒家倫理秩序，無論是個體的心靈秩序還是社會秩序，在禮樂相濟，美善合一的價值感通下，都得以成其為「一種不同於邏輯和理性秩序的美學秩序」〔註7〕，在此秩序中，道德主體不是依靠外部的或者超驗的規則和原則的強制，表現為主動的服膺和「好之」、「樂之」的遵循，表現為「以道為樂」。「好之」尤有可能因情感的偶然好惡而懈怠，進而與道德相分離，只有「樂之」才能展現為心安情樂的道德人格。

可以肯定的是，在更高的價值本體層面，美與善在原始儒家那裡被歸為一個「道體」，並不存在明顯的價值分殊。值得注意的是，西方哲學史中也不乏美學與倫理學具有同一性或同源性關係的命題。〔註8〕維特根斯坦就曾說「倫理學與美學是一個東西」〔註9〕，正表達了倫理學與美學所追求的均是美善相濟的審美—倫理境界。足見，儒家這種融合美善的文化倫理觀仍值得倫理學進一步展開討論。

第二，文化倫理觀不是底線倫理思維和制度倫理思維，而是「頂層倫理」、「信仰倫理」。

〔註6〕 參看劉成紀：《中國古典美學中的「美」與「德」》，《光明日報》（2018 年 06 月 25 日第 15 版）。

〔註7〕 倪培民：《儒學的最高目標：道德抑或藝術人生》，《道德與文明》2018 年第 3 期。

〔註8〕 關於此研究可參看王海東：《同源、相似與差異：審美與德性的關係辨析》，《雲南大學學報》（社會科學版）2014 年第 3 期。

〔註9〕 維特根斯坦：《邏輯哲學論》，賀紹甲譯，北京：商務印書館 1996 年版，第 421 頁。

作為「頂層倫理」區別於一般的規範倫理和底線倫理。

我們看到儒家的美德體系中都是不大容易做到的美德，且這些美德必須經由禮樂的操習演練而逐步成為個體的內在德性。也即，儒家倫理具有一定的道德「門檻」。但在現代規範倫理學的影響下，產生了一種「底線倫理」思維，這種思維傾向於認為需要構造一套適合於社會大多數人的道德能力相符的最低要求的倫理規則，進而認為我們可以以那些最低要求的底線倫理規範為準，構造出生活所需要的整套道德體系。但這種底線思維的核心缺陷在於將道德知識過分地當作了一般知識來對待，對於一個一般的知識體系而言，基本概念和規則固然是該知識體系的決定性部分，但與之相反，對於一個道德體系和價值體系來而言，「位於這個體系『頂層』的而不是位於『底線』的那些觀念才是這個價值體系的核心或決定性部分」。只有各種美德和最高價值目標、實踐追求方向等頂層觀念的存在，才能使道德和生活具備「動力性觀念」，激活道德的應然性，以此來帶動行為走向更好表現和更好的可能生活〔註10〕。

所以，對於倫理學而言，重要的不是確立那些底線倫理，而是在理論上具備「動力性觀念」，這樣才能確保個體和社會的道德熱情。正如柏拉圖所言「法律從來不能簽署一條對所有人具有約束力的命令」〔註11〕，在柏拉圖看來，法律條例既不能有效地使每個人處於最佳狀態，也不能做到精確規定社會成員在任何時刻都知道什麼是好的，怎樣做是正確的。這也許是「底線倫理」思維所要面對的根本困境，因為其所規定的都是一些最低限度的道德要求，而在人面臨複雜道德選擇時幾乎無法決定何為「善」，何為「正確地行為」。其最核心的困頓還在於取消了本屬於倫理學應該關切的——更高的美德、更有品質的人倫關係，更有價值的美好生活等這些應然性價值。這種對人的最低限度的要求表面上將道德選擇留給個體的自主自由，但實際上蘊藏著取消應然之善的危險。且不說很難達成有關「底線」的確切規範條目，即便達成，作為一種道德也很難具備實質層面的約束力，最後不得不依靠法律他律的規制力量而最終否定了道德。

具體就文化倫理的內涵而言，「文化」與「武功」相對舉。正如孔子對《武》樂的評價一樣，「盡美矣，未盡善矣」。「武功」的方式，以法、刑、禁為其特

〔註10〕 參看趙汀陽：《趙汀陽自選集》，桂林：廣西師範大學出版社 2000 年版，第 186 頁。

〔註11〕 〔古希臘〕柏拉圖：《柏拉圖全集》第 3 卷，王曉朝譯，北京：人民出版社 2003 年版，第 145 頁。

質，而「文化」的邏輯以勸、導、恤為主要方式，「文化」以文、德、禮補充法、刑「禁於已然之後」的缺憾。而且社會制度和法律若缺乏「文化」所產生的道德、風俗的相應配合勢必很難展開，需要道德風尚作為支點與制衡性力量。制度和法律常常有其脆弱性的一面，需要個體的道德信仰和社會風俗的整體認同。《禮記‧樂記》言：「禮樂之說，管乎人情矣。」就是在強調禮樂對心靈秩序和社會秩序的奠基性，政治秩序、法律秩序以此有穩固而牢靠的根基。對此，梁漱溟先生曾指出「態度神情視為生活習慣的核心」，法律制度是生活習慣的「更外一層」，法律制度之所以起作用歸根到底全在態度習慣，態度習慣「雖視之無形，聽之無聲，其勢力偉大關係重要固遠在形著條文者之上者。」〔註12〕文化倫理，以美善為價值信仰，從一開始就以人格的美善和社會風俗的美善這一「頂層倫理」作為目標，從而使之區別於底線倫理。而且文化倫理認為沒有一定的心靈秩序和社會風俗秩序，即便好的法律和底線倫理也無法被很好的遵循。制度背後的社會「精神氣候」以及個體的人文教養構成制度的基座。文化倫理在政治秩序的表象之下，更重視穩固的心靈秩序和社會秩序的培植，而且認為個體的心靈秩序和社會的良風美俗才是政治秩序之所以長治久安的秩序根柢，從「文化」倫理始而追求一種頗具理想主義和超越特質的「文化」政治，使政治具備道義和審美的價值高度，具備美善的價值感召力。以禮樂之文為內容的文化倫理觀的確立，將社會個體之心靈秩序的安樂精神風貌和社會秩序之良風美俗的形成，雙向構成為雅政、善治的文化預制，政治學天然被置於倫理學和美學的內在規定之後，接受善與美之文化價值的引導。

作為信仰倫理，美與善的「雙螺旋」價值結構是文化倫理觀的道德價值信仰。

近代以來，面對「文化破產」的「三千年未有之變局」，康有為等人將近代中國的凋敝歸之為「宗教」的缺乏，提出將孔子和儒家宗教化的理論，認為「今則各國皆有教，而我獨為無教之國」，試圖建立一種可以模仿西方宗教而又與西方宗教相抗衡的「儒教」，以「將欲重道德之俗，起敬畏之心，捨教何依焉」，並將此重任託付於孔子和儒家，稱「中國數千年來奉為國教者孔子也」〔註13〕。引起了一眾五四啟蒙思想家的「代宗教」之思想方案。而尤以蔡元培

〔註12〕梁漱溟：《鄉村建設理論》，上海：上海人民出版社2006年版，第88頁。
〔註13〕分見姜義華，張榮華：《康有為全集》（第九集），北京：中國人民出版社2007年版，第342、325、341頁。

的美育和梁漱溟的以道德代宗教方案影響最為持久，其討論延續至今〔註14〕。值得指出的是，無論是蔡元培還是梁漱溟都看到宗教之迷信、迷狂之弊，均希望找到宗教的替代物，有宗教之用而無宗教之弊。從其理論立基而言，無論蔡元培所提出的「以美育代宗教」還是梁漱溟的「以道德代宗教」，都均非秉持與宗教截然對立的姿態，其實質所指，都反對將儒家宗教化，如蔡元培先生所言：「夫孔子之說，教育耳，政治耳，道德耳。……孔子自孔子，宗教自宗教，宗教、孔子兩不相關。」〔註15〕

　　進而言之，無論蔡先生還是梁先生，本質上以儒家向來推崇的禮樂之文來接替宗教，以美育涵育的道德自律或以禮樂揖讓涵養的道德埋性，目標都在替代宗教所可能導致的「迷信」等消極後果。禮樂之文背後的美善價值理想才是文化倫理的道德信仰。賀麟先生曾將「道德信仰」界定為對人生和人性的信仰，即相信人生之有意義，人性之善，繼而相信道德律，相信德福一致等。〔註16〕「道德信仰」本質上即是對人性可化，風俗可淳的「人文化成」之堅定和確信。「文化」之作為一種道德信仰，天然具有美善價值導向的吸引力。所以比較而言，稱儒學為「教化的哲學」固然是不錯的，但從原典儒學的表述和儒家倫理學的內容和形式上而言，「文化」的倫理學，顯然更為恰切，似乎也能作為一種「補充性」的思路。追求人的「文」化，追求社會風俗的「文」化，這其中不僅包括士君子層面的「教」化，更包含著人主動向美善服膺的「自」化，因為禮樂之文所展現的美善之質，實質上是一種具有「價值吸引力」的「動力性」概念，所以「教化」只是「文化」的一方面，由價值感召和價值吸引力所引起的「自化」才構成儒家文化倫理意趣的主要方面。

　　第三，「文化」倫理觀展現了宏闊深廣的儒家倫理思維。

　　儒家的「人文化成」觀，其目的不僅在以禮樂美善之人文「化成」個體的心靈秩序和社會秩序，更在「化成天下」。這也即意味著「人文化成」之文化倫理觀已經溢出了一般的個體、社會倫理關係，反映在族際、國際、世界秩序觀問題上。超出了現代意義的民族觀念，形成所謂的「天下觀」。所以，實際上，我們可以將人文化成的文化觀看作是儒家的倫理思維，可以將其上升為儒

〔註14〕陳獨秀也曾提出「科學代宗教」的方案，堅信是「人類將來真實之信解行證，必以科學為正軌，一切宗教，皆在廢棄之列」。參看陳獨秀：《再論孔教問題》，載《陳獨秀著作選編》（第一卷），上海：上海人民出版社 2010 年版。

〔註15〕高平叔：《蔡元培全集》（第二卷），北京：中華書局 1984 年版，第 491 頁。

〔註16〕參見賀麟：《文化與人生》，上海：上海人民出版社 2011 年版，第 96 頁。

家倫理中最為核心的價值信仰和倫理思維方法。

如我們此前所作的考察所表明的那樣,儒家倫理是對西周以「文」為核心,以「化」為方式的「人文化成」之倫理— 政治實踐的直接繼承和轉化提煉,所以,儒家文化倫理首先是一種植基肇端於西周倫理—政治治理經驗的「地方性知識」,表達了其時西周華夏族之個體氣質、社會風尚、禮樂制度所綜合呈現出的相對高度的文明狀態,可見正是作為禮樂之邦的西周倫理道德實踐直接啟發了儒家倫理的開展和決定了其理論意趣,同時又使以禮樂之文為主,以美善為價值信仰的西周道德實踐具備了「為天下式」的示範意義和「化成天下」的理論氣度。

「化成天下」構成儒家倫理的理想,不僅西周社會周邊少數民族不斷歸附、接受中原文化的影響而「文」化是一個歷史事實,而且通過華—夷、文—野的分殊設定,將「化成天下」確立為儒家的人文理想。

「文化」的古典概念實際上表達了一種崇尚禮樂之文的「文明優越感」。一方面,是否具備「文」是華夷之辨的前提、文野之分的界線。另一方面,「化」作為一種非強制方式,只能從更高層級的道德文明狀態流向較低的道德文明狀態。如果文明層級相當,甚至低於相對平均值,那麼「化」是不可能的也是不現實的。這意味著使「化成」得以可能的前提是「化」的主體處於「文」的高度飽滿狀態。由此而對其他低於此華夏文明層級的文明具備天然的吸引力、感召力,因之也具備了某種「教化」而使之歸附的文明責任。孔子言:「遠人不服,則修文德以來之。既來之,則安之。」(《論語·季氏》)這種「修文德以來之」的方式,正是側重於以「修文德」的方式使「文」逐漸飽滿充溢,而自然會具備價值吸引力,這樣一來,就無需通過武力征伐的方式,而達到以感化而非強迫的方式使遠人自動歸附。「文」的充溢與否構成了「化」是否可能實現的前提條件。孟子所謂「吾聞用夏變夷者,未聞變於夷者也。」(《孟子·滕文公上》)正是此意,即夏之能變夷,華夏族之對四夷有教化上的優勢和使命,乃在於其「文德」的優越性,夏代表的不是種族優越性,而是「文化」優越性。「中國歷史上給周邊族群的稱謂加上犬字旁,以表達教化與未開化、禮儀與蠻夷之間的區別,這種文化上的界限背後表達了萬卷歸宗的價值判斷。」〔註17〕

─────────────

〔註17〕〔日〕鏡味治也:《文化關鍵詞》,張泓明譯,北京:商務印書館 2015 年版,羅紅光序。

　　「中華」或者「華夏」這些稱謂也更多的是具有道德意味的語彙，是一種文明教化的概念，是道德認同的歸屬，而非種族族群的歸屬。「中華」是「中國」與「華夏」的複合詞之簡稱。「中」在古代中國是指居於大卜與文化之中，「華」通「花」，意謂文化燦爛。《春秋左傳正義・定公十年》解釋道：「中國有禮儀之大，故稱夏；有服章之美。謂之華」。元代王文亮在《唐律名例疏議釋義》說：「中華者，中國也。親被王教，自屬中國，衣冠威儀，習俗教悌，居身禮義，故謂之中華。」可見，華夏的本意是衣冠華美、疆域廣闊和禮義道德隆盛、風俗淳美，一言以蔽之，華夏本就意味著明道德、知禮儀的高度文明狀態。上述「華夷之辨」雖不能排除文化優越論的色彩，但其所關注的夷夏之間的差異重心已從種族體貌等先天外在差異向文化、禮俗、道德文明程度等後天差異轉移。這主要是因為以文化（服飾、禮儀、道德等）的標準來區分華夏族與「蠻夷」，相對四夷而言，華夏族之為先進民族的核心還在於道德和文明程度上的優勢，禮義和禮儀是區別文明（華夏）與野蠻（戎狄）的重要標準。這也正是劉向發明「文化」一詞的原始意蘊，「文化不改，然後加誅。夫下愚不移，純德之所不能化而後武力加焉。」（《說苑・指武》）這裡的「文化」與「武功」對舉，是指以「懷柔遠人」的文治教化方式來治理天下之意，是「以文化之」的簡稱，也是對《易傳》中「人文化成」思想的直接繼承。這種解釋是「文化」倫理觀之政治倫理的發用，一直延續後世，《舊唐書》中亦將文化和武功看作是治國之二柄：「帝德廣運，乃武乃文，文化武功，皇王之二柄，祀禮教敬，國章孔明。」〔註18〕

　　至此，「文化」倫理觀事實上是表現為一種「等差」文明觀，將倫理道德的狀態看作衡量文明高低的準繩，在此觀念下的「中國」、「中華」是一種處於更高文明狀態的族群的美稱，代表著具備「文化」的吸引力和教化的優先性，不具備或脫離「人文」的族群則不能以此為稱，如韓愈在其《原道》中說：「孔子之作春秋也，諸侯用夷禮則夷之，進於中國則中國之。」〔註19〕所以，「夷狄」與「中國」是依據其是否達到文明的程度而不斷變化的相對稱呼。足見，「人文化成」不僅是個體的成人、社會秩序的成俗，而且從宏闊的視野來看，

〔註18〕〔後晉〕劉昫撰：《舊唐書》（卷137）廉湘民標點，長春：吉林人民出版社1995
年版，第2396頁。

〔註19〕《中國古代名家詩文集：韓愈集》，哈爾濱：黑龍江人民出版社2005年版，第
165頁。

文化倫理觀塑造了華夏文明的民族、國家觀,「中國人內心,一向是『人道觀』與『文化觀』超勝了其『民族觀』與『國家觀』。」〔註20〕始終將以道德禮義、美善價值為內核「人文」作為高懸其上的理想感召,以意圖以此為標準而始終將華夏文明提挈、維持在相當的文明水準,一方面「嚴夷夏之大防」,剔抉防範墮為不知禮義的「夷狄」狀態;一方面則賦予華夏文明的「教化」使命,以「人文化成天下」自任為道德信仰。

要之,從「人文化成」的視角來理解儒家倫理,也即將其視為一種文化倫理學具備了更多理論可能性,也更加能顯現儒家倫理的深層內蘊,值得更進一步闡揚和更深層次的挖掘,以本土話語資源還原、擴充儒家倫理的真義,為充實而有光輝的未來中國倫理開展提供豐厚的價值資源和理論養料。

〔註20〕錢穆:《民族與文化》,北京:九州出版社 2012 年版,第 20 頁。

參考文獻

一、古代典籍

（一）先秦儒家經典（注疏）類

1. 朱熹：《四書章句集注》，北京：中華書局，1983 年。
2. 程樹德：《論語集釋》，北京：中華書局，2014 年。
3. 錢穆：《論語集解》，北京：生活·讀書·新知三聯書店，2012 年。
4. 焦循：《孟子正義》，北京：中華書局，1987 年。
5. 方勇：《孟子譯注》，北京：中華書局，2010 年。
6. 王先謙：《荀子集解》，北京：中華書局，1988 年。
7. 方勇，李波：《荀子譯注》，北京：中華書局，2011 年。
8. 陳澔：《禮記集說》，南京：鳳凰出版社，2010 年。
9. 楊天宇：《禮記譯注》，上海：上海古籍出版社，2004 年。
10. 程頤：《周易程氏傳》，北京：中華書局，2011 年。
11. 陳鼓應、趙建偉：《周易今注今譯》，北京：商務印書館，2015 年。

（二）其他類

1. 河上公：《老子道德經》，南京：鳳凰出版社，2017 年。
2. 孫通海：《莊子譯注》，北京：中華書局，2016 年。
3. 黎翔鳳：《管子校注》，北京：中華書局，2004 年。
4. 蔣禮鴻：《商君書錐指》，北京：中華書局，1986 年。
5. 王先慎：《韓非子集解》，北京：中華書局，1998 年。

6. 董仲舒：《春秋繁露》，北京：中華書局，1992 年。

7. 劉安：《淮南子》，北京：中華書局，2012 年。

8. 劉向：《說苑》，北京：北京大學出版社，2009 年。

9. 班固：《漢書》，北京：中華書局，2014 年。

10. 應劭：《風俗通義校注·附錄》，北京：中華書局，1981 年。

11. 許慎：《說文解字新訂》，北京：中華書局，2002 年。

12. 王充：《論衡》，北京：中華書局 1954 年版，第 11 頁。

13. 王弼：《周易注》，北京：中華書局，2011 年。

14. 孔穎達：《宋本周易注疏》，北京：中華書局，1988 年。

15. 周敦頤：《周敦頤集》，北京：中華書局，1990 年。

16. 張載：《張載集》，北京：中華書局，1978 年。

17. 程顥、程頤：《二程集》，北京：中華書局，2004 年。

18. 黎靖德：《朱子語類》，北京：中華書局，1994 年。

19. 陸九淵：《陸九淵集》，北京：中華書局，1980 年。

20. 王陽明：《王陽明全集》，上海：上海古籍出版社，1995 年。

21. 王夫之：《尚書引義》，北京：中華書局，1976 年。

22. 王夫之：《周易內傳》，長沙：嶽麓書社，1996 年。

23. 王艮：《王心齋全集》，南京：江蘇教育出版社，2001 年。

24. 顧炎武：《日知錄》，上海：上海古籍出版社，2006 年。

25. 錢大昕：《潛研堂文集》，上海：上海古籍出版社，1989 年。

26. 孫詒讓：《周禮正義》（第一冊），北京：中華書局，1987 年。

27. 李學勤主編：《十三經注疏·毛詩正義》，北京：北京大學出版社，1999 年。

28. 陳鼓應：《莊子今注今譯》，北京：中華書局，2009 年。

二、現代著作

（一）國內著作

1. 蔡元培：《中國倫理學史》，長春：吉林出版集團股份有限公司，2017 年。

2. 梁漱溟：《中國文化要義》，上海：上海人民出版社，2005 年。

3. 梁漱溟：《人心與人生》，上海：上海人民出版社，2011 年。

4. 馮友蘭：《中國哲學史》，上海：華東師範大學出版社，2000 年。

5. 馮友蘭：《三松堂全集》第三卷，鄭州：河南人民出版社，2000 年。

6. 唐君毅：《人文精神之重建》，桂林：廣西師範大學出版社，2005 年。

7. 唐君毅：《中國人文精神之發展》，桂林：廣西師範大學出版社，2005 年。

8. 唐君毅：《中國文化之精神價值》，桂林：廣西師範大學出版社，2005 年。

9. 唐君毅：《中華人文與當今世界補編》，桂林：廣西師範大學出版社，2005 年。

10. 徐復觀：《中國藝術精神》，上海：華東師範大學出版社，2002 年。

11. 徐復觀：《中國人性論史‧先秦篇》，北京：九州出版社，2014 年。

12. 錢穆：《論語新解》，北京：生活‧讀書‧新知三聯書店，2012 年。

13. 錢穆：《現代中國學術論衡》，長沙：嶽麓書社，1986 年。

14. 錢穆：《晚學盲言》，桂林：廣西師範大學出版社，2004 年。

15. 林語堂：《生活的藝術》，南京：江蘇人民出版社 2014 年版，第 24 頁。

16. 費孝通：《鄉土中國‧生育制度》，北京：北京大學出版社，1998 年。

17. 韋政通：《中國文化概論》，長春：吉林出版集團有限責任公司，2008 年。

18. 杜維明：《論儒學的宗教性——對（中庸）的現代詮釋》，武漢：武漢大學出版社，1999 年。

19. 余英時：《士與中國文化》，上海：上海人民出版社，1987 年。

20. 李澤厚：《中國古代思想史論》，北京：生活‧讀書‧新知三聯書店，2008 年。

21. 宗白華：《美學散步》，上海：上海人民出版社，1981 年。

22. 蒙培元：《理性與情感》，北京：中國社會科學出版社，2002 年。

23. 王育殊：《道德的哲學真義》，北京：中國社會科學出版社，2008 年。

24. 李亦園：《人類的視野》，上海：上海文藝出版社，1996 年。

25. 高丙中：《民俗文化與民俗生活》，北京：中國社會科學出版社，1994 年。

26. 高丙中：《中國人的生活世界——民俗學的路徑》，北京：北京大學出版社，2010 年。

27. 張光直：《連續與破裂：一個文明起源新說的草稿》北京：生活‧讀書‧新知三聯書店，1999 年。

28. 葛兆光：《中國思想史》，上海：復旦大學出版社，2013 年。

29. 李亦園：《文化與修養》，北京：九州出版社，2013 年。

30. 夏靜：《禮樂文化與中國文論早期形態研究》，北京，中華書局，2007 年。

31. 楊國榮:《善的歷程——儒家價值體系研究》,上海:華東師範大學出版社,2009 年。

32. 楊國榮:《成己與成物:意義世界的生成》,北京.人民出版社,2010 年。

33. 楊國榮:《倫理與存在》,北京:北京大學出版社,2011 年。

34. 陳來:《從思想世界到歷史世界》,北京:北京大學出版社,2015 年。

35. 黃進興:《優入聖域:權力、信仰與正當性》(修訂版),北京:中華書局,2010 年。

36. 焦國成:《中國古代人我關係論》,北京:中國人民大學出版社,1991 年。

37. 肖群忠:《孝與中國文化》,北京:人民出版社,2001 年。

38. 萬俊人:《比照與透析——中西倫理學的現代視野》,廣州:廣東人民出版社,1998 年。

39. 萬俊人:《現代性的倫理話語》,哈爾濱:黑龍江人民出版社,2002 年。

40. 萬俊人,《正義為何如此脆弱——悠齋靜思下的哲學回眸》,北京:經濟科學出版社,2012 年。

41. 趙汀陽:《趙汀陽自選集》,桂林:廣西師範大學出版社,2000 年。

42. 趙汀陽:《論可能生活》,北京:中國人民大學出版社,2010 年。

43. 惠吉興:《宋代禮學研究》,石家莊:河北大學出版社,2011 年。

44. 鄒昌林:《中國禮文化》,北京:社會科學文獻出版社,2000 年。

45. 成守勇:《古典思想世界中的禮樂生活:以〈禮記〉為中心》,上海:上海三聯書店,2013 年。

46. 方朝暉:《「三綱」與秩序重建》,北京:中央編譯出版社 2011 年。

47. 陳榮捷:《中國哲學文獻選編》,南京:江蘇教育出版社,2006 年。

48. 王慶節:《道德感動與儒家示範倫理學》,北京:北京大學出版社 2016 年。

49. 楊中芳:《如何研究中國人:心理學本土化論文集》,臺北:桂冠圖書股份有限公司,1997 年。

50. 李景林:《教化的哲學——儒學思想的一種新詮釋》,哈爾濱:黑龍江人民出版社 2006 年。

51. 奚彥輝:《中國人文化成思想的本土心理學探究》,哈爾濱:黑龍江大學出版社,2012 年。

52. 王汎森:《思想是生活的一種方式——中國近代思想史的再思考》,北京:北京大學出版社,2018 年。

53. 韓星：《儒家人文精神》，西安：陝西人民出版社，2012 年。

54. 王杰：《儒家文化的人學視野》，北京：中共中央黨校出版社，2000 年。

55. 馮秀軍：《教化·規約·生成——古代中華民族精神化育研究》，北京：中國社會科學出版社，2009 年。

56. 嚴昌洪：《中國近代社會風俗史》，杭州：浙江人民出版社，1998 年。

57. 王貴民：《禮俗史話》，北京：社會科學文獻出版社，2011 年版。

58. 石元康：《從中國文化到現代性：典範轉移？》，北京：生活·讀書·新知三聯書店，2000 年。

59. 黃玉順：《愛與思——生活儒學的觀念》（增補本），成都：四川人民出版社，2017 年。

60. 朱人求：《儒家文化哲學研究》，合肥：安徽人民出版社，2008 年。

61. 劉餘莉：《儒家倫理學：規則與美德的統一》，北京：中國社會科學出版社，2011 年。

62. 張勃主編：《中國人的風俗觀與移風易俗實踐》，北京：中國社會科學出版社，2016 年。

63. 韓望喜：《善與美的人性》，北京：人民出版社，2001 年。

64. 袁祖社：《文化與倫理——基於公共性視角的研究》，北京：人民出版社，2016 年。

65. 華軍：《性情與禮教——先秦儒學立人思想研究》，北京：中國社會科學出版社，2016 年。

66. 劉志琴：《中國社會文化史的理論與實踐》，北京：社會科學文獻出版社，2010 年。

67. 李義天：《美德倫理學與道德多樣性》，北京：中央編譯出版社，2012 年。

68. 許自強：《美學基礎》，北京：首都經濟貿易大學出版社，2015 年。

69. 趙慶傑：《中國倫理精神探源》，北京：中國政法大學出版社，2015 年。

70. 彭國翔：《人文主義與宗教之間的儒家傳統》，北京：北京大學出版社，2007 年。

71. 彭國翔：《重建斯文：儒學與當今世界》，北京：北京大學出版社，2013 年。

72. 章可：《中國「人文主義」的概念史（1901～1932）》，上海：復旦大學出版社，2015 年。

73. 陳贇：《儒家思想與中國之道》，杭州：浙江大學出版社，2016 年。

74. 許進雄：《文字小講》，天津：天津人民出版社，2016 年。

75. 尤西林：《闡釋與守護意義世界的人——人文知識分子的起源及其使命》，上海：華東師範大學出版社，2017 年。

76. 景懷斌：《心理層面的儒家思想》，北京：中國社會科學出版社，2017 年。

77. 楊明：《宗教與倫理》，南京：譯林出版社，2010 年。

（二）國外著作

1. 〔古希臘〕柏拉圖：《柏拉圖全集》，王曉朝譯，北京：人民出版社，2002 年。

2. 〔古希臘〕亞里士多德：《尼各馬可倫理學》，廖申白譯，北京：中國人民大學出版社，2003 年。

3. 〔荷〕斯賓諾莎：《倫理學》，賀麟譯，商務印書館，1983 年。

4. 〔法〕盧梭：《論科學與藝術的復興是否有助於使風俗日趨純樸》，李平漚譯，北京：商務印書館，2011 年。

5. 〔德〕康德：《實踐理性批判》，鄧曉芒譯，楊祖陶校，北京：人民出版社，2003 年。

6. 〔德〕黑格爾：《小邏輯》，賀麟譯，北京：商務印書館，1980 年。

7. 〔德〕卡西爾：《人論》，甘陽譯，上海：上海譯文出版社，1985 年。

8. 〔英〕約翰·穆勒：《功利主義》，上海：上海世紀出版集團，2008 年。

9. 〔法〕涂爾幹：《道德教育》，陳光金等譯，上海：上海人民出版社，2001 年。

10. 〔法〕涂爾幹：《亂倫禁忌及其起源》，上海：上海人民出版社，2006 年。

11. 〔法〕迪爾凱姆：《社會學方法的規則》，胡偉譯，北京：華夏出版社，1999 年。

12. 〔美〕露絲·本尼迪克特：《文化模式》，北京：生活·讀書·新知三聯書店，1988 年。

13. 〔美〕保羅·蒂利希：《文化神學》，陳新權、王平譯，北京：工人出版社，1988 年。

14. 〔美〕愛德華·希爾斯：《論傳統》，傅鏗、呂樂譯，上海：上海世紀出版集團，2009 年。

15. 〔美〕喬治·桑塔耶納：《美感》，楊向榮譯，北京：人民出版社 2013 年版。

16. 〔美〕阿拉斯戴爾・麥金太爾：《追尋美德》，宋繼傑譯，上海：譯林出版社，2011 年。

17. 〔美〕麥金太爾：《依賴性的理性動物》，劉瑋譯，南京：譯林出版社，2013 年。

18. 〔美〕威廉・K，弗蘭克納：《善的求索——道德哲學導論》，黃偉合等譯，瀋陽：遼寧人民出版社，1987 年。

19. 〔美〕丹尼爾・貝爾：《資本主義文化矛盾》，趙一凡等譯，北京：生活・讀書・新知三聯書店，1992 年。

20. 〔美〕克利福德・格爾茨：《文化的解釋》，韓莉譯，南京：譯林出版社，1999 年。

21. 〔日〕今道友信：《東方的美學》，蔣寅等譯，北京：生活・讀書・新知三聯書店，1991 年。

22. 〔日〕丸山敏雄：《純粹倫理原論》，北京：社會科學文獻出版社，1992 年。

23. 〔日〕笠原仲二：《古代中國人的美意識》，北京：北京大學出版社 1987 年版。

24. 〔日〕鏡味治也：《文化關鍵詞》，張泓明譯，北京：商務印書館 2015 年版。

三、期刊文獻類

1. 陳少明：《經典世界中的人、事、物——對中國哲學書寫方式的一種思考》，《中國社會科學》2005 年第 5 期。

2. 晁福林：《先秦時期德觀念的起源及其發展》，《中國社會科學》2005 年第 4 期。

3. 陳贇：《「文」的思想及其在中國文化中的位置》，《中國文化研究》2006 年冬之卷。

4. 黃有東：《「人文化成」：「文化」的中國古典意義》，《現代哲學》2017 年第 4 期。

5. 高春花：《美善相樂——論荀子的禮樂關係思想》，《石家莊學院學報》2007 年第 1 期。

6. 劉志琴：《重建百姓日用之學》，《歷史教學》2017 年第 6 期。

7. 劉志琴：《禮俗互動是中國思想史的本土特色》，《東方論壇》2008 年第 3 期。

8. 張士閃：《禮俗互動與中國社會研究》，《民俗研究》2016 年第 6 期。

9. 趙士林：《「禮」的詩化：從宗教情感到審美情感——荀子美學新解》，《哲學研究》2001 年第 6 期。

10. 黃明理：《試論儒家道德信仰的根據》，《東南大學學報》2003 年第 5 期。

11. 姜義華：《讓儒學回歸人文化成》，《中原文化研究》2017 年第 4 期。

12. 楊澤波：《道德代宗教：一個有意義話題的重提——論梁漱溟儒學具有宗教作用之學說的理論意義》，《河北學刊》2003 年第 3 期。

13. 李義天：《美德倫理的道德理由及其基礎——關於亞里士多德主義與儒家倫理的比較》，《道德與文明》2016 年第 1 期。

14. 彭國翔：《人文主義與宗教之間的儒家傳統》，《讀書》2007 年第 2 期。

15. 黃勇：《成人：在成己與成物之間》，《哲學分析》2011 年第 5 期。

16. 陳贇：《道—教—經與孔子「斯文」的結構》，《江蘇社會科學》2011 年版第 5 期。

17. 劉紹瑾：《周代禮制的「文」化與儒家美學的文質觀》，《文藝研究》2010 年第 6 期。

18. 丁大同：《中國倫理學史上的美善同源論》，《理論與現代化》2017 年第 4 期。

19. 塗可國：《儒家成己成人說新解》，《甘肅社會科學》2018 年第 3 期。

20. 夏靜：《論先秦「文」觀念及其所和衍生諸問題》，2012 年第 2 期。

21. 王彬：《先秦儒家「化」觀念研究》，《孔子研究》2017 年第 5 期。

22. 張曦：《「做」倫理學：「做法」革命與美德復興》，《哲學動態》2018 年第 5 期。

23. 劉昕蘭：《「人文主義」與「宗教」——對西方人文主義傳統的回顧以及對儒家人文主義的反思》，《中國文化研究》2004 年冬之卷。

24. 張穎欣：《〈易傳〉「人文化成」思想及其價值》，《東嶽論叢》2015 年第 8 期。

25. 羅新慧：《尚「文」之風與周代社會》，《中國社會科學》2004 年第 4 期。

26. 塗可國：《儒家成己成人說新解》，《甘肅社會科學》2018 年第 3 期。

27. 祁潤興：《人性：自然奠基、人文化成與價值創造——先秦儒學人性論的現代詮釋》，《孔子研究》1997 年第 1 期。

28. 方朝暉：《「道」本義考》，《孔子研究》2018 年第 3 期。

29. 方朝暉：《從儒學的宗教性談中國哲學的「特點」問題》，《復旦學報》（社會科學版）2002 年第 3 期。

30. 鮑鵬山：《鬼神的價值》，《光明日報》2012 年 7 月 11 日第 12 版。

31. 周福岩：《從民俗的視角看禮俗社會的精英倫理》，《民間文化論壇》2005 年第 5 期。

32. 萬俊人：《信仰危機的「現代性」根源及其文化解釋》，《清華大學學報（哲學社會科學版）》，2001 年第 1 期。

33. 萬俊人：《挖掘地方道德知識是道德文化建設的重要路徑》，《中國社會科學報》2013 年 11 月 15 日第 B02 版。

34. 王正：《先秦儒家人禽之辨的道德哲學意義》，《雲南社會科學》2015 年第 2 期。

35. 楊國榮：《儒學的精神性之維及其內蘊》，《復旦學報》2017 年第 6 期。

36. 楊國榮：《何為意義——論意義的意義》，《文史哲》2010 年第 2 期。

37. 陳衛平：《孔子君子論內涵的兩重性》，《上海師範大學學報》（哲學社會科學版），2009 年第 4 期。

38. 王進：《儒家倫理的基石及其價值——對賀麟〈五倫觀念的新檢討〉的一個延展性思考》，《哲學研究》2015 年第 8 期。

39. 高兆明：《論習慣》，《哲學研究》2011 年第 5 期。

40. 樊浩：《社會秩序中的倫理效力》，《學術月刊》2000 年第 9 期。

41. 樊和平：《善惡因果律與倫理合理性》，《上海社會科學院學術季刊》1999 年第 3 期。

42. 肖群忠：《論常人道德——以還物取酬為個案分析》，《倫理學研究》2007 年第 4 期。

43. 肖群忠：《論中國倫理的文化根基與詮釋路徑》，《新疆師範大學學報》（哲學社會科學版）2016 年第 5 期。

44. 楊澤波：《從以天論德看儒家道德的宗教作用》，《中國社會科學》2006 年第 6 期。

45. 楊澤波：《從德福關係看儒家的人文特質》，《中國社會科學》2010 年第 4 期。

46. 陳少明：《論樂：對儒道兩家幸福觀的反思》，《哲學研究》2008 年第 9 期。

47. 余開亮：《儒家倫理美學如何可能》，《孔子研究》2016 年第 5 期。

48. 余開亮:《孔子論「美」及相關美學問題的澄清》,《孔子研究》2012 年第 5 期。

49. 王海東:《同源、相似與差異:審美與德性的關係辨析》,《雲南大學學報》(社會科學版)2014 年第 3 期。

50. 尤西林:《審美共同感與現代社會》,《文藝研究》2008 年第 3 期。

51. 倪培民:《儒學的最高目標:道德抑或藝術人生》,《道德與文明》2018 年第 3 期。

52. 劉悅笛:《從倫理美學到審美倫理學》,《哲學研究》2011 年第 8 期。

53. 劉悅笛:《儒家何以無「絕對惡」與「根本惡」——中西比較倫理的「消極情性」視角》,《探索與爭鳴》2018 年第 9 期。

54. 劉成紀:《中國古典美學中的「美」與「德」》,《光明日報》2018 年 06 月 25 日第 15 版。

55. 潘立勇:《「人文化成」傳統與中華審美人文精神》,《南京師範大學文學院學報》2004 年第 3 期。

56. 樊浩:《「我們」的世界缺什麼》,《道德與文明》2012 年第 6 期。

57. 孫春晨:《面向生活世界的倫理人類學》,《哲學研究》2011 年第 10 期。

58. 任劍濤:《倫理學的誕生——現代性倫理學與中國傳統倫理言述的學科定位》,《開放時代》2002 年第 5 期。

59. 陳少明:《釋憂》,《學術月刊》2016 年第 10 期。

60. 〔德〕W·沃森庫爾著,艾四林譯,王玖興校:《美作為德性的象徵——論康德倫理學和美學的共同根源》,《哲學譯叢》1993 年第 2 期。